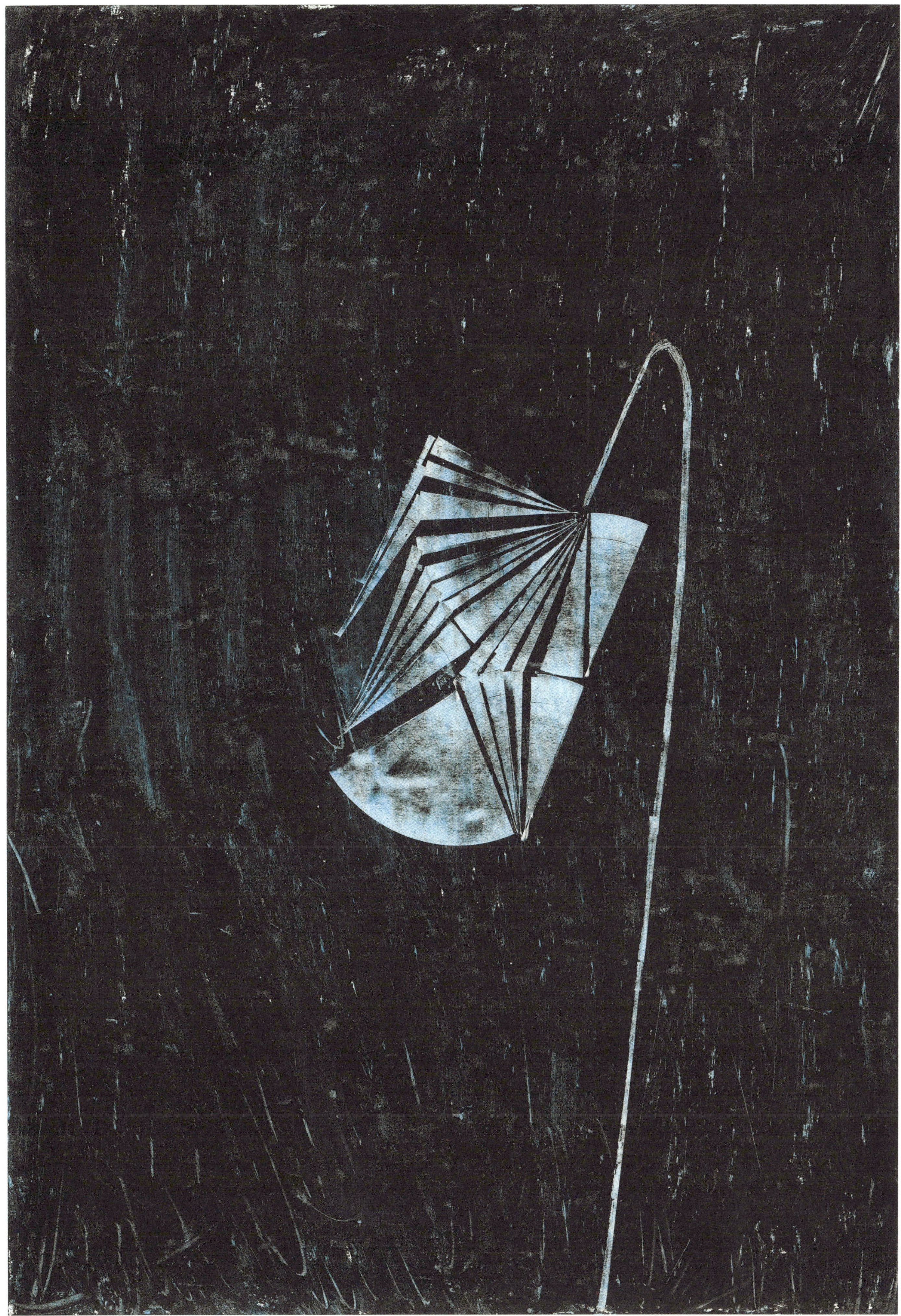

Es war das Blau | It was the Blue

KERBER ART

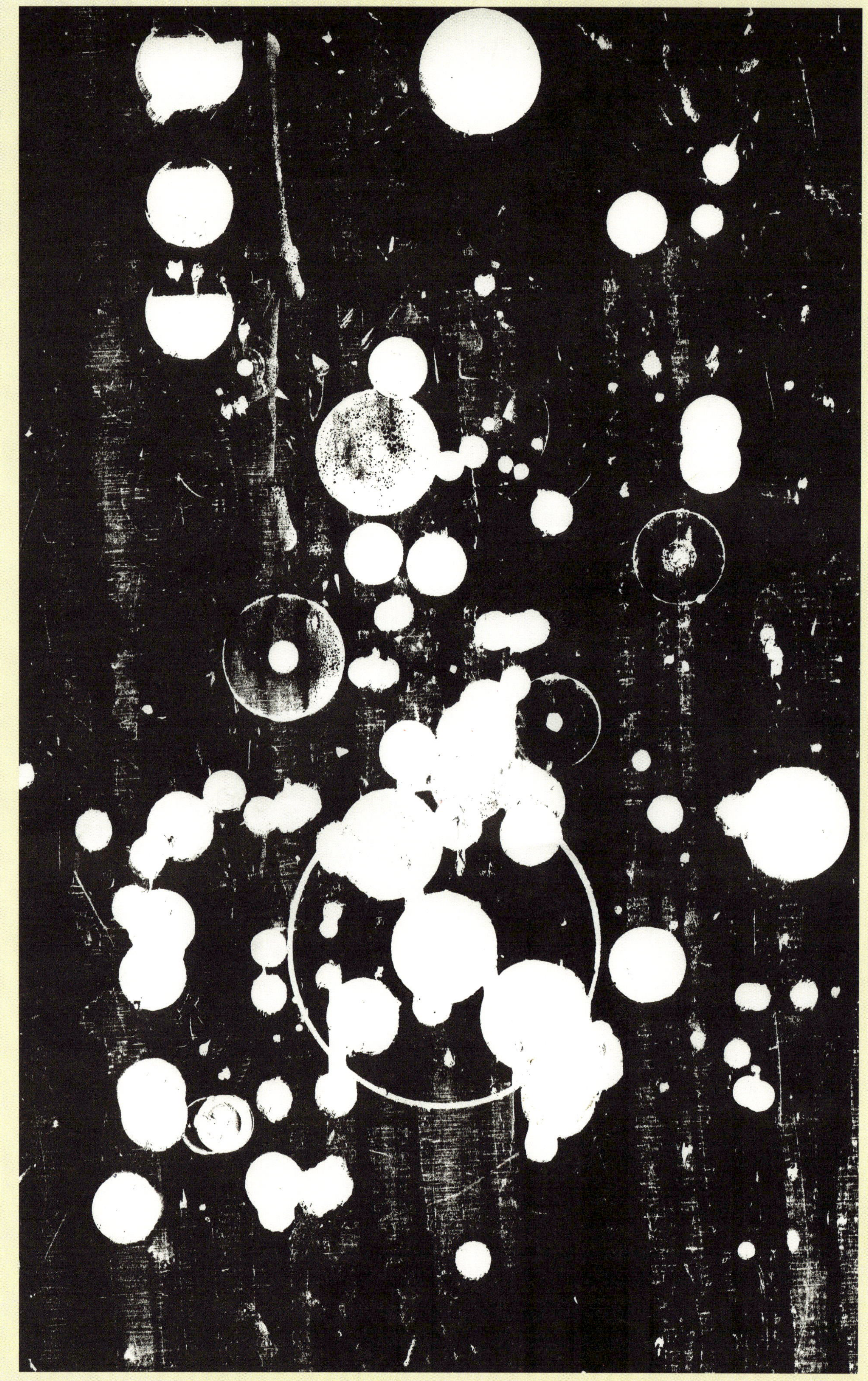

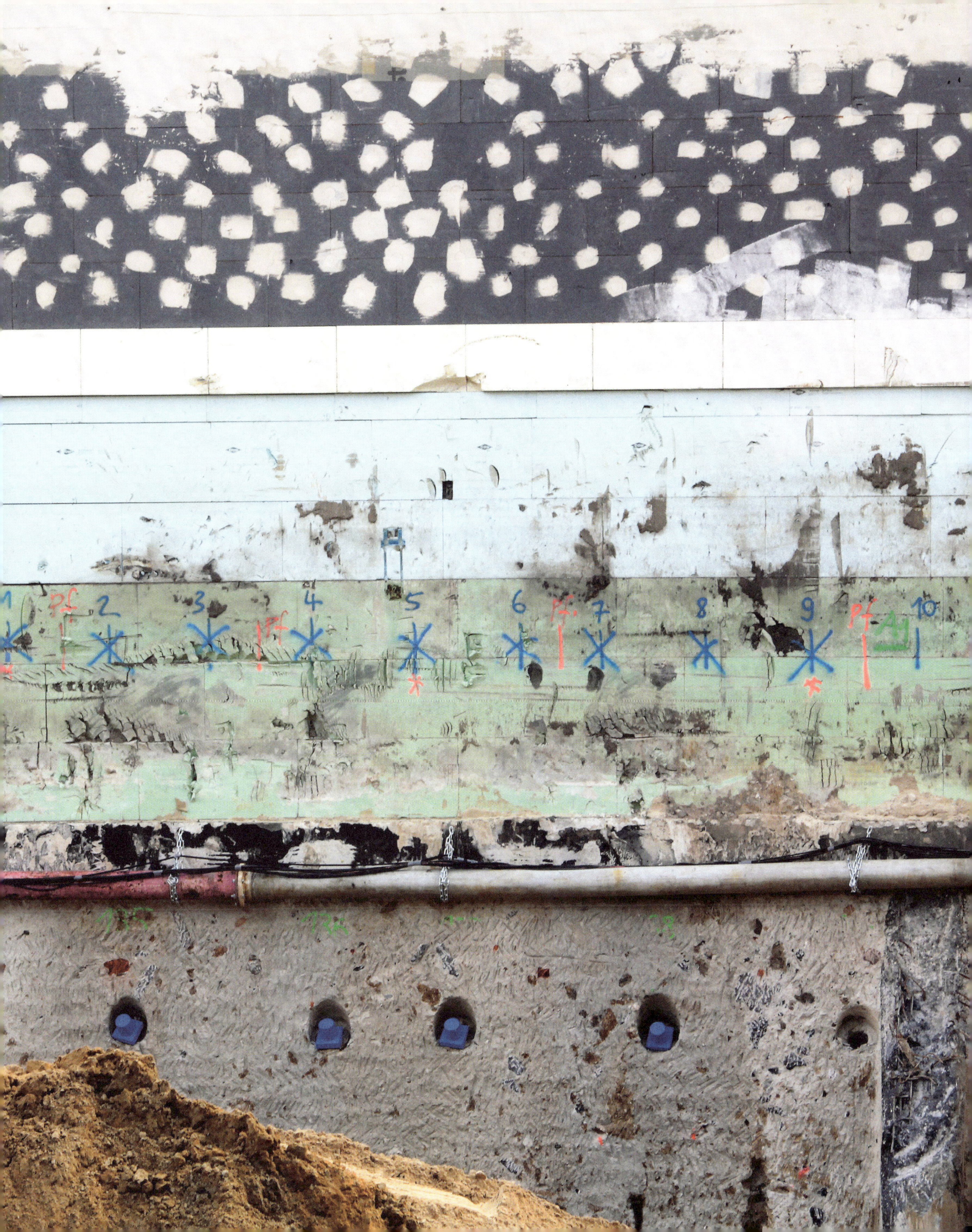

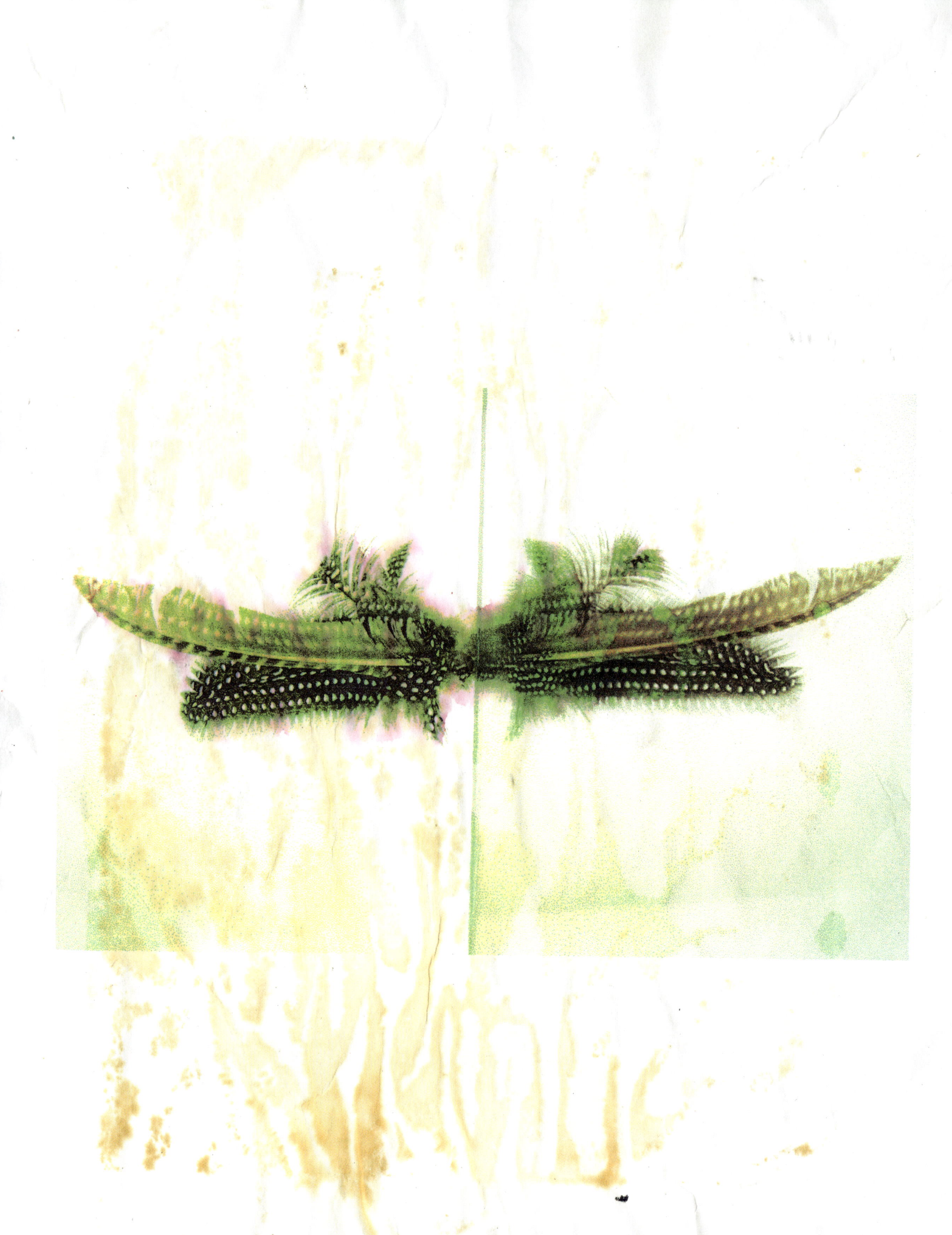

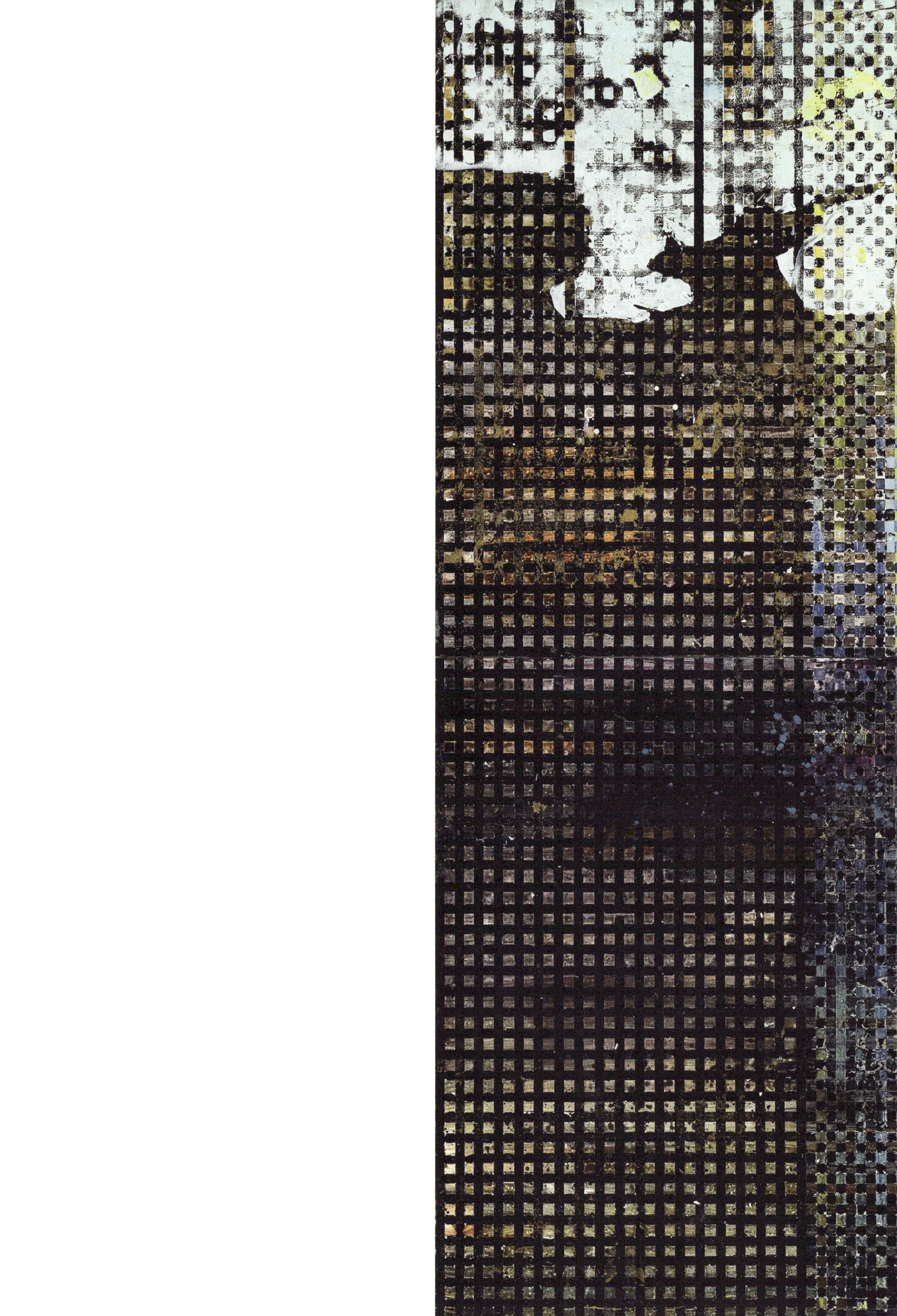

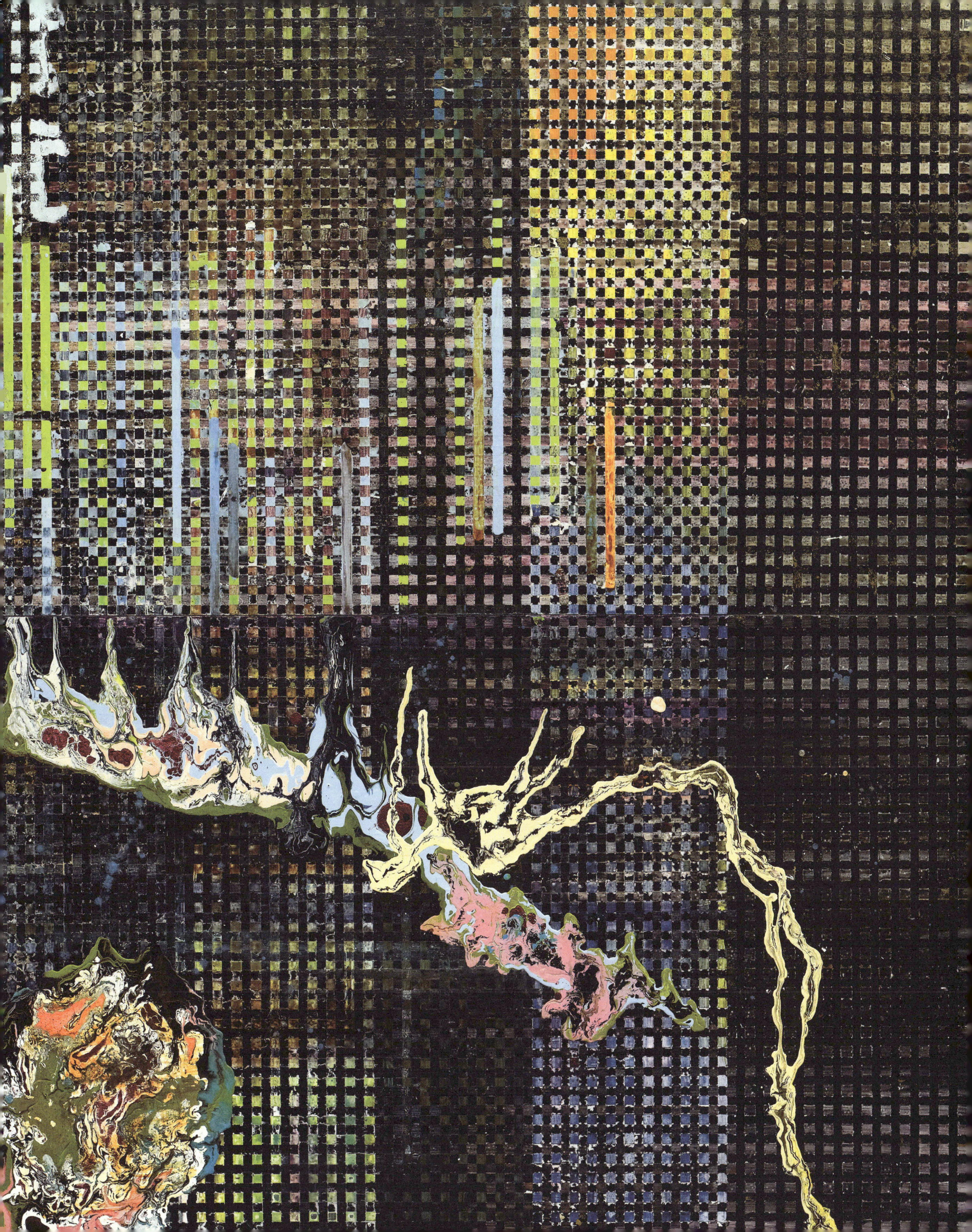

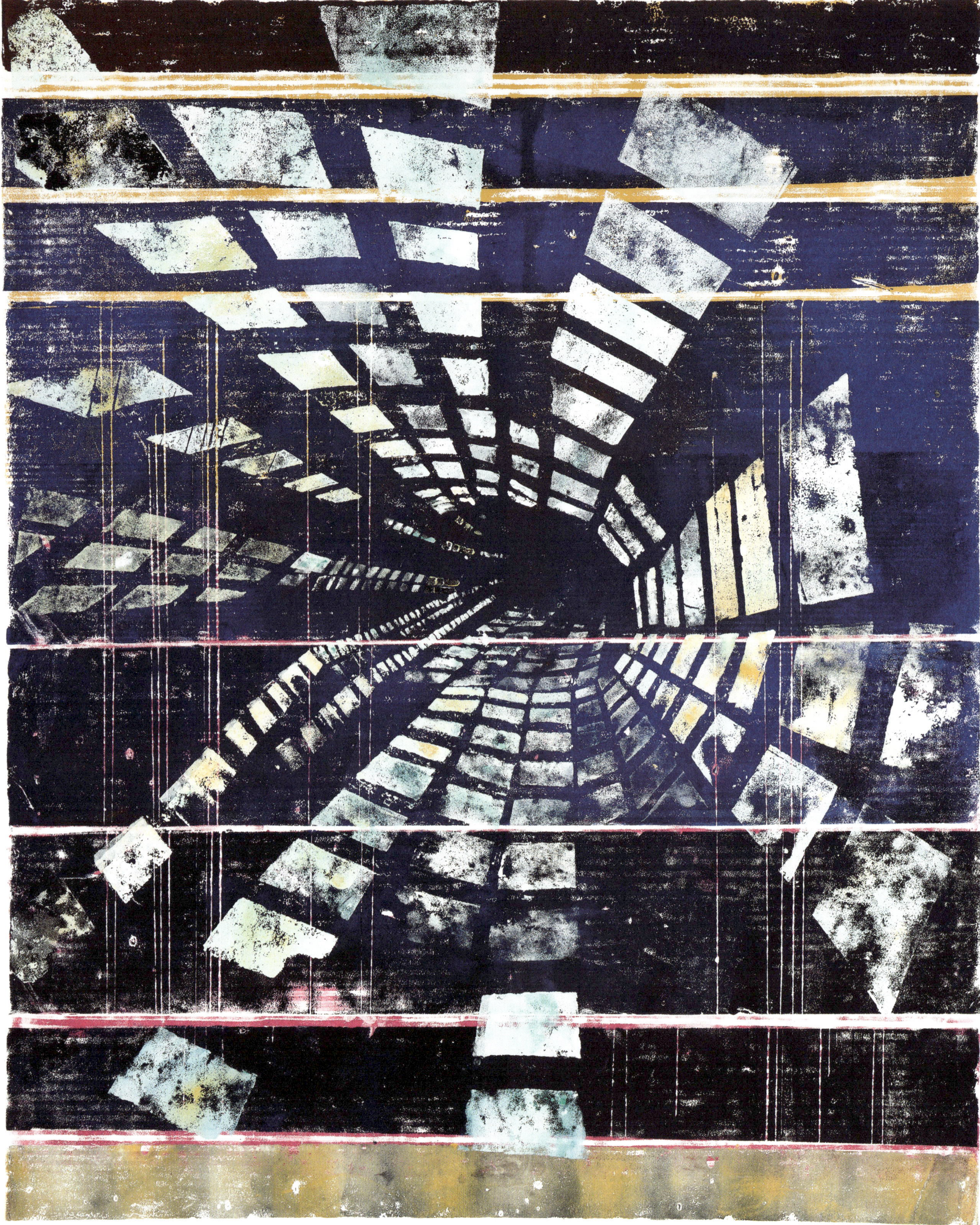

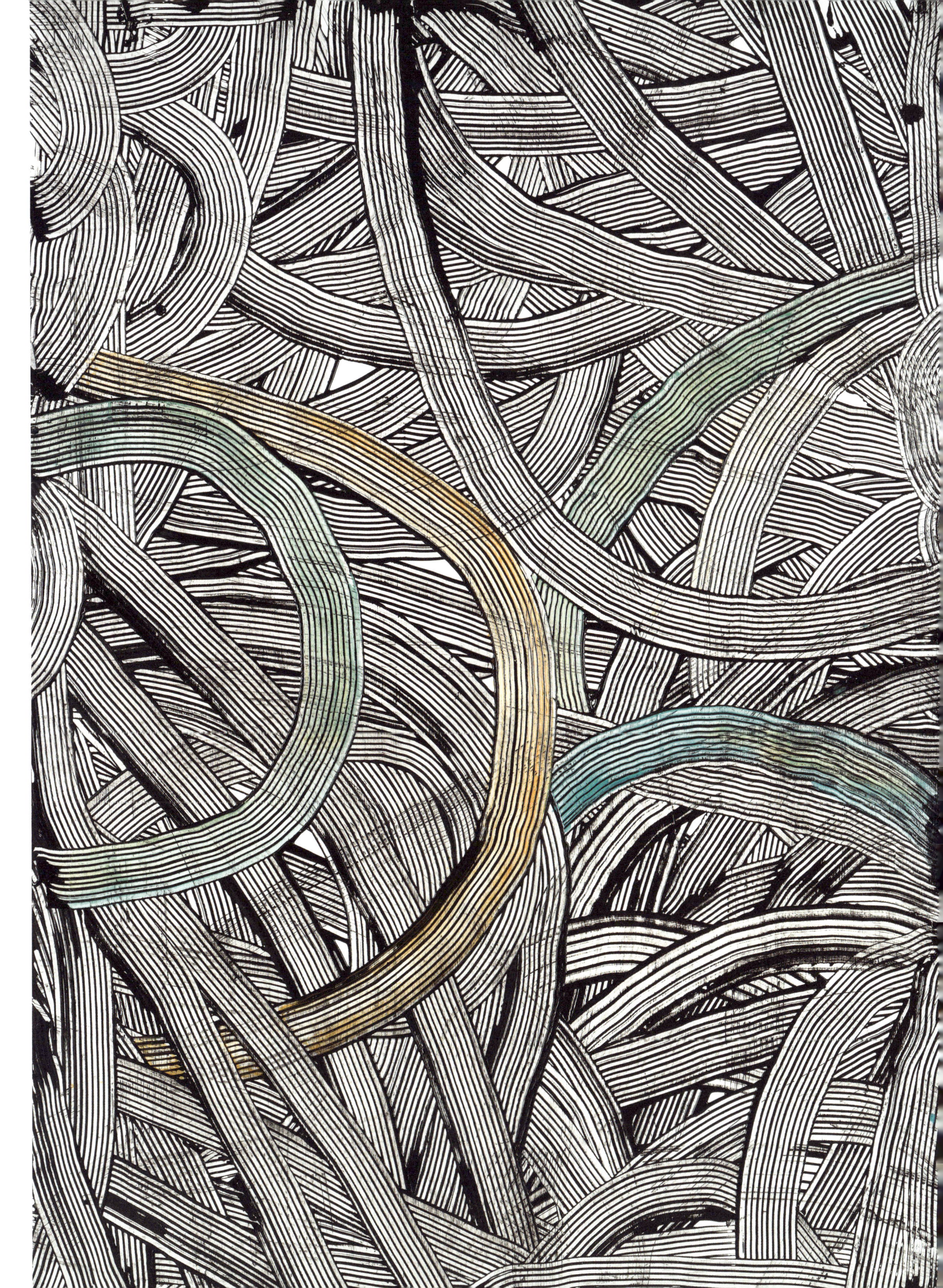

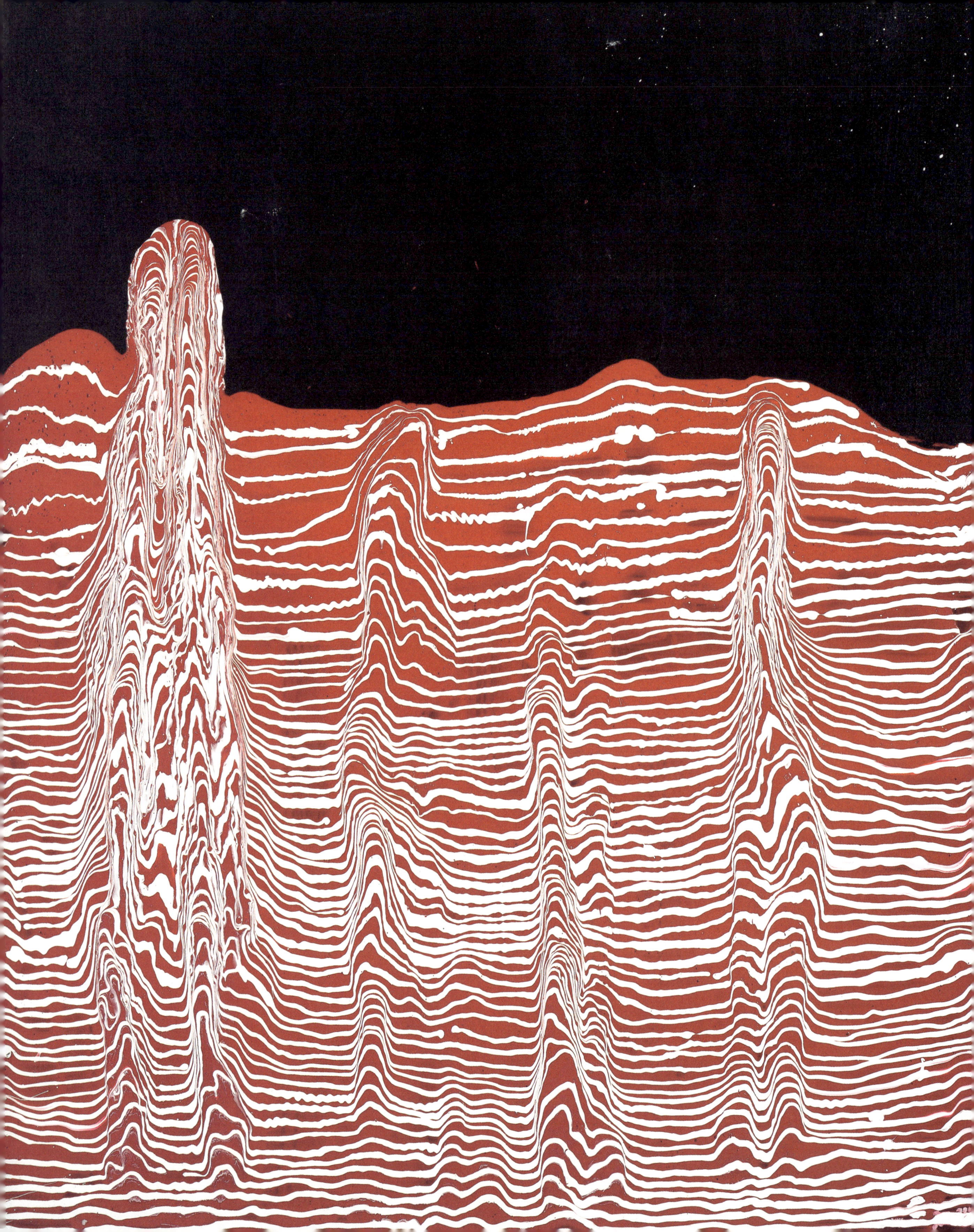

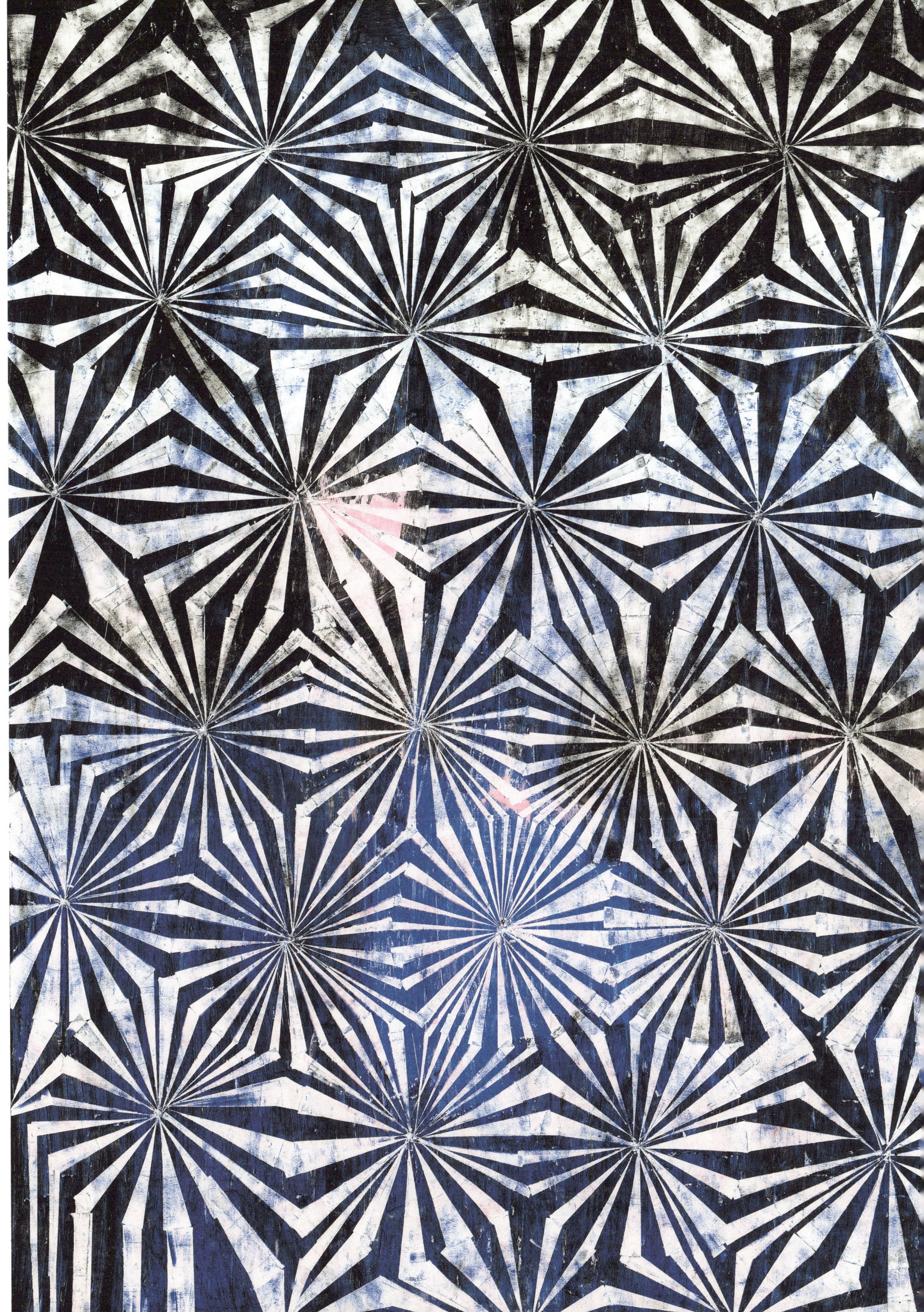

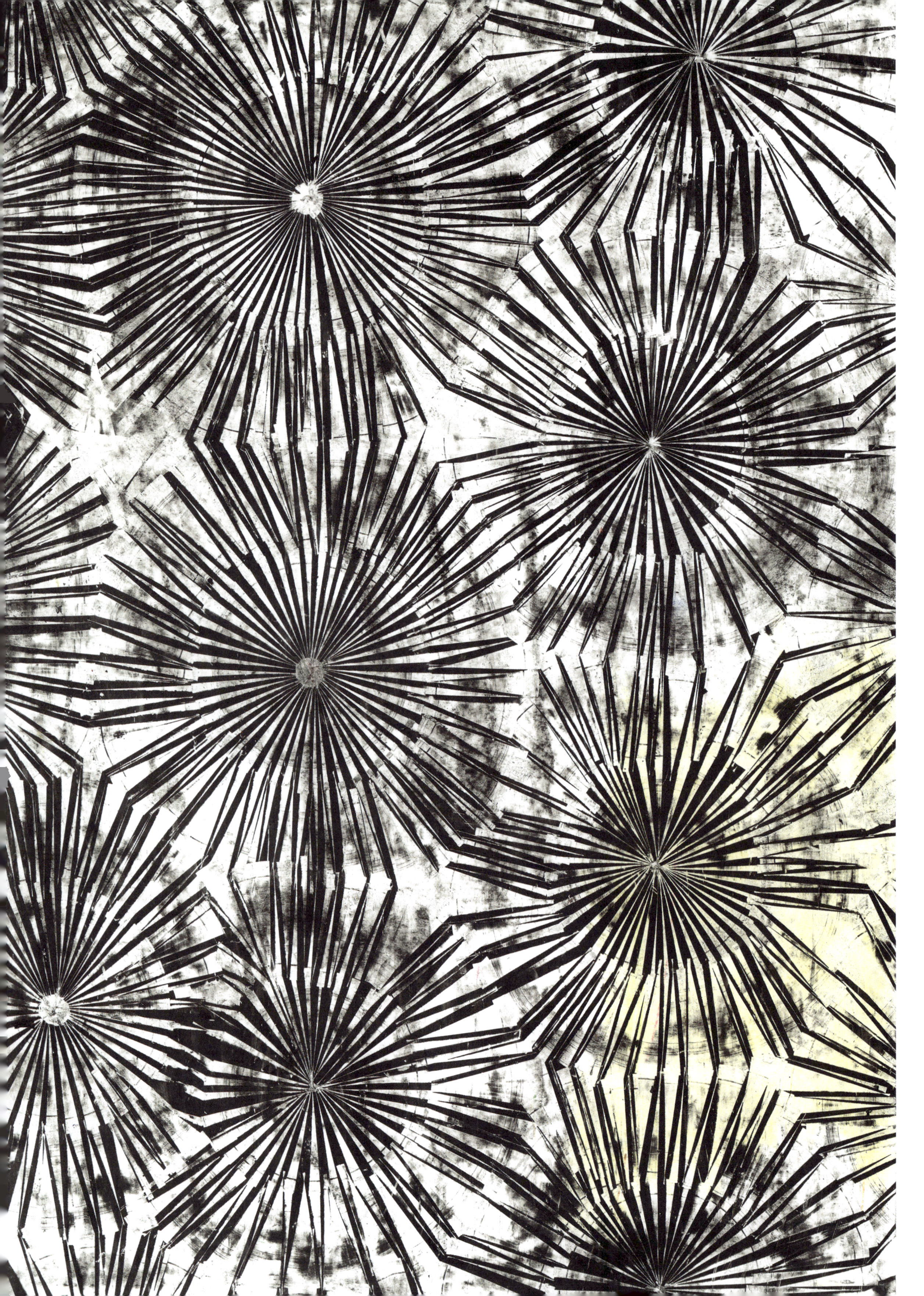

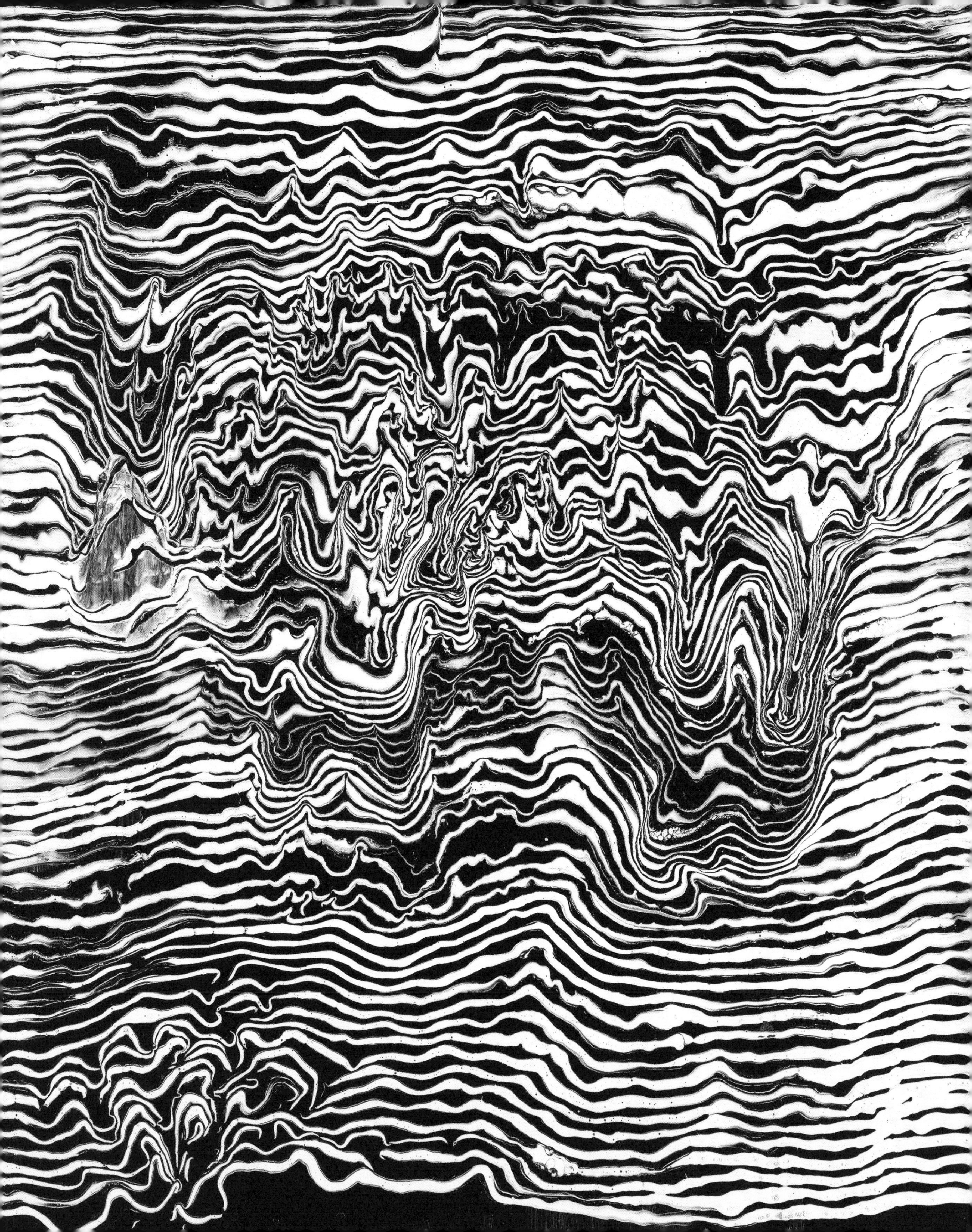

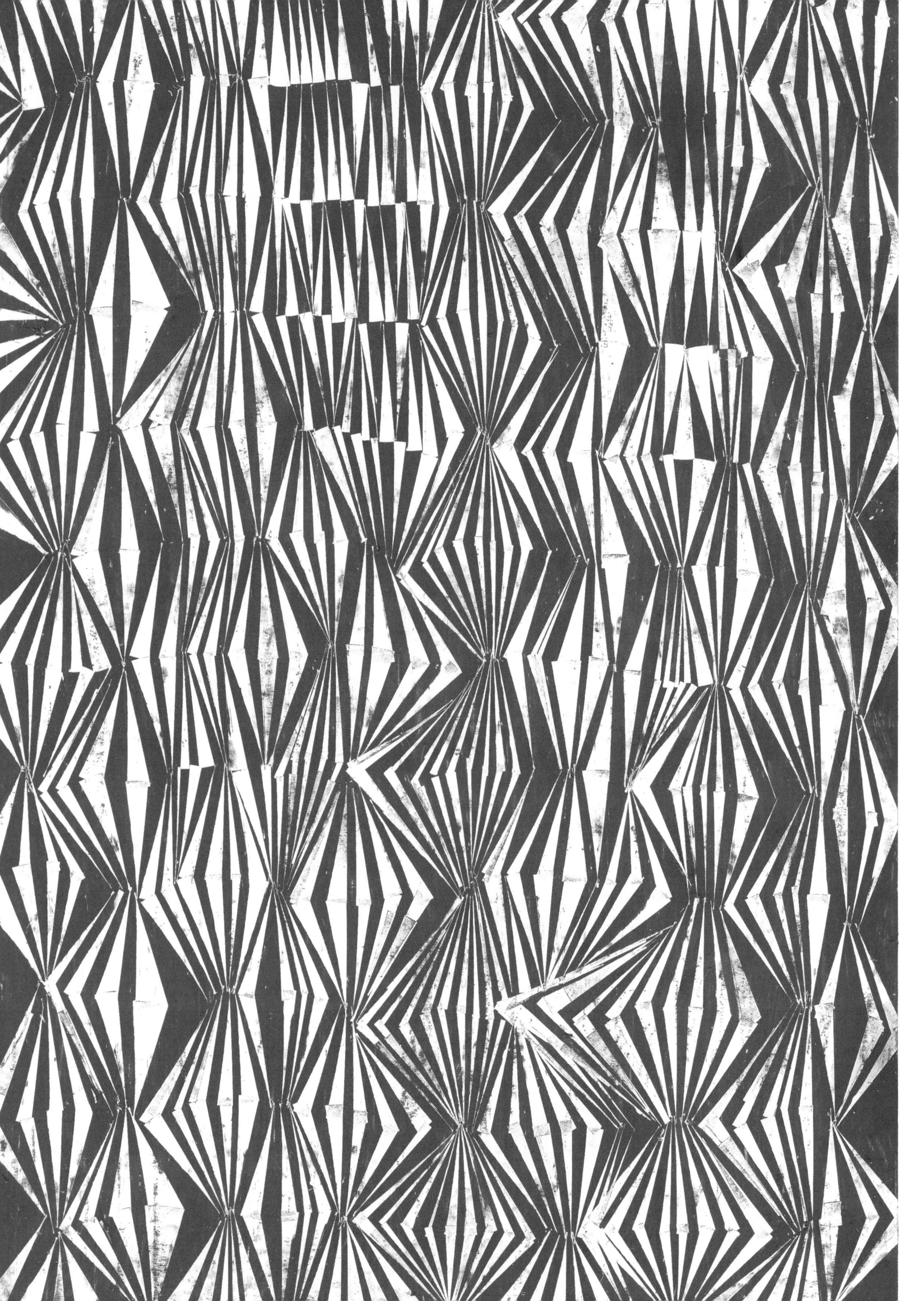

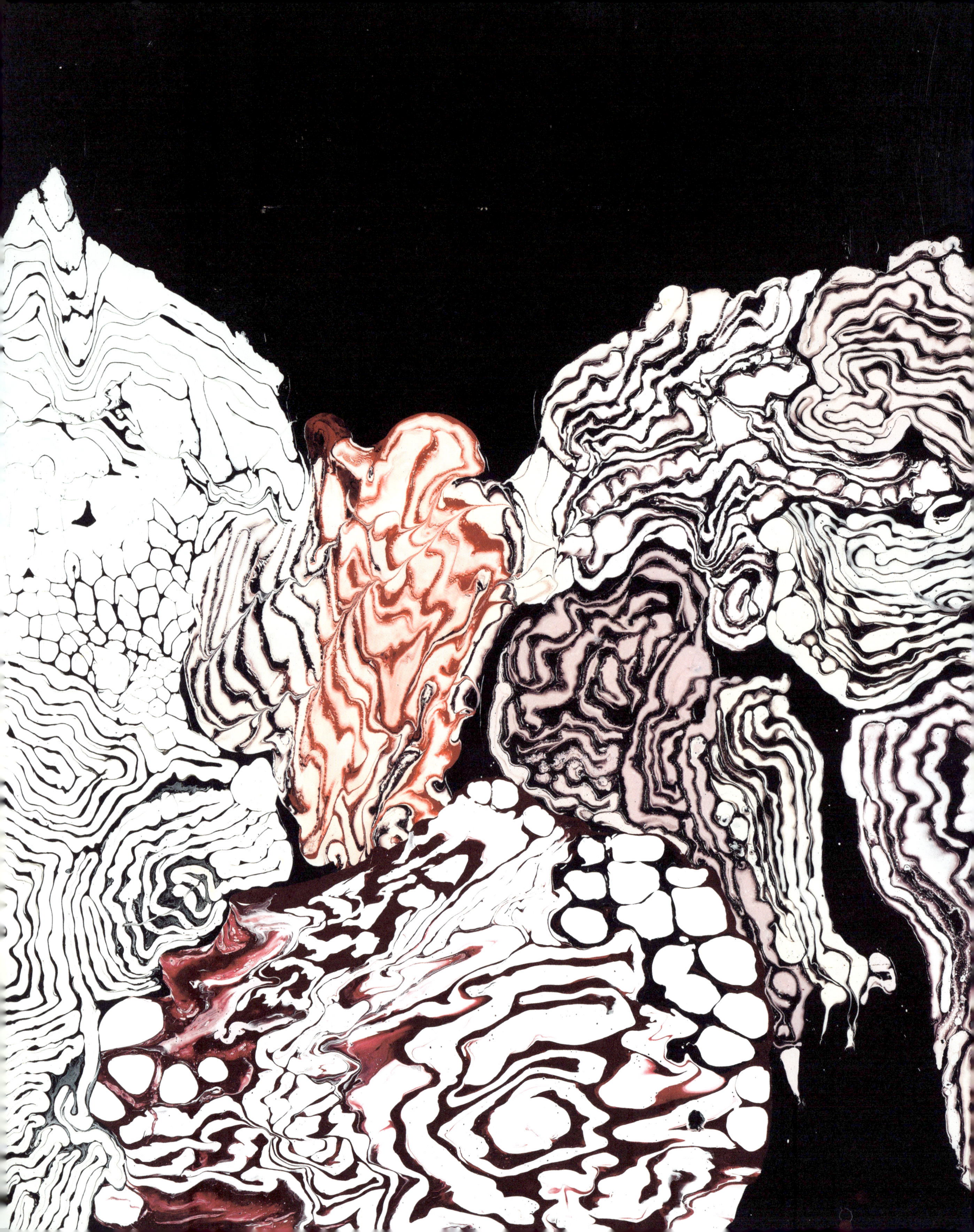

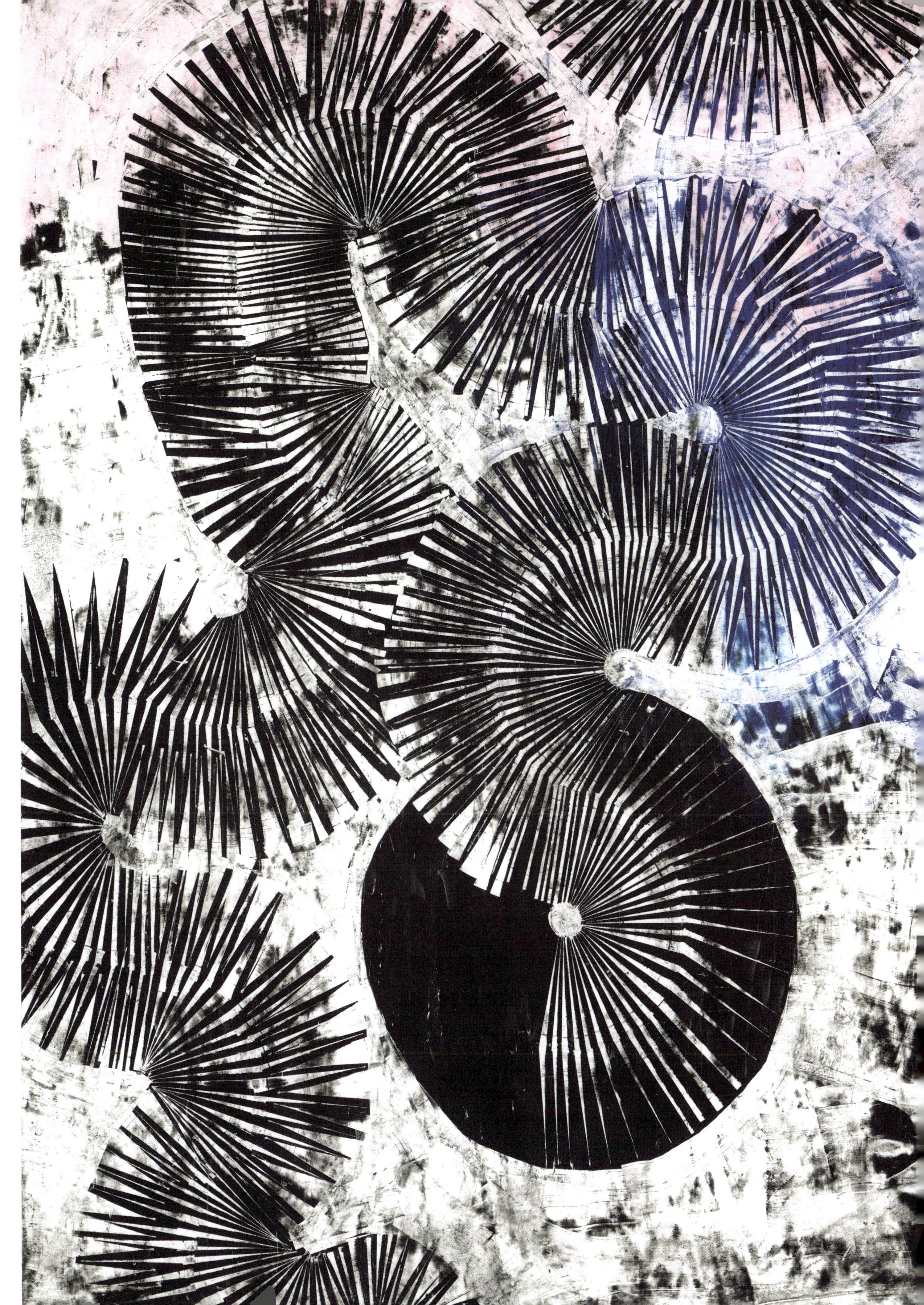

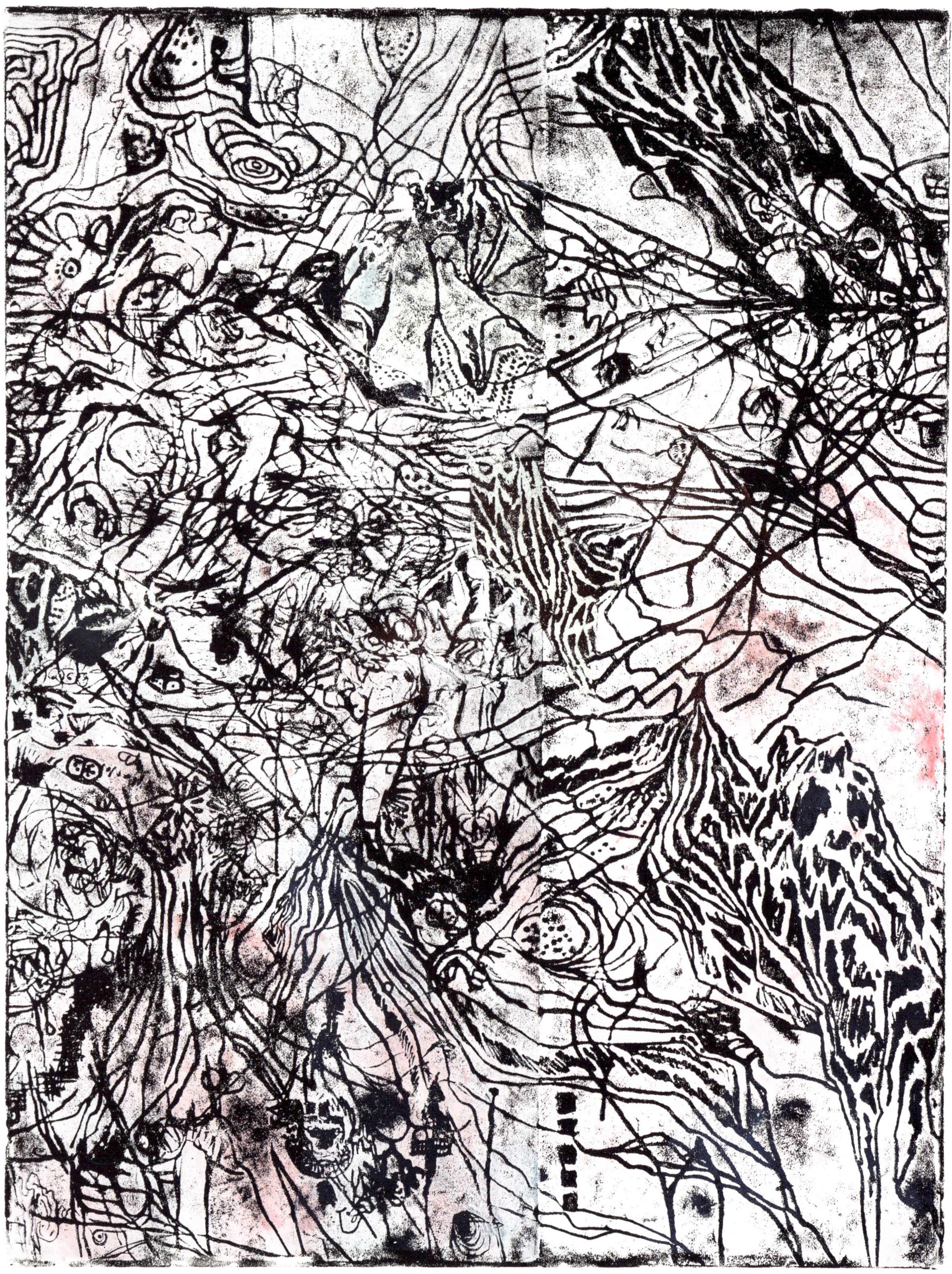

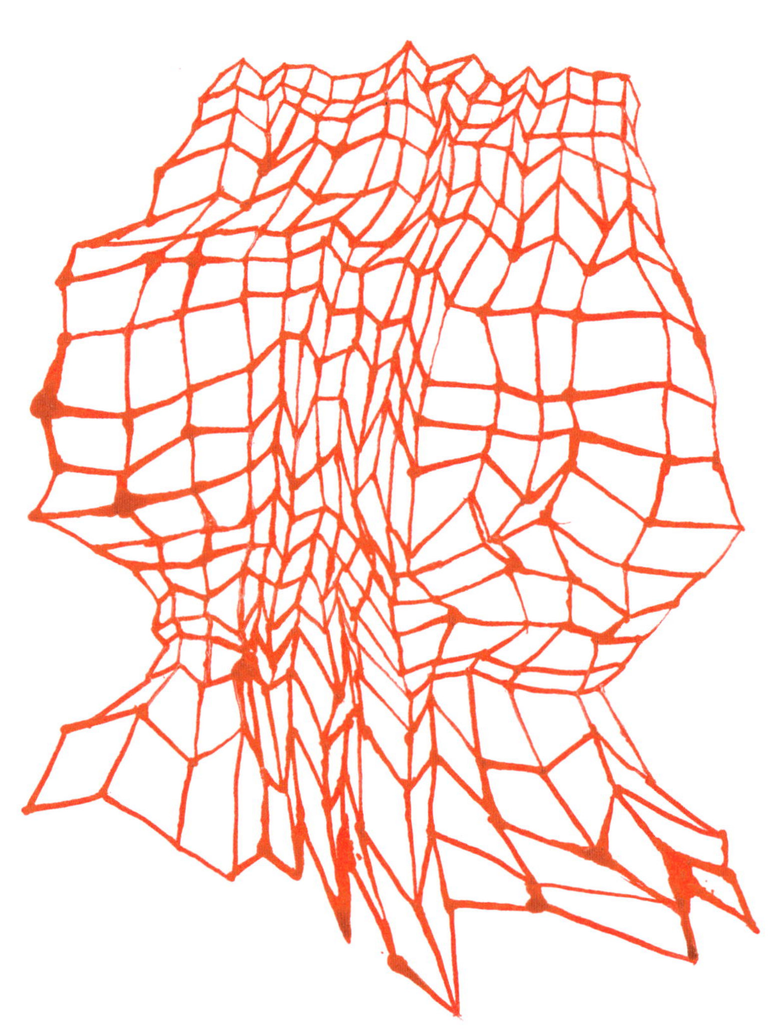

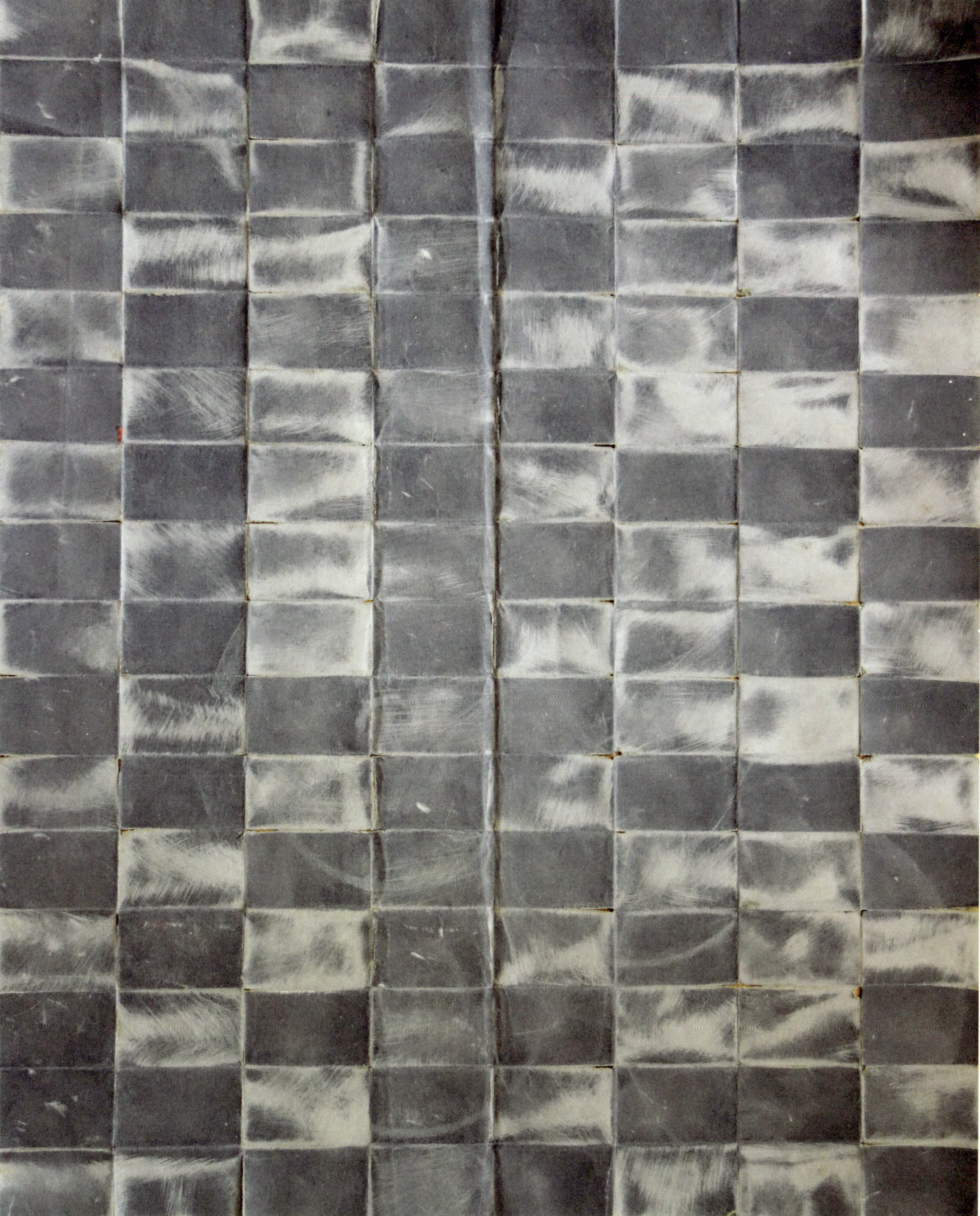

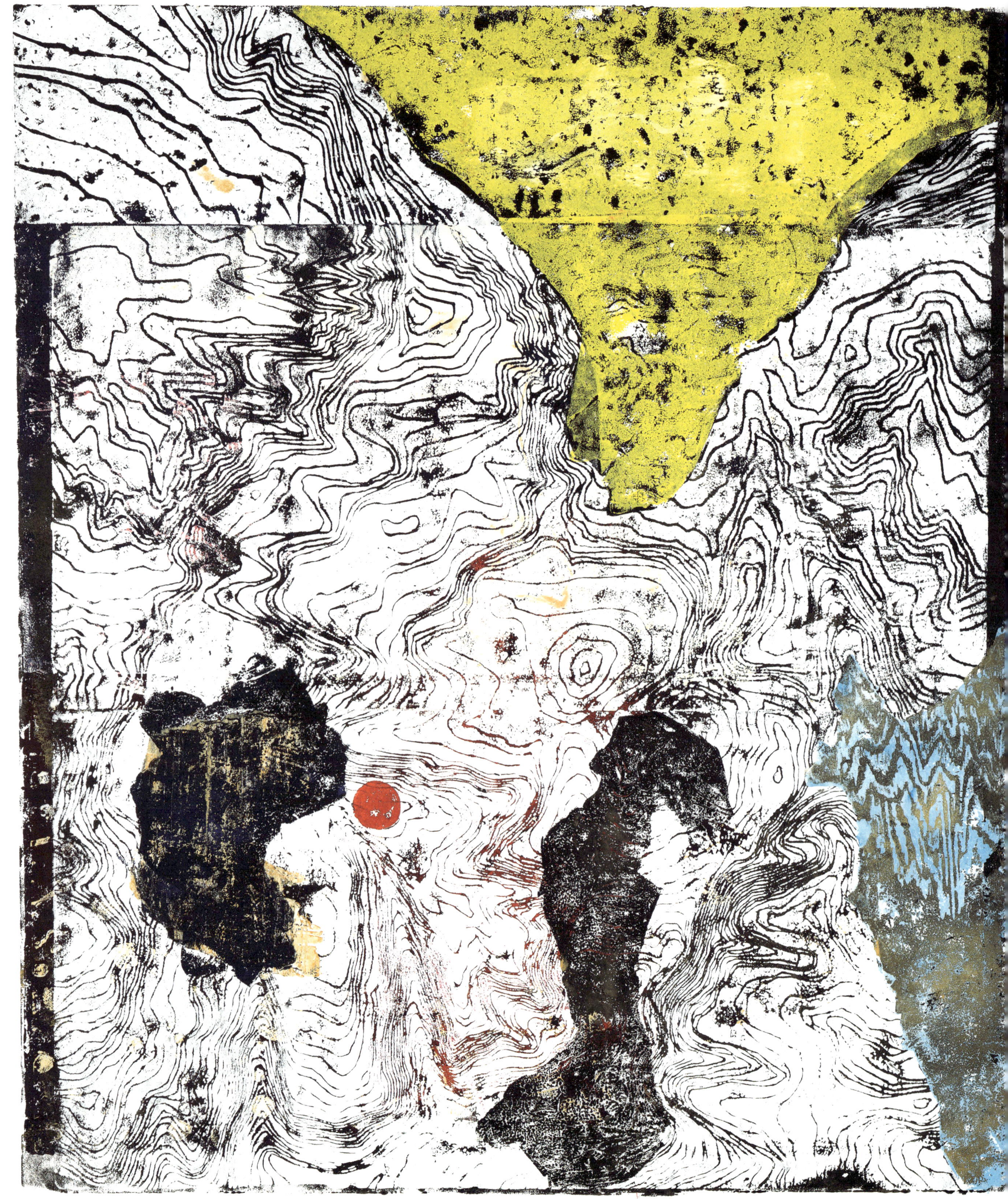

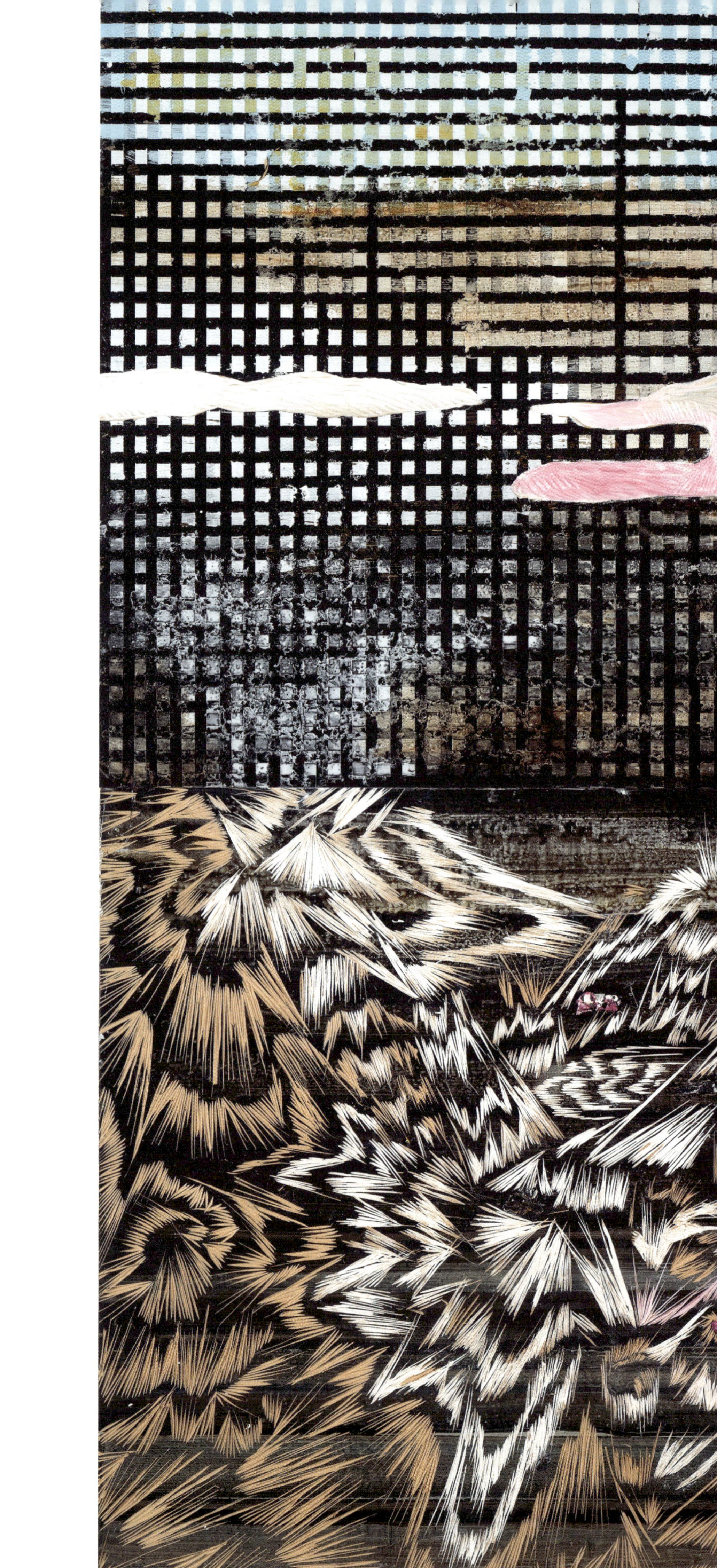

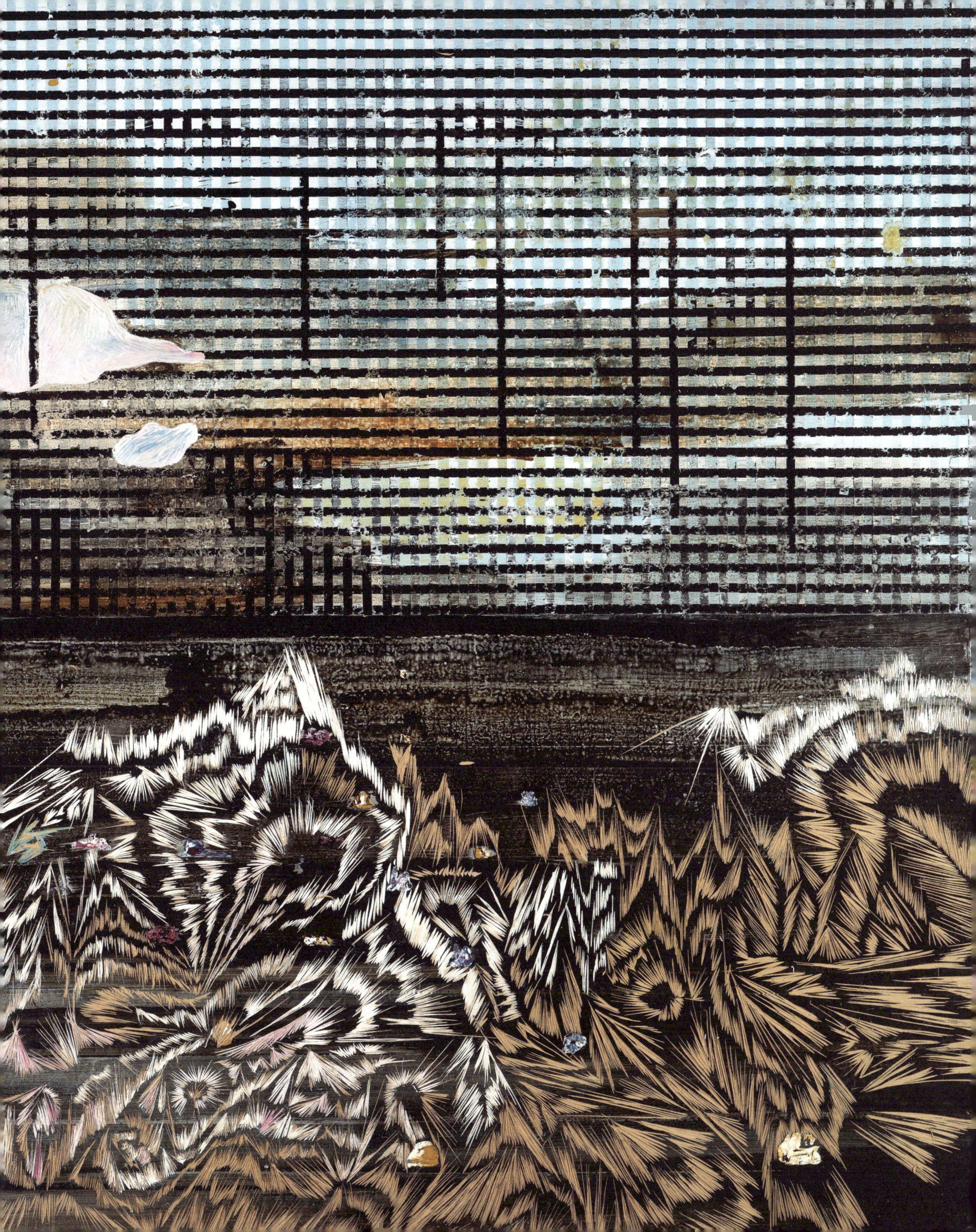

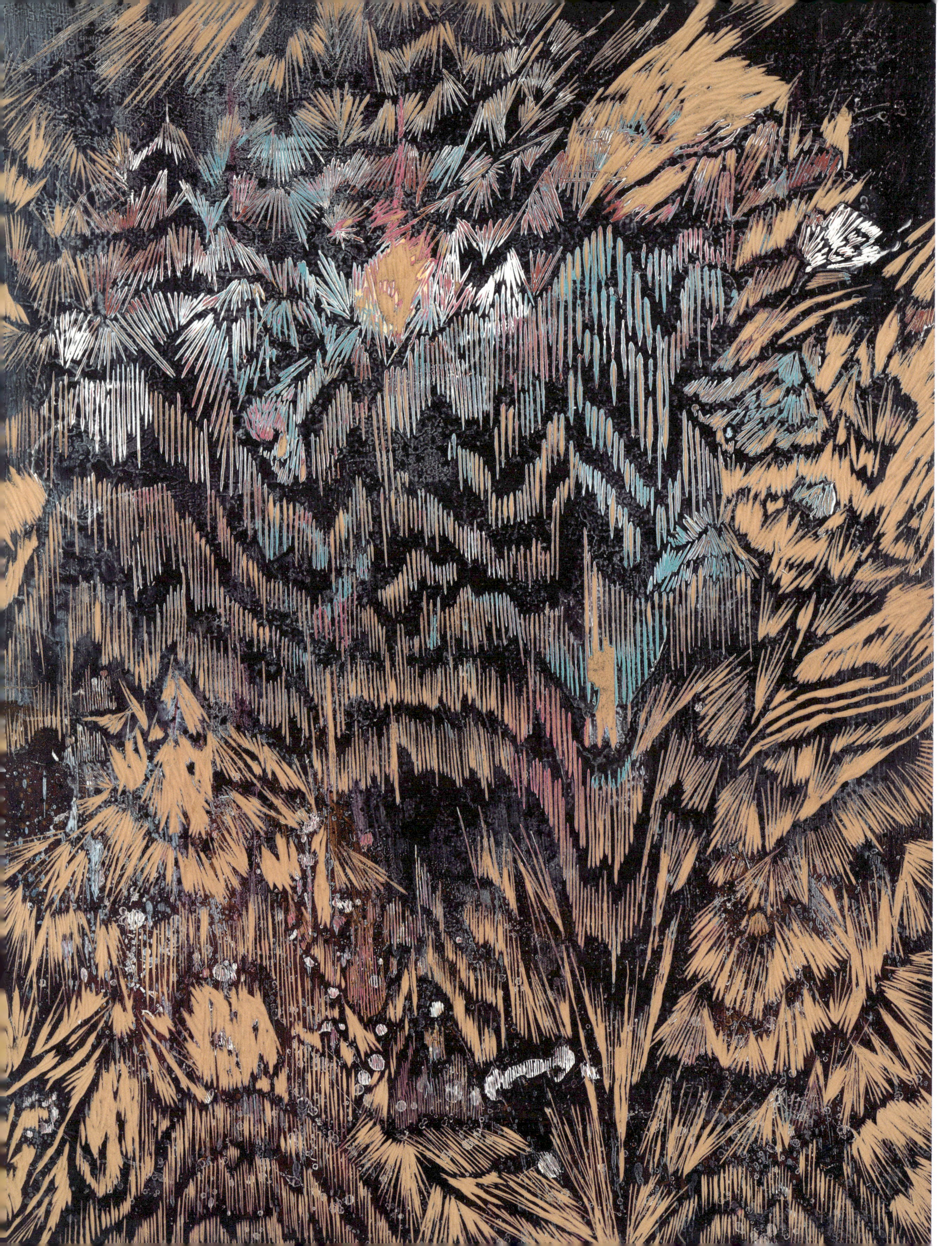

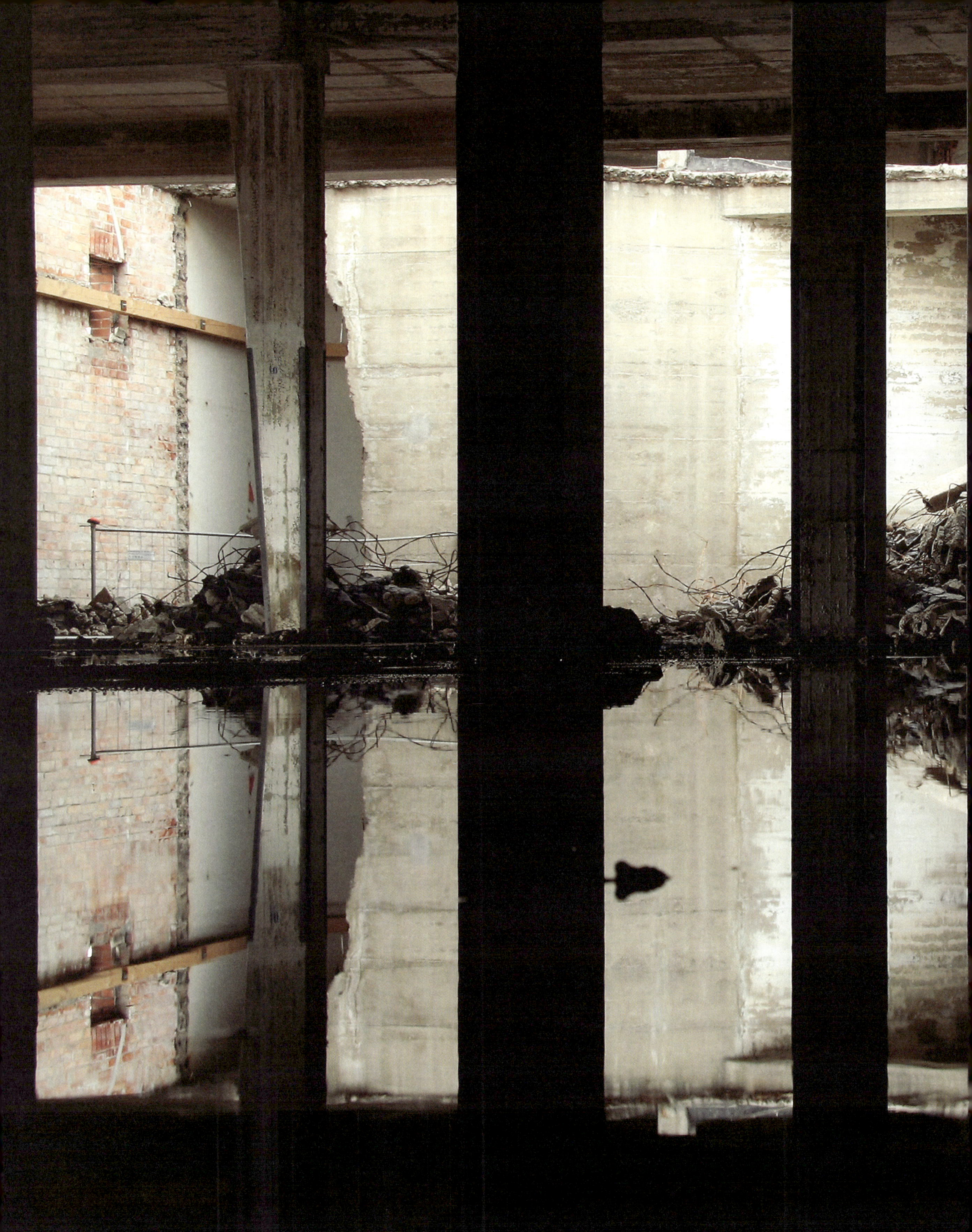

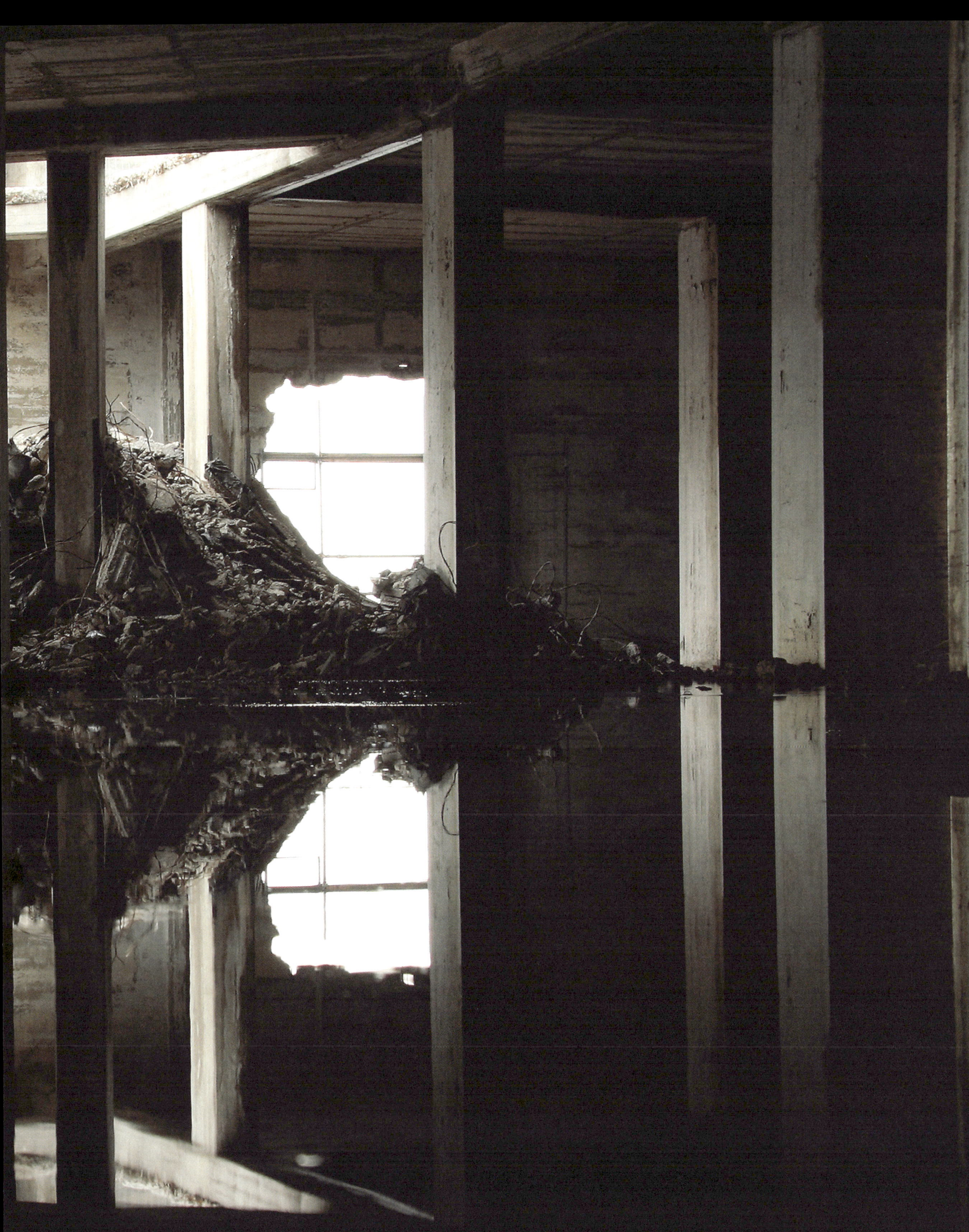

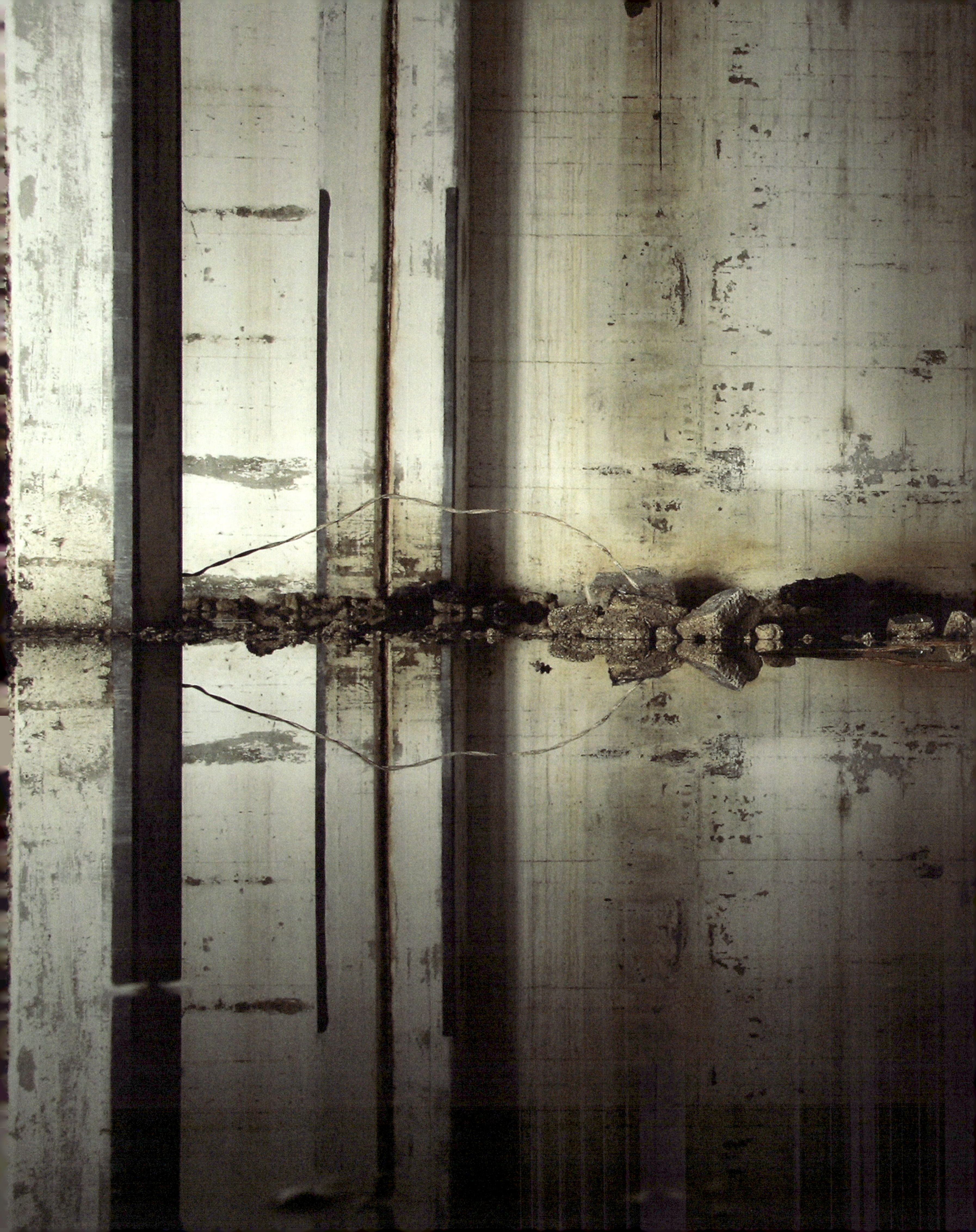

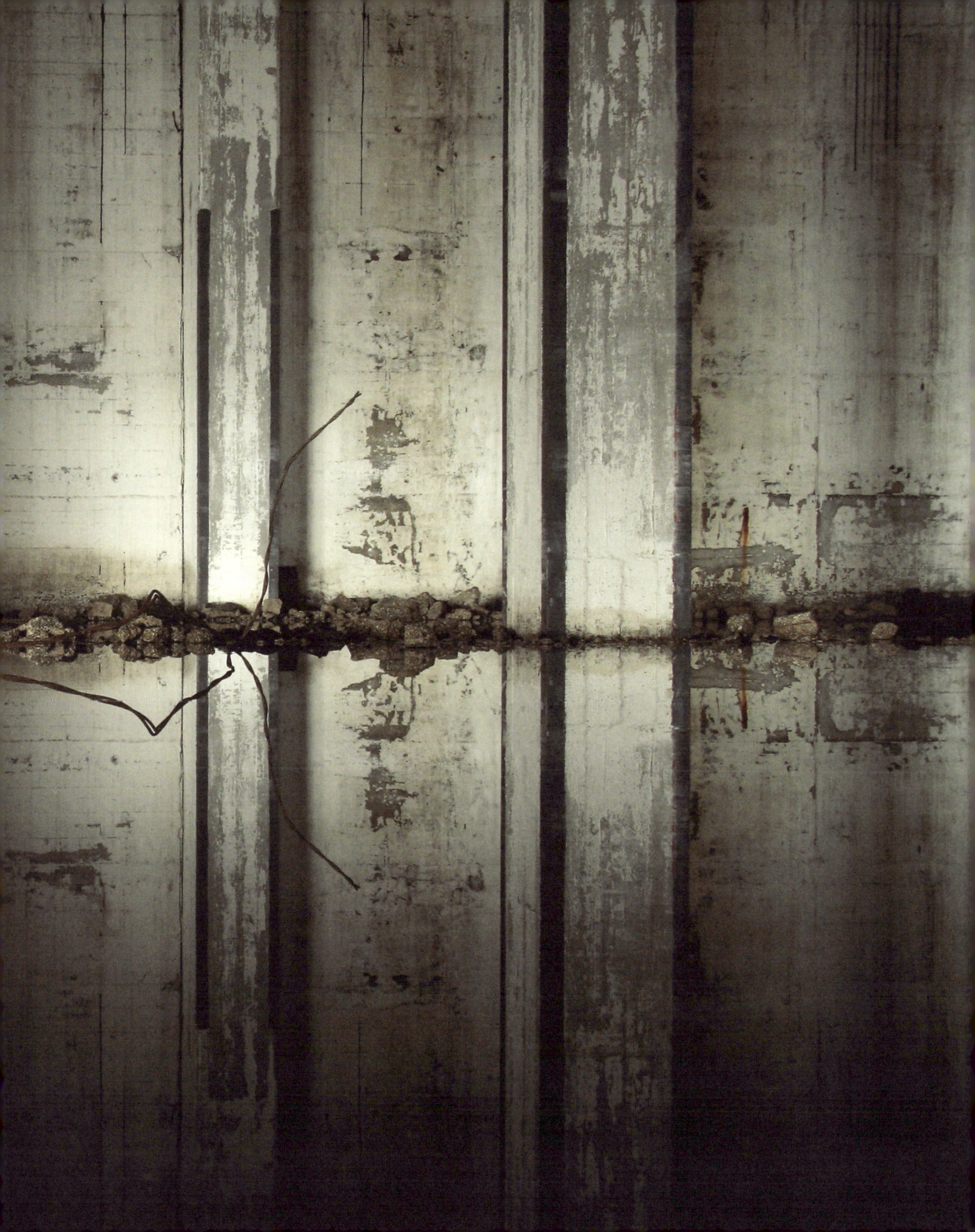

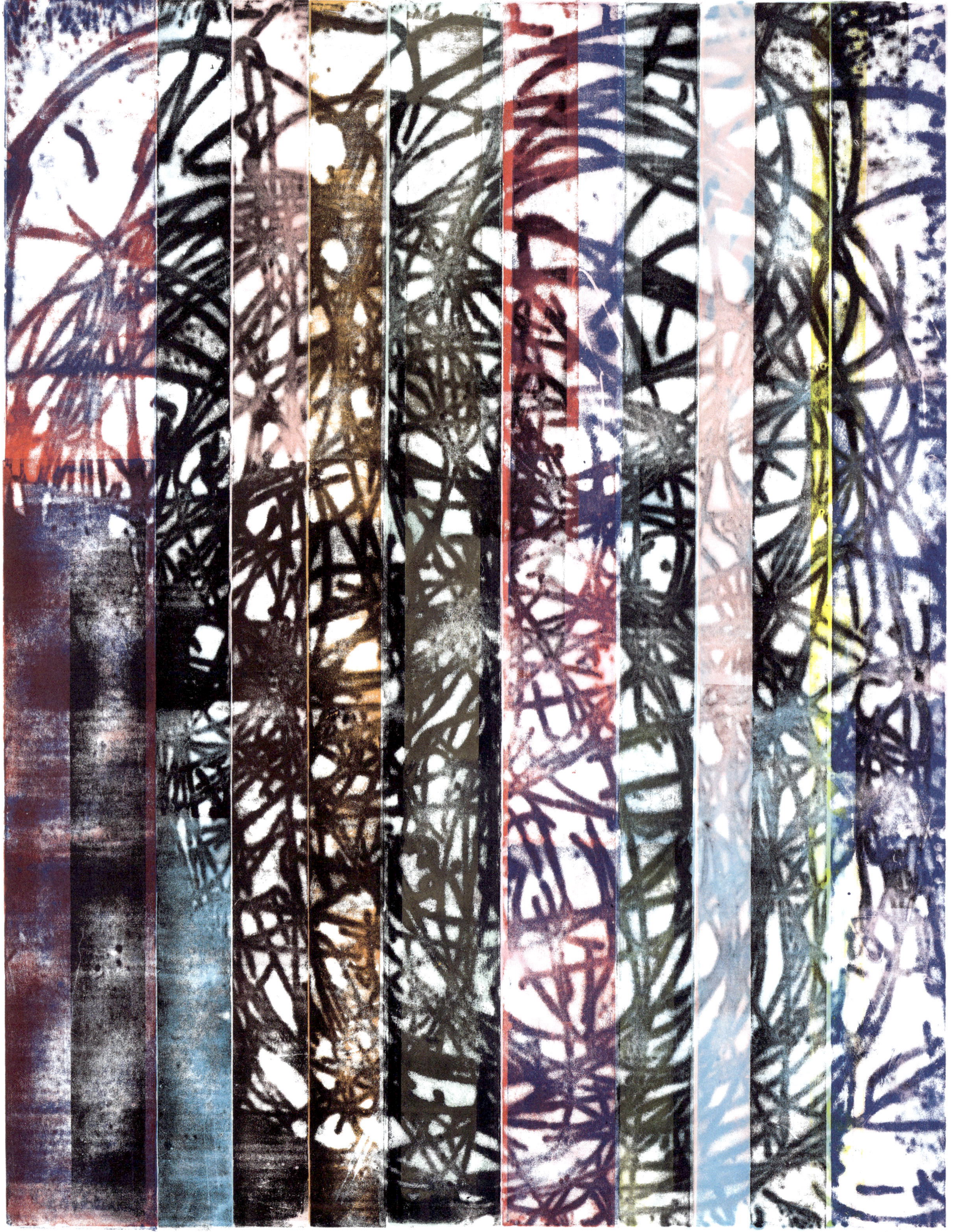

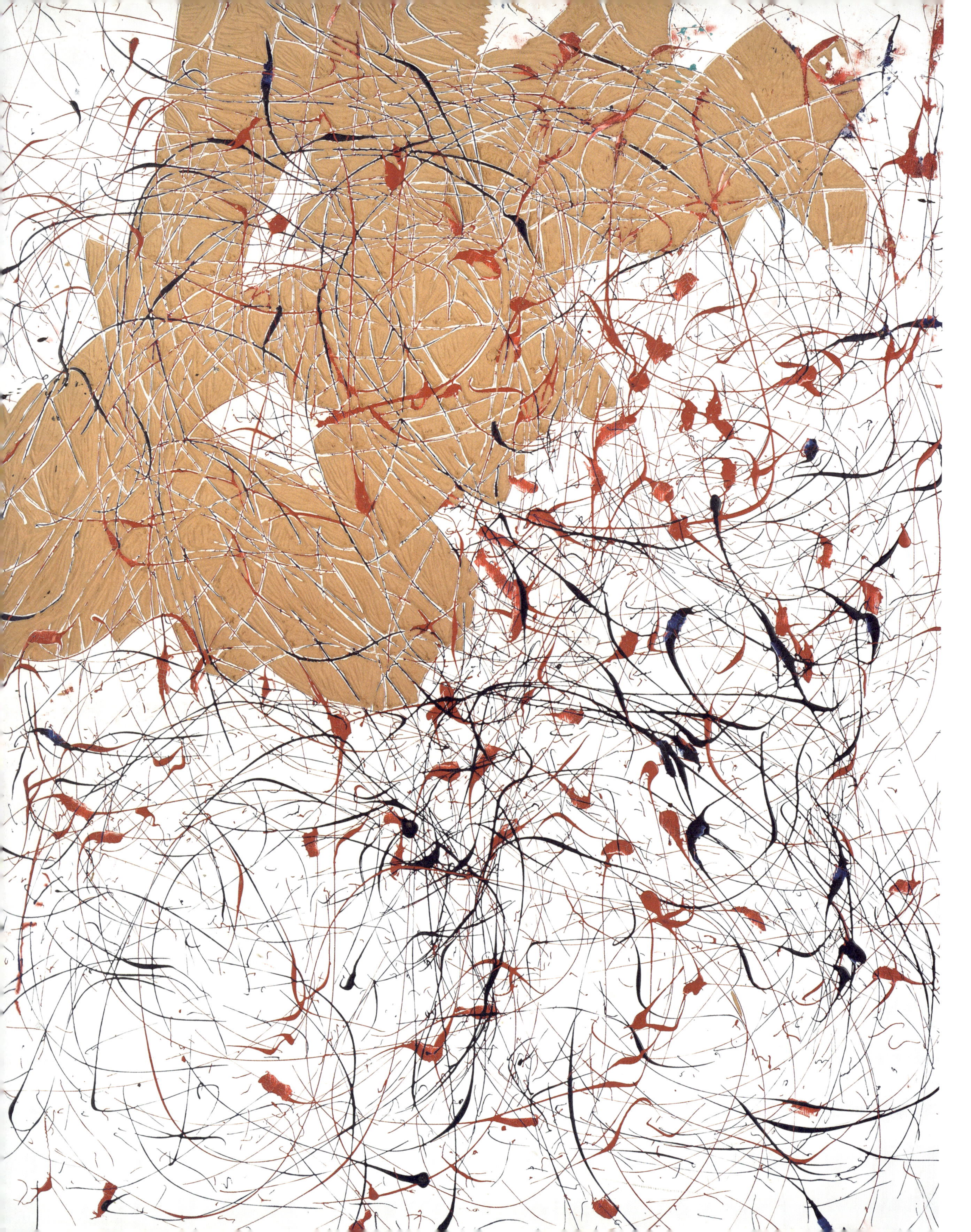

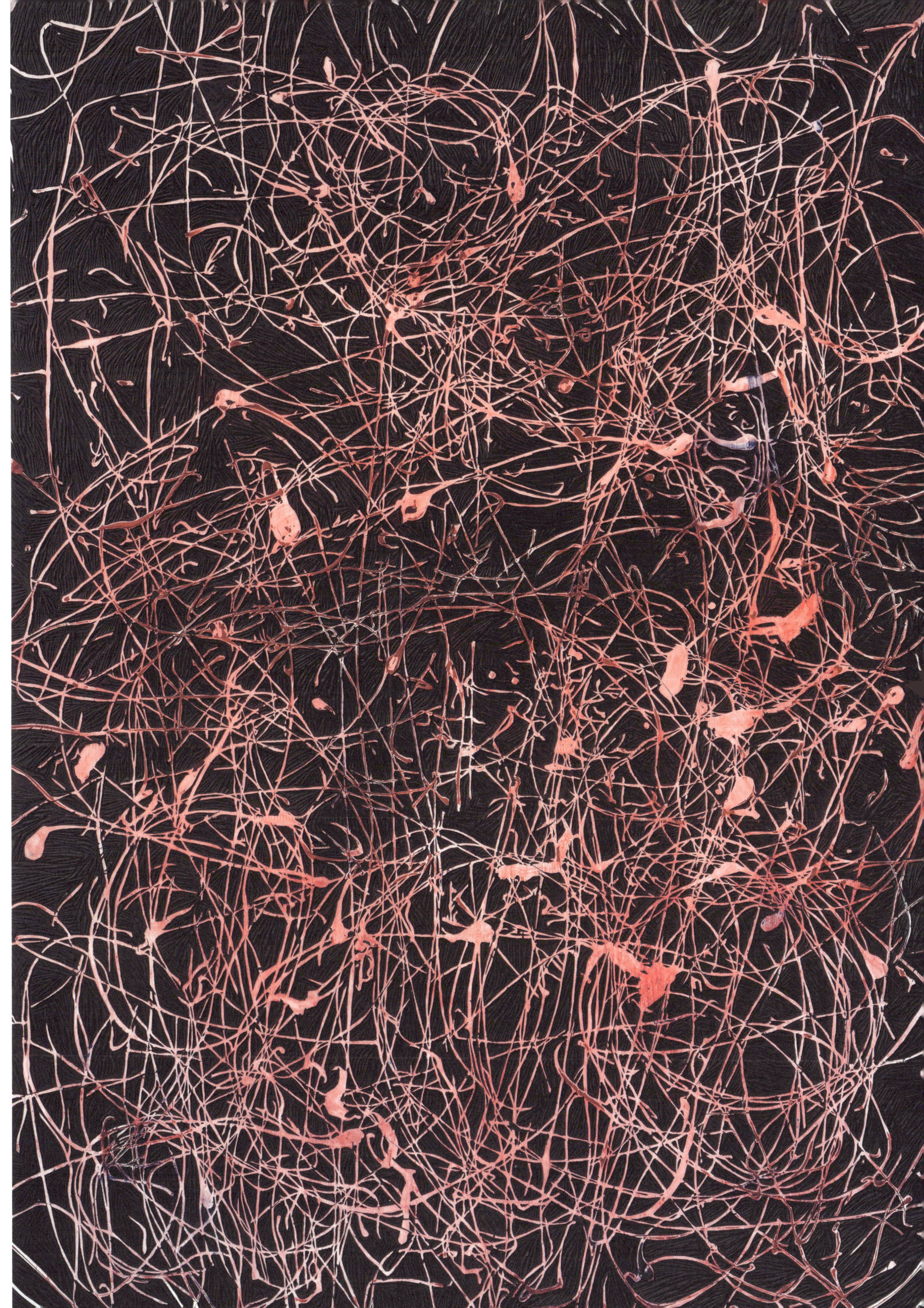

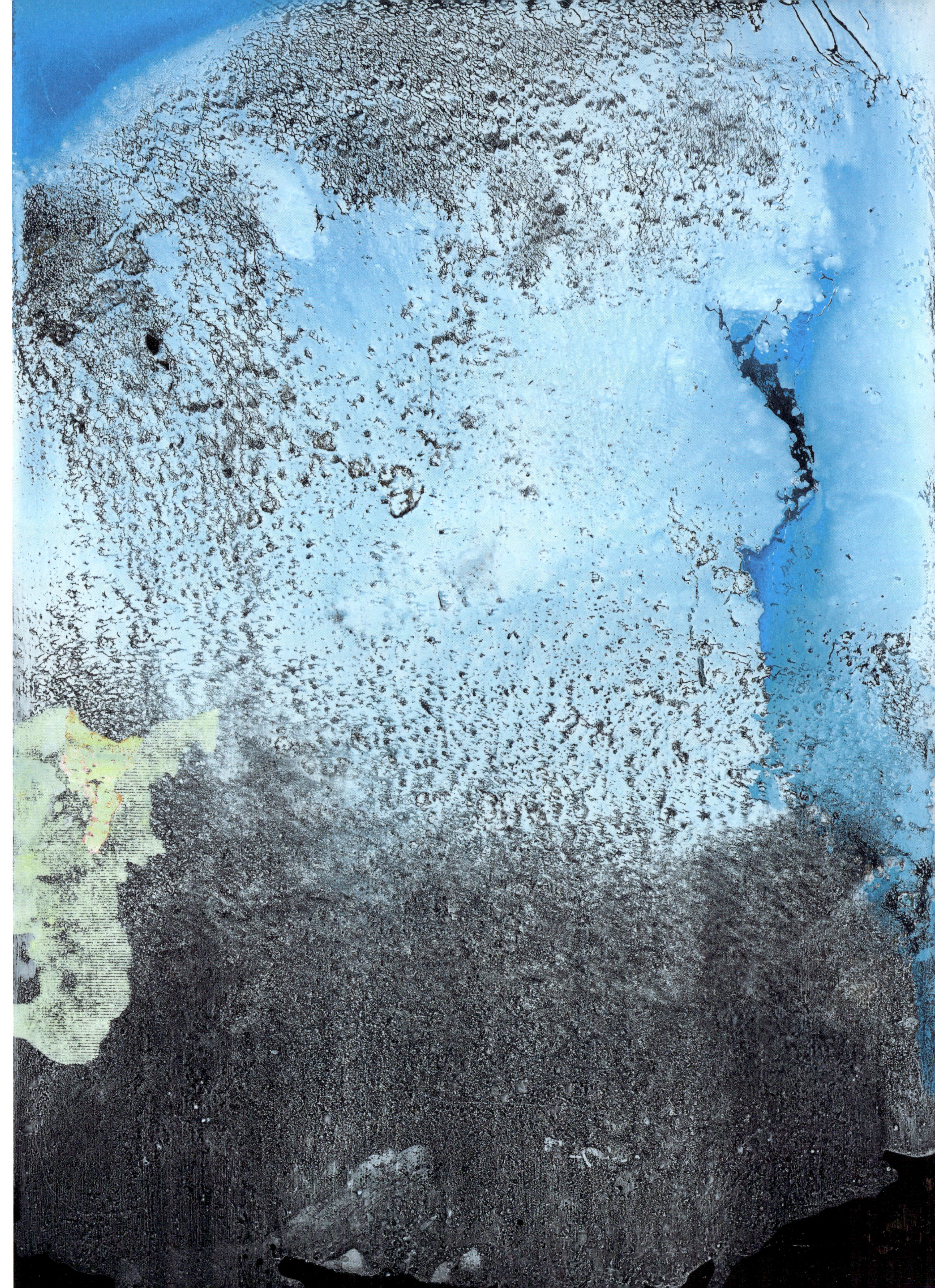

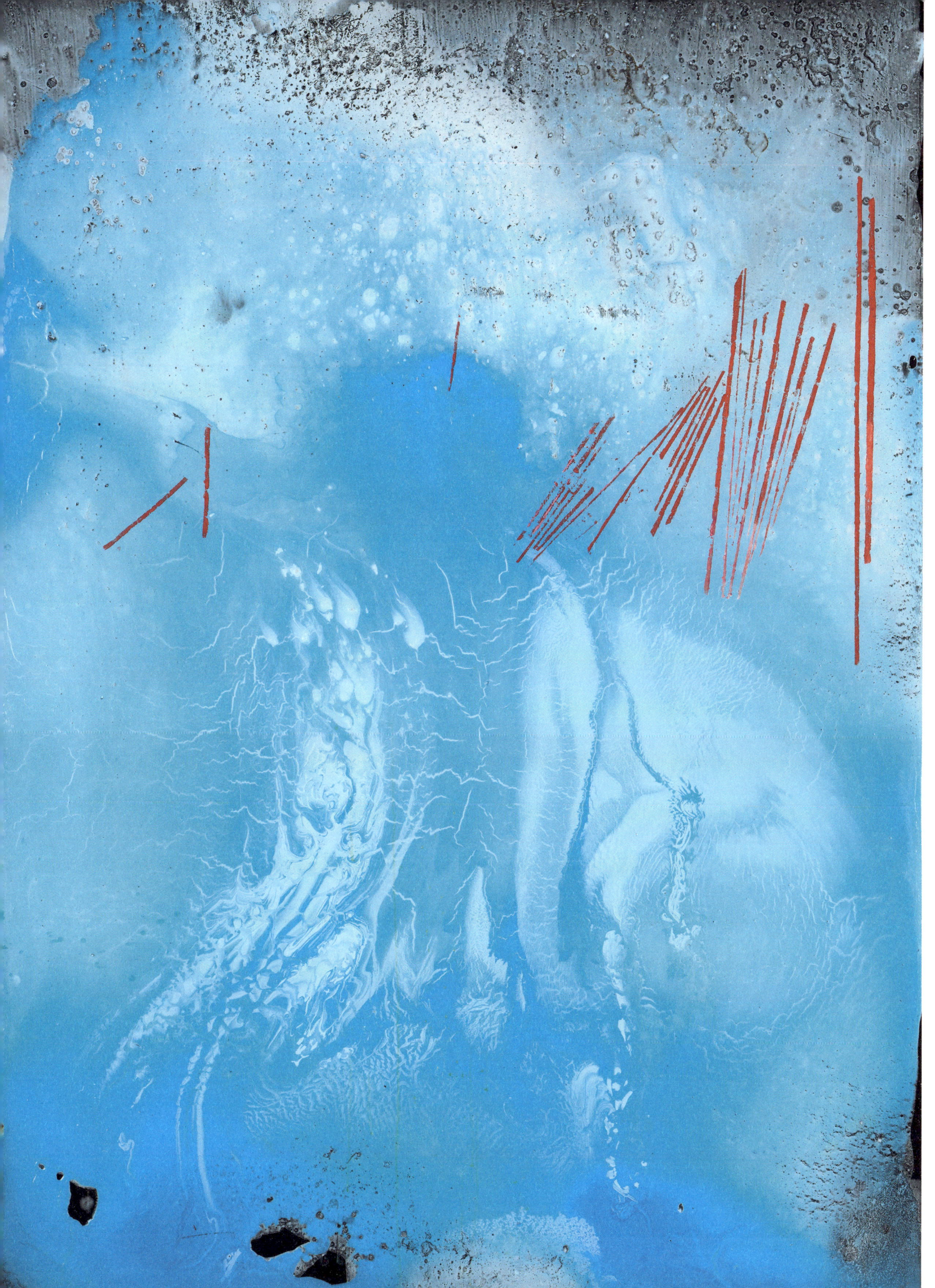

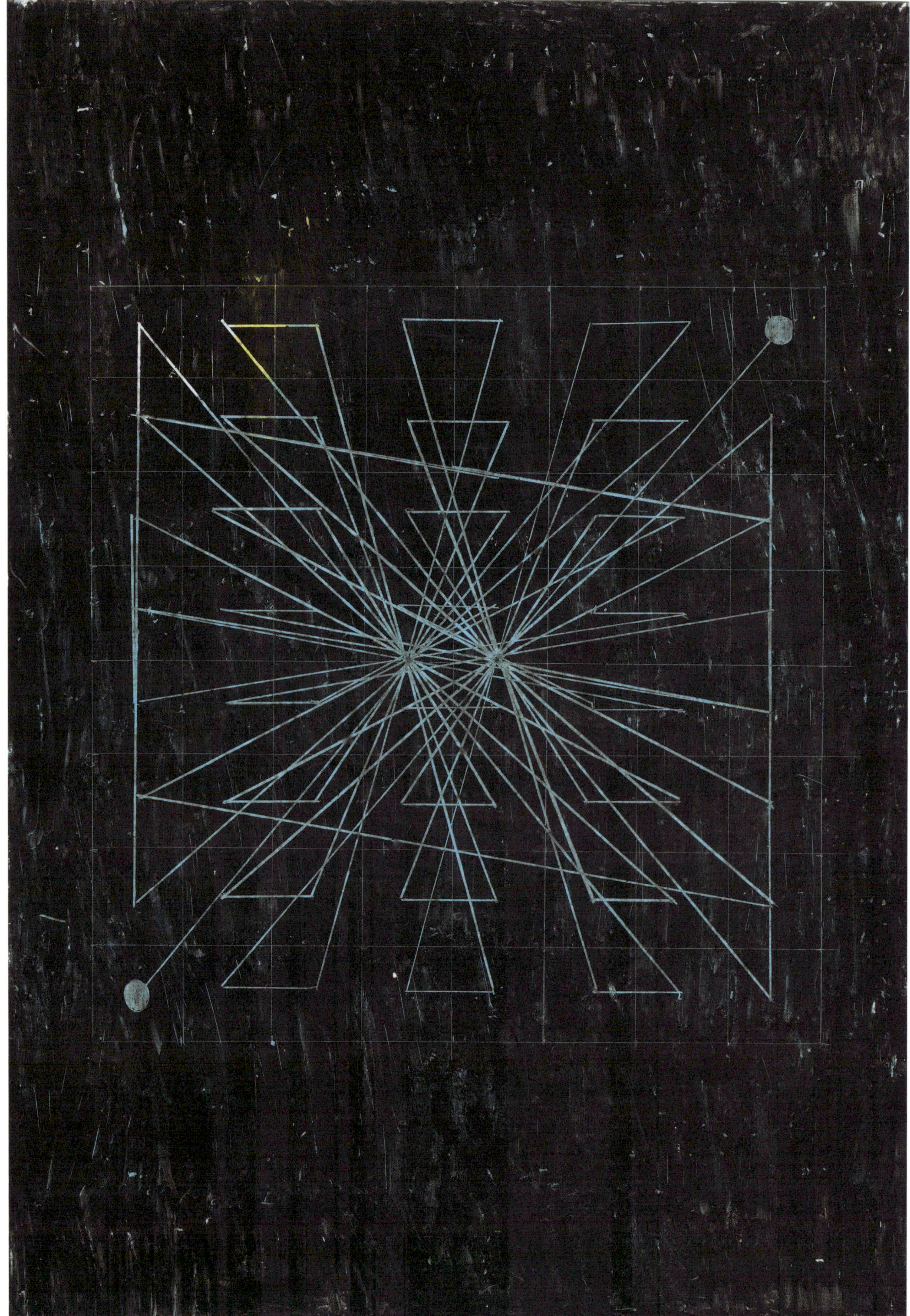

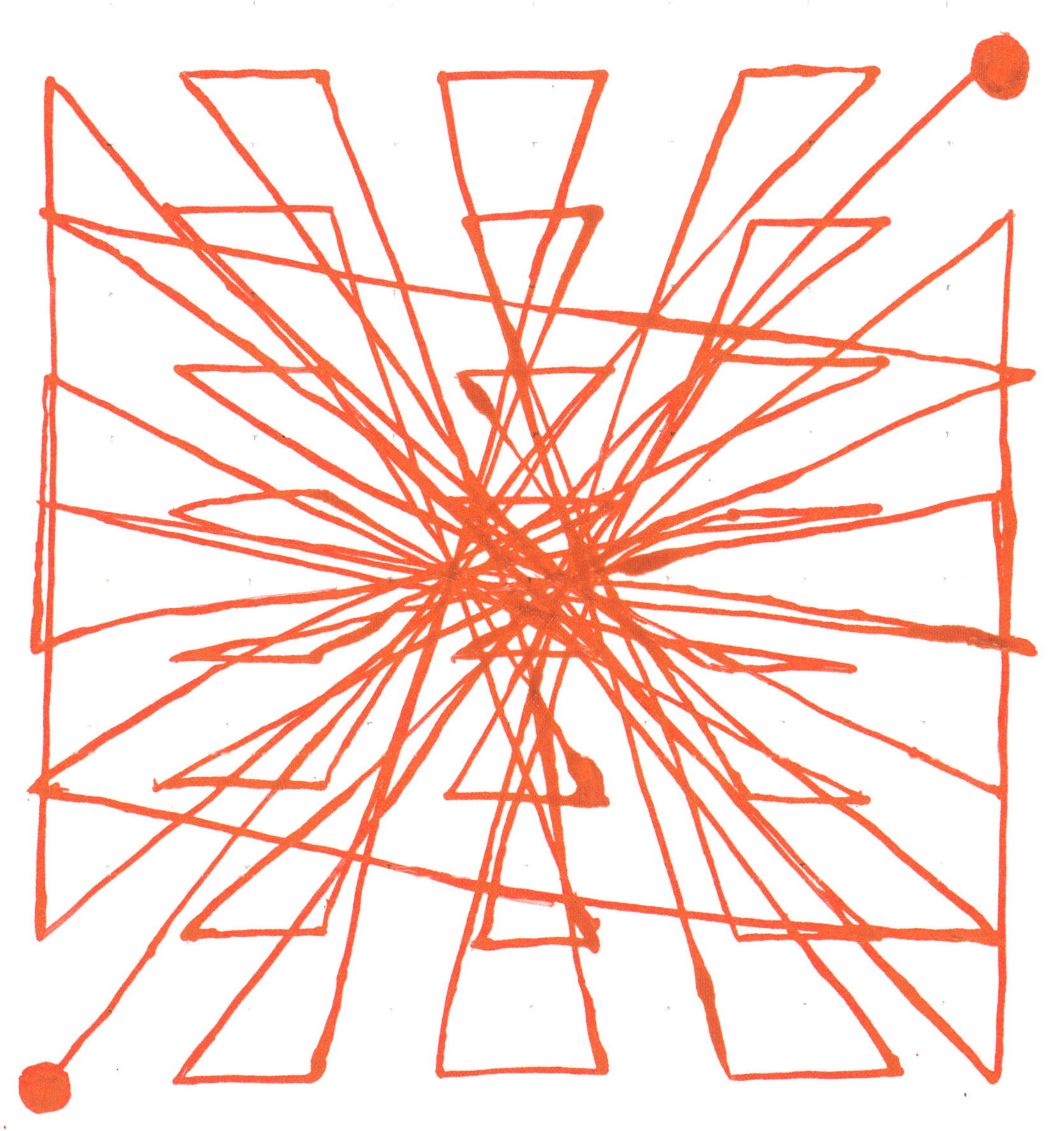

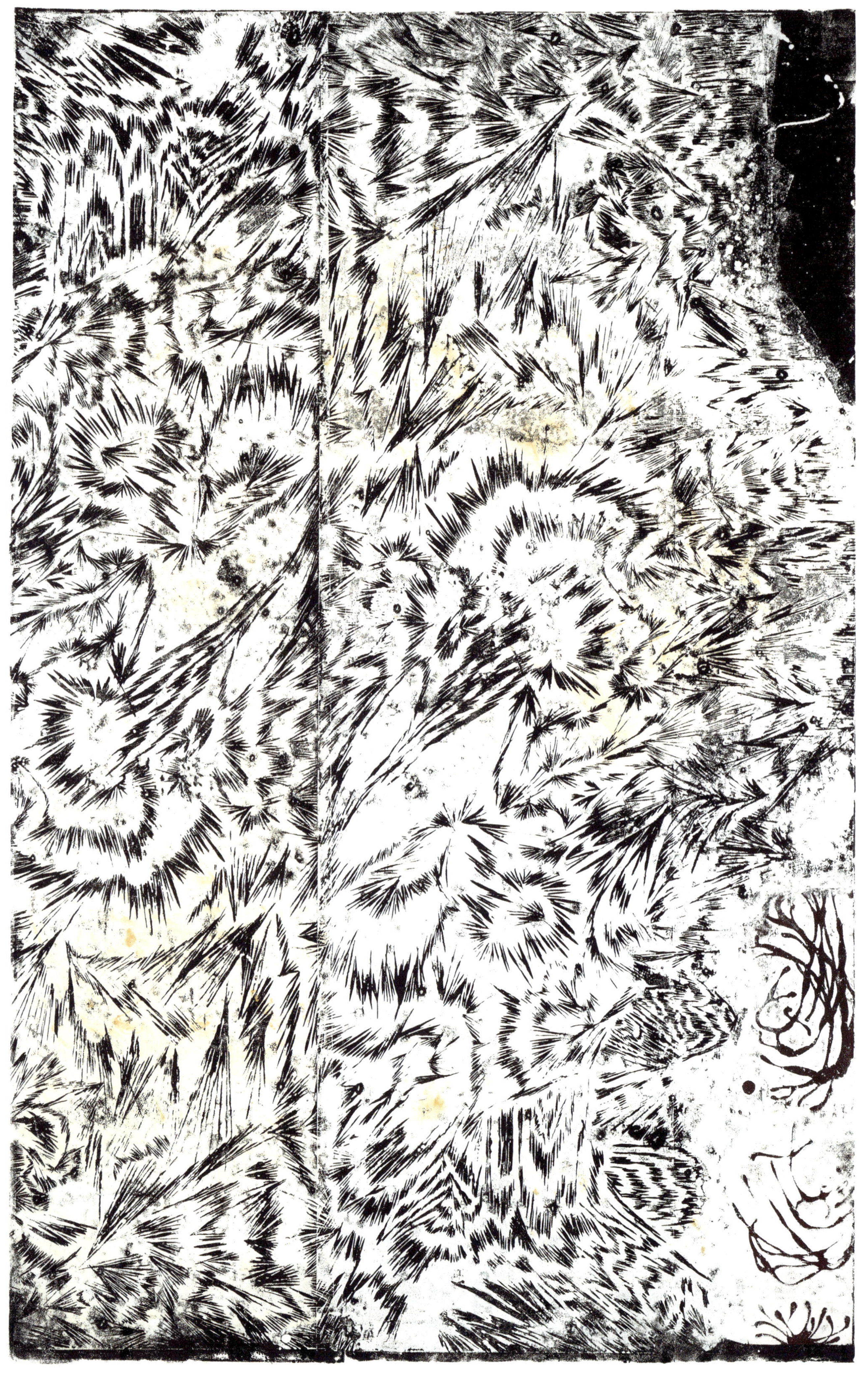

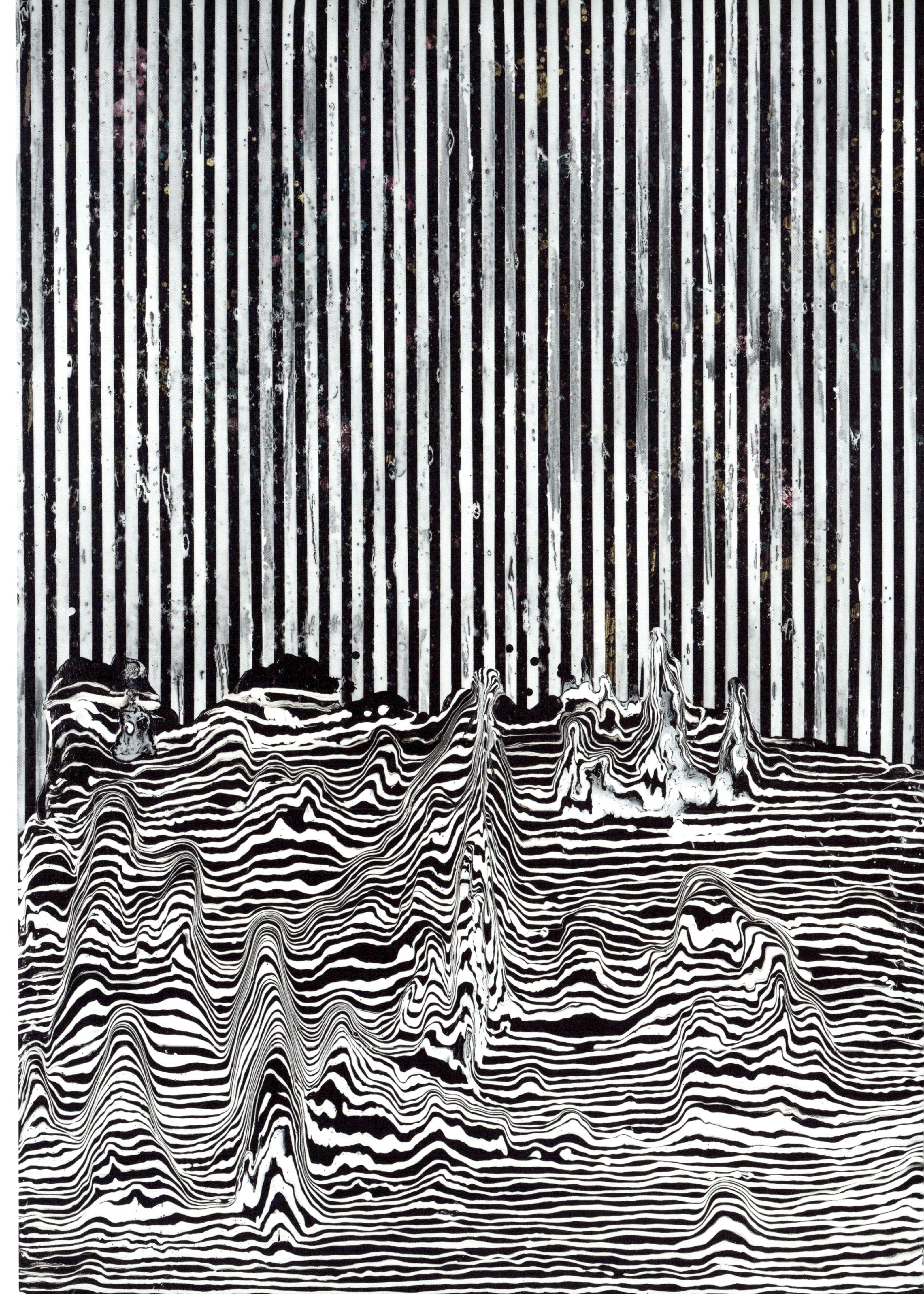

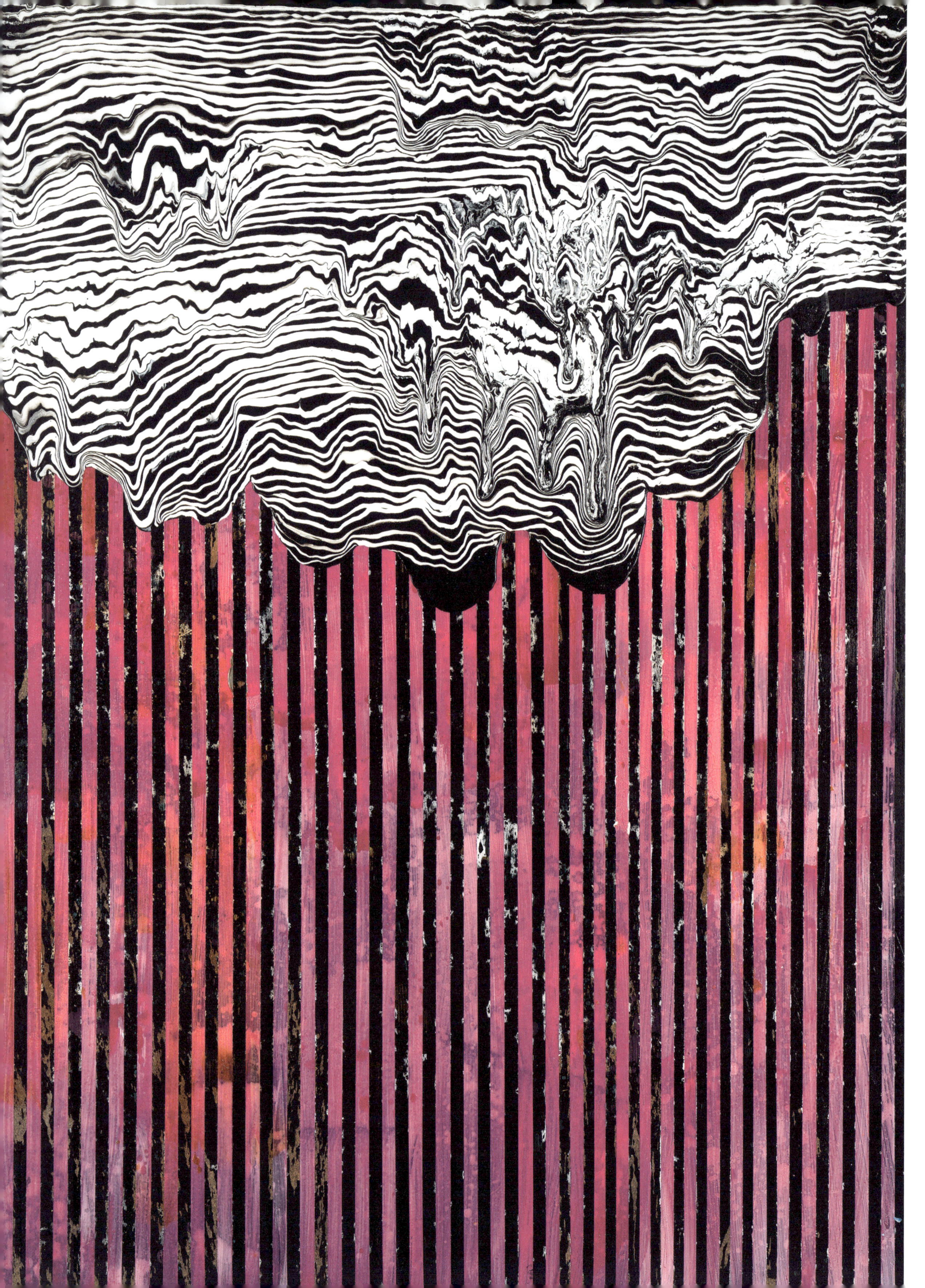

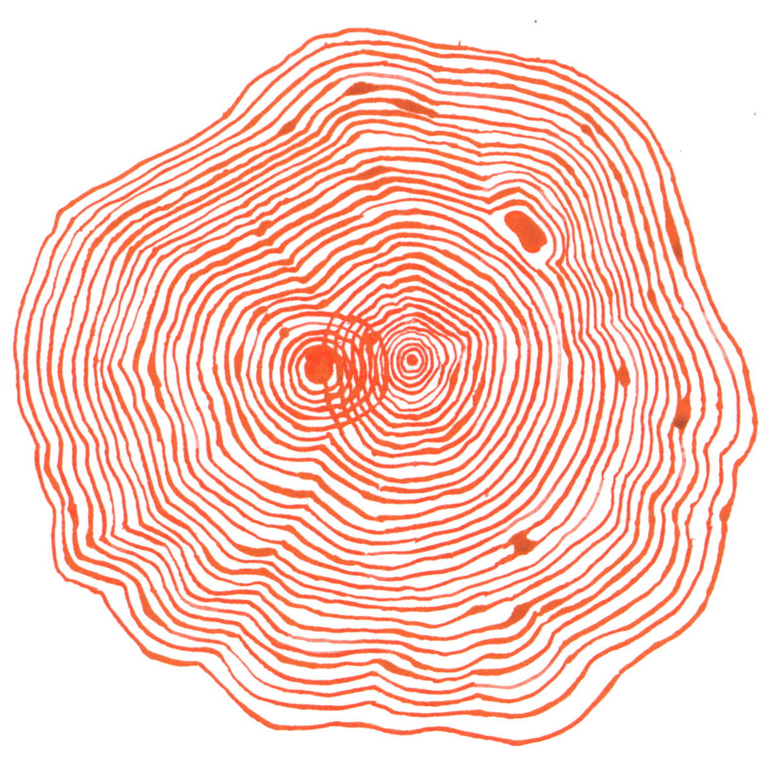

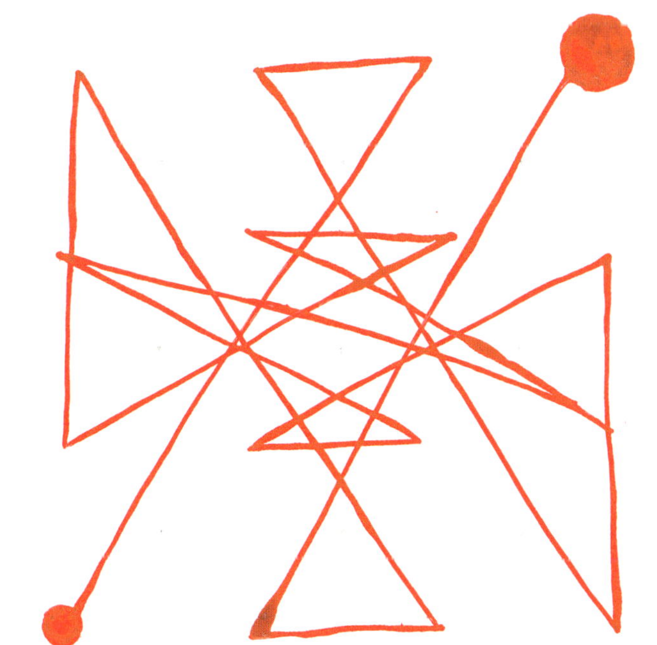

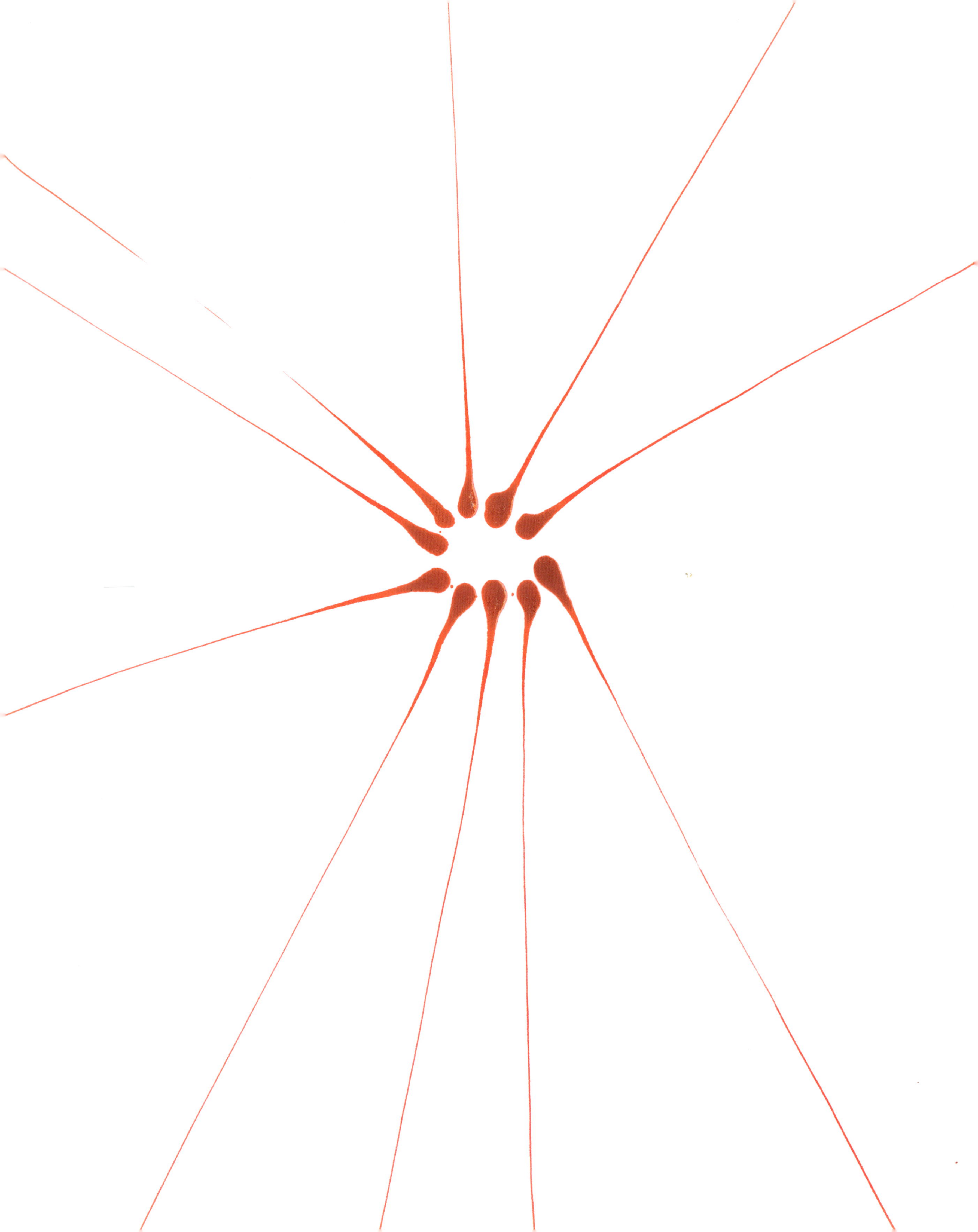

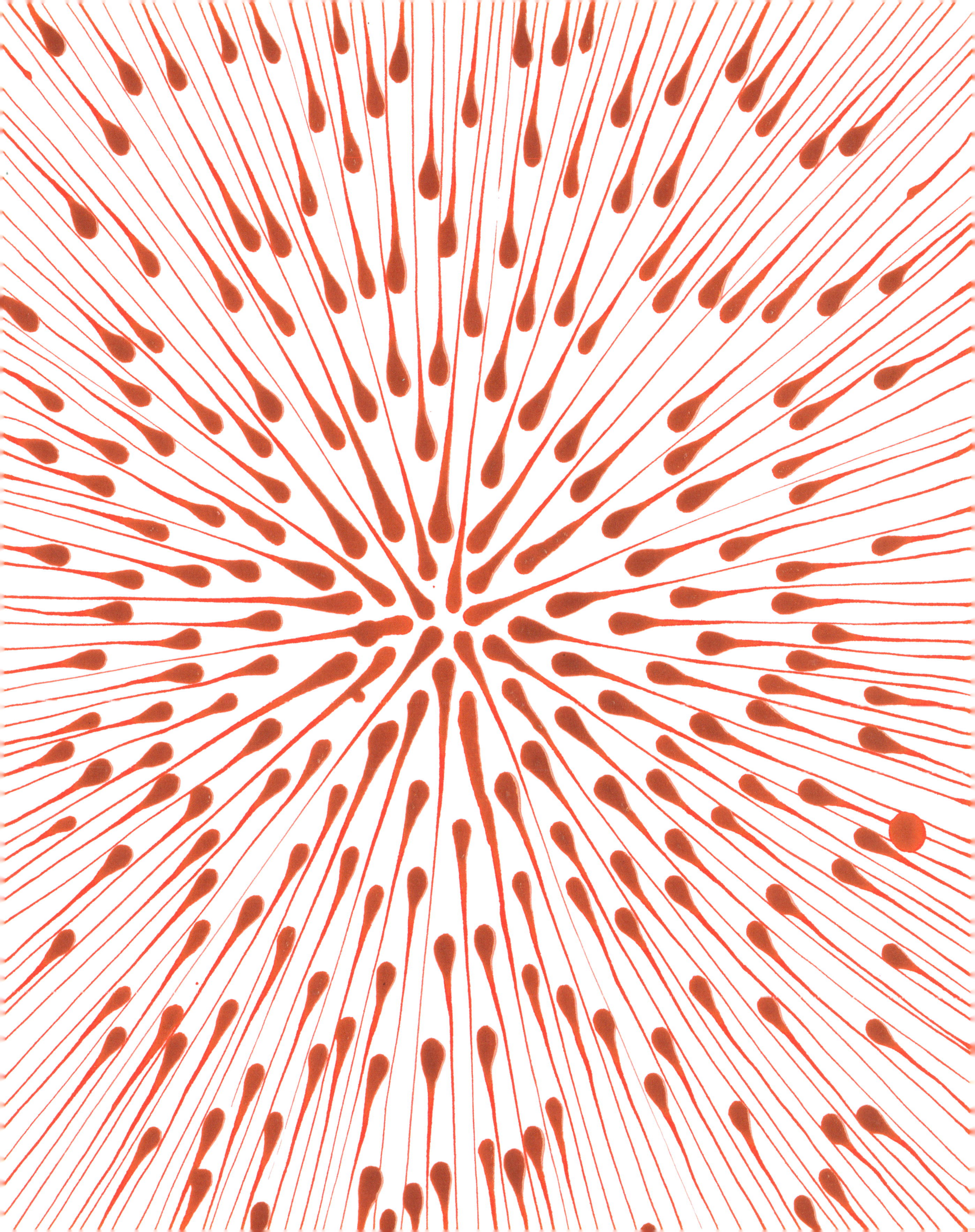

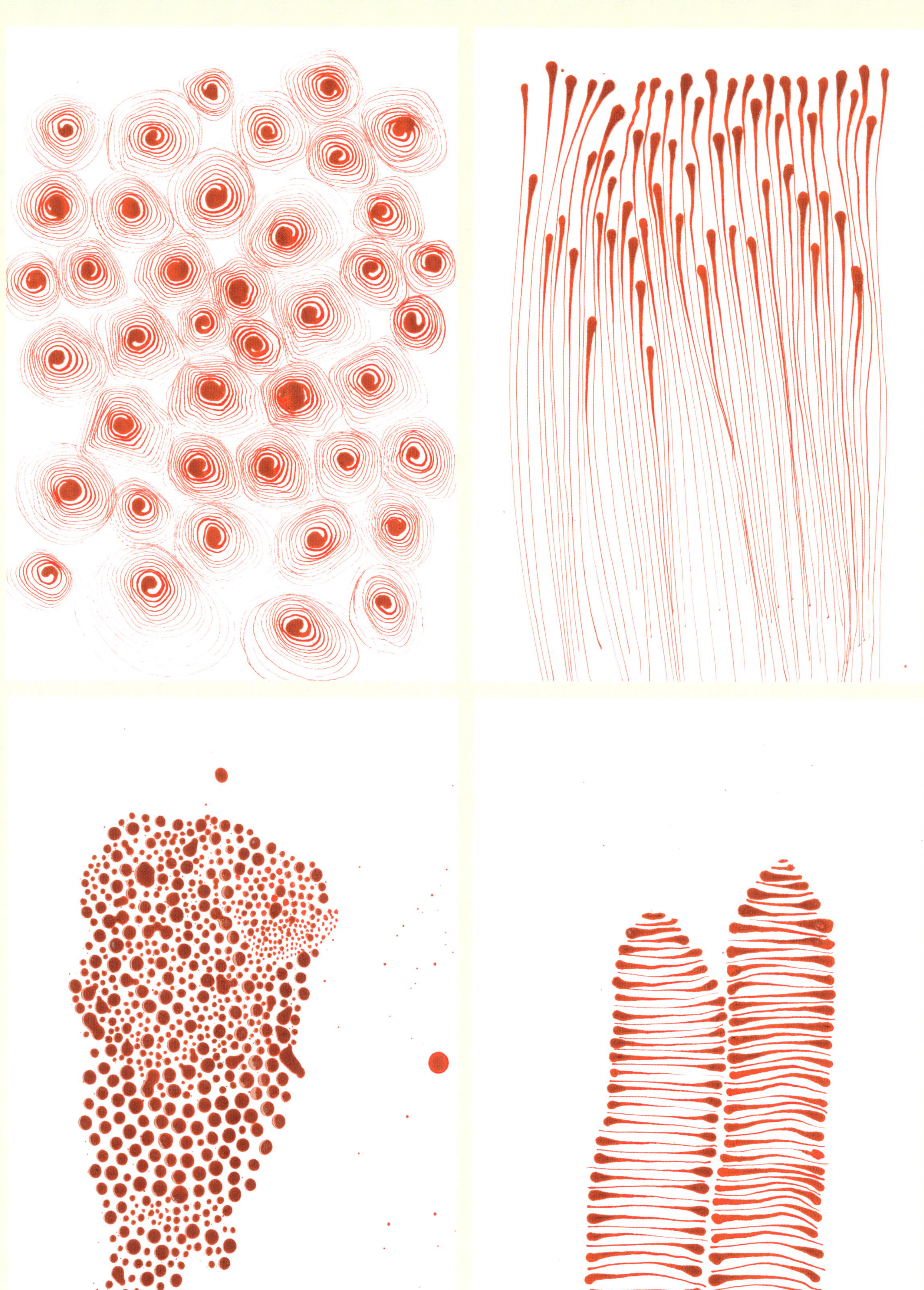

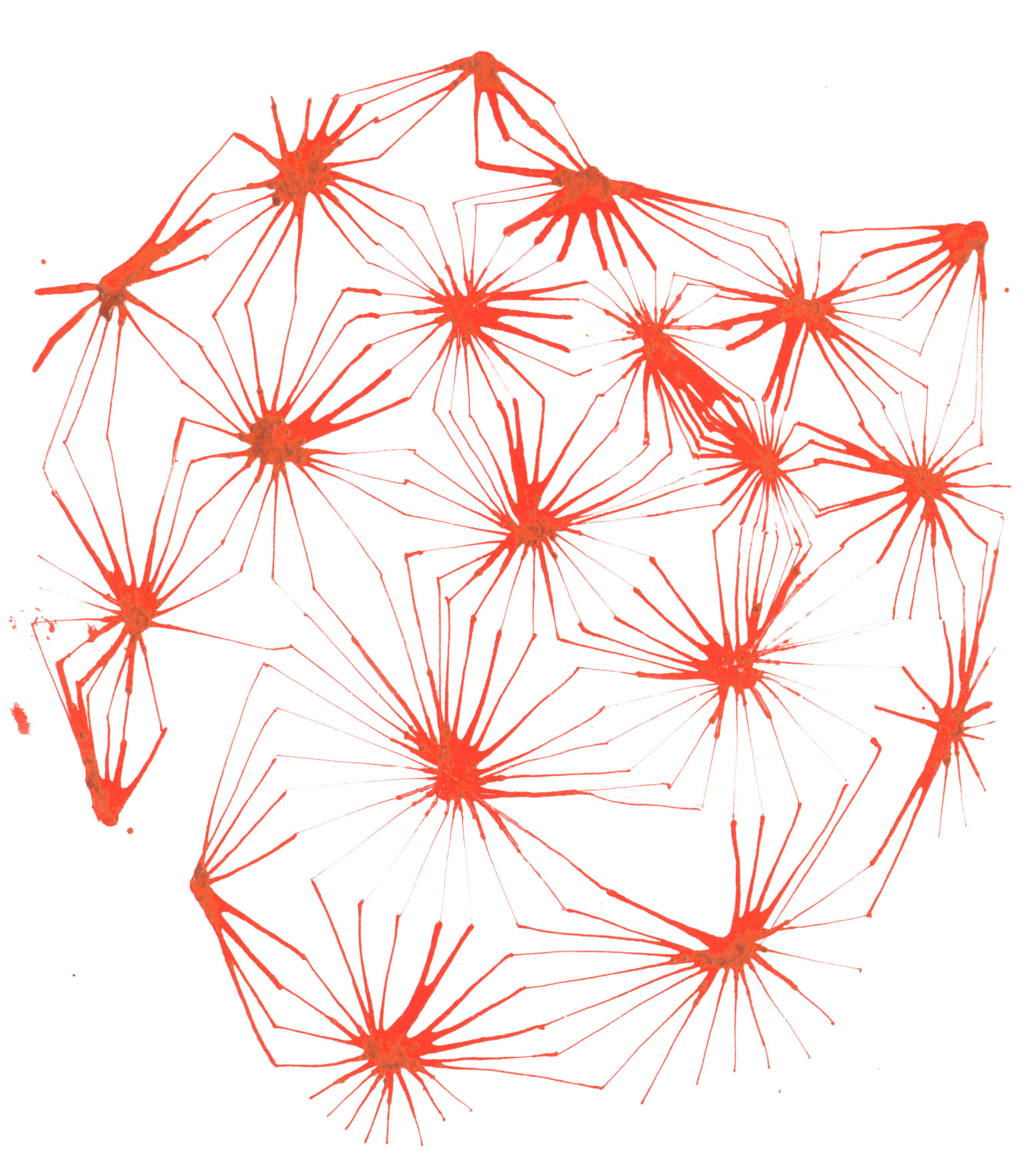

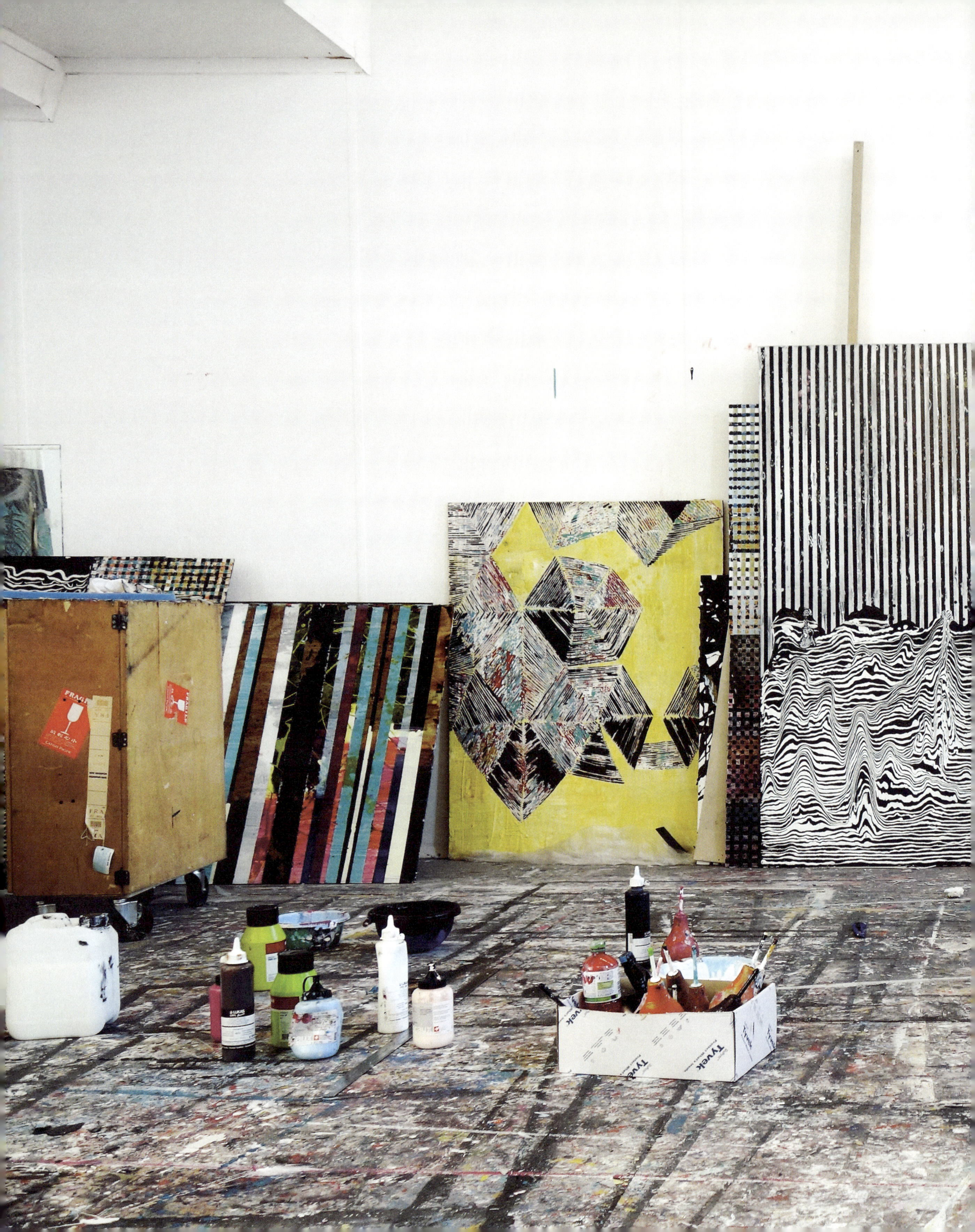
Tyvek

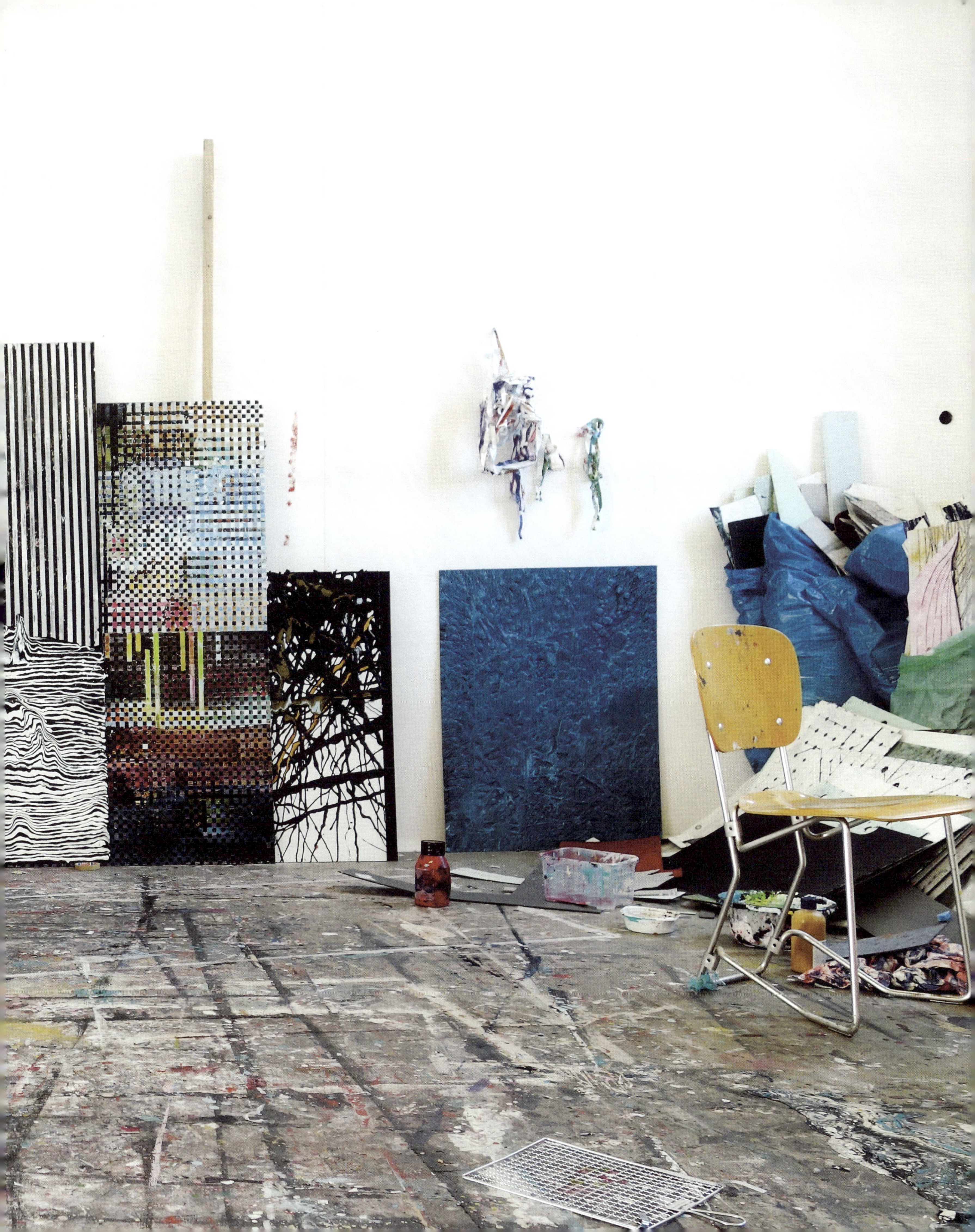

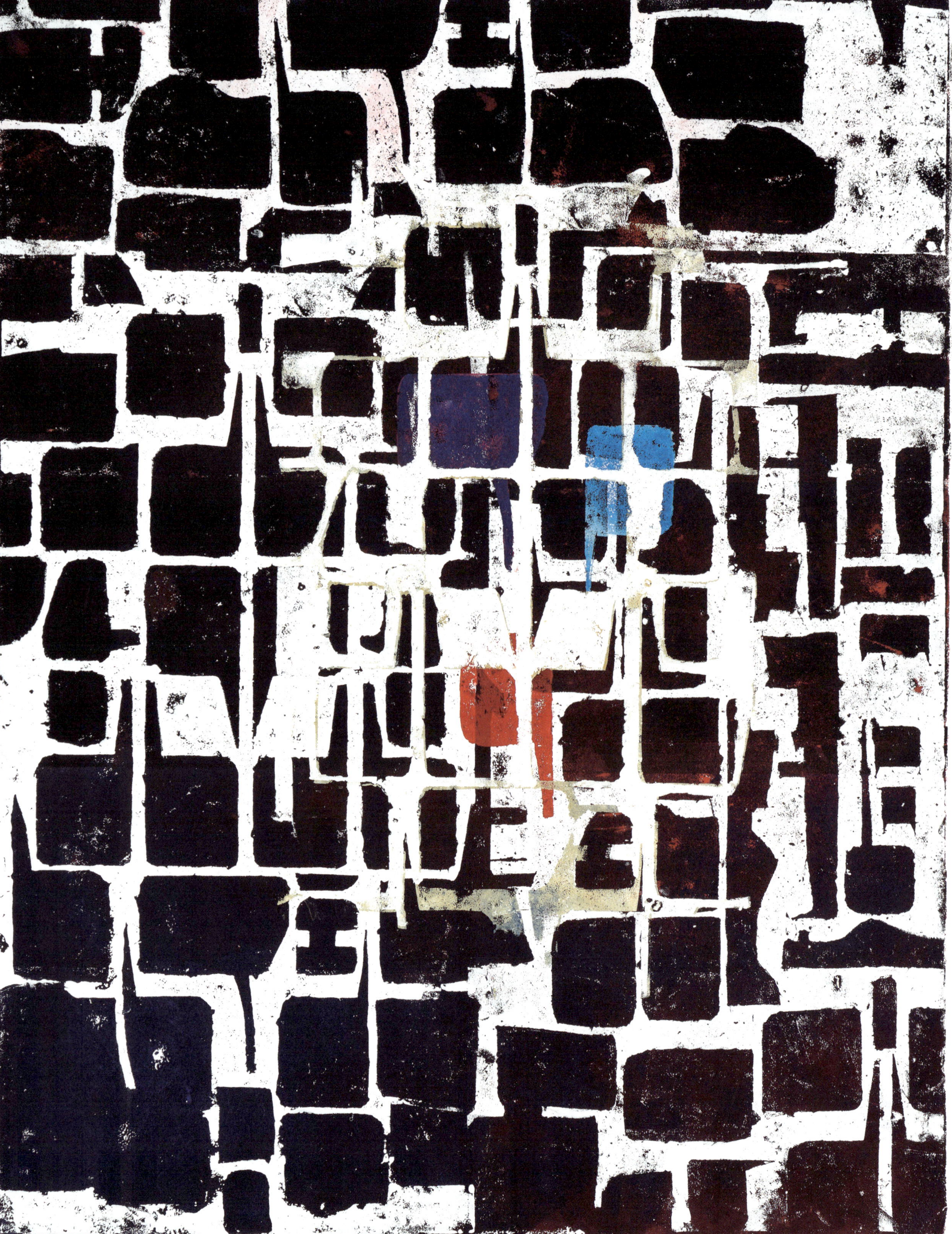

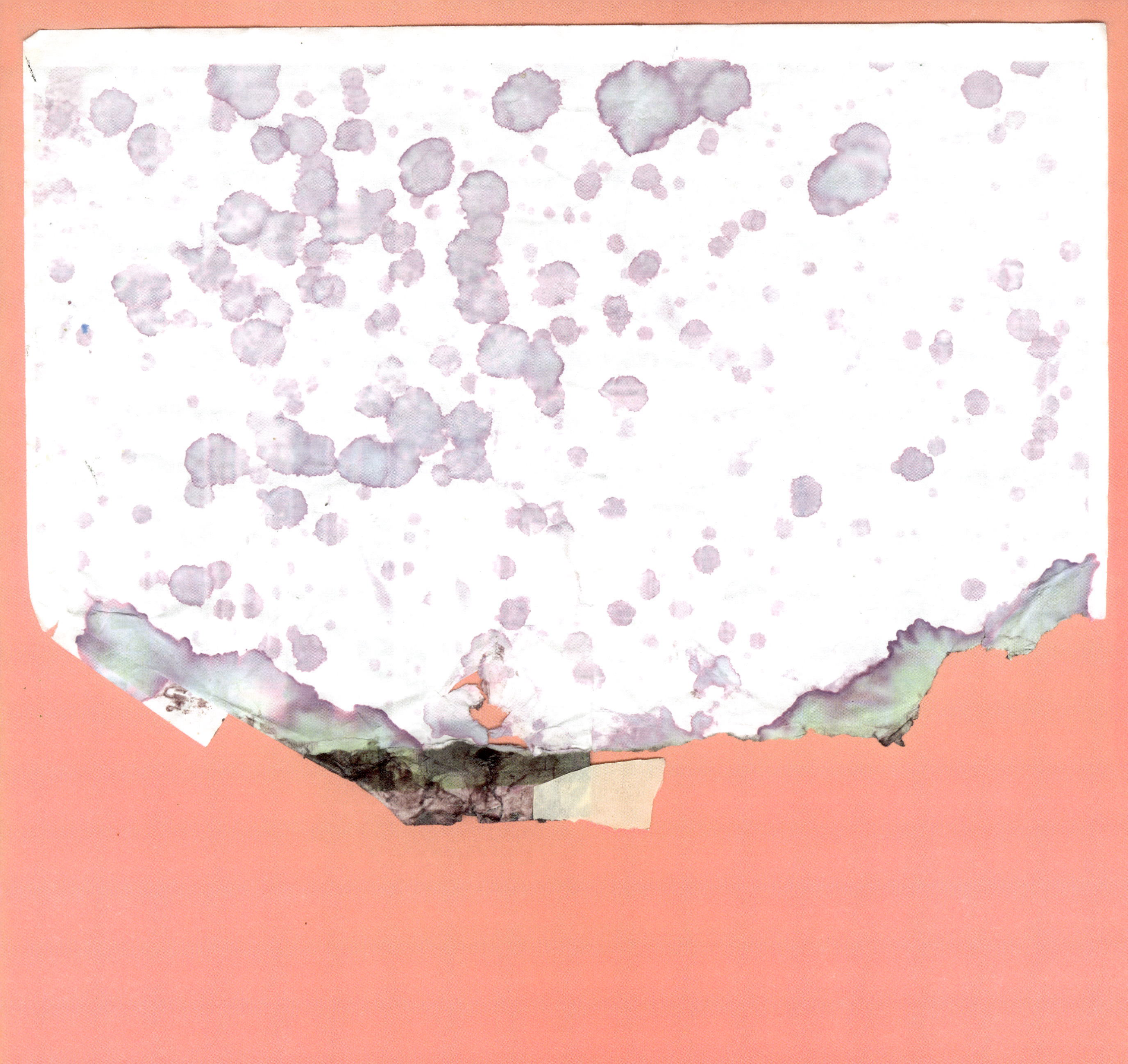

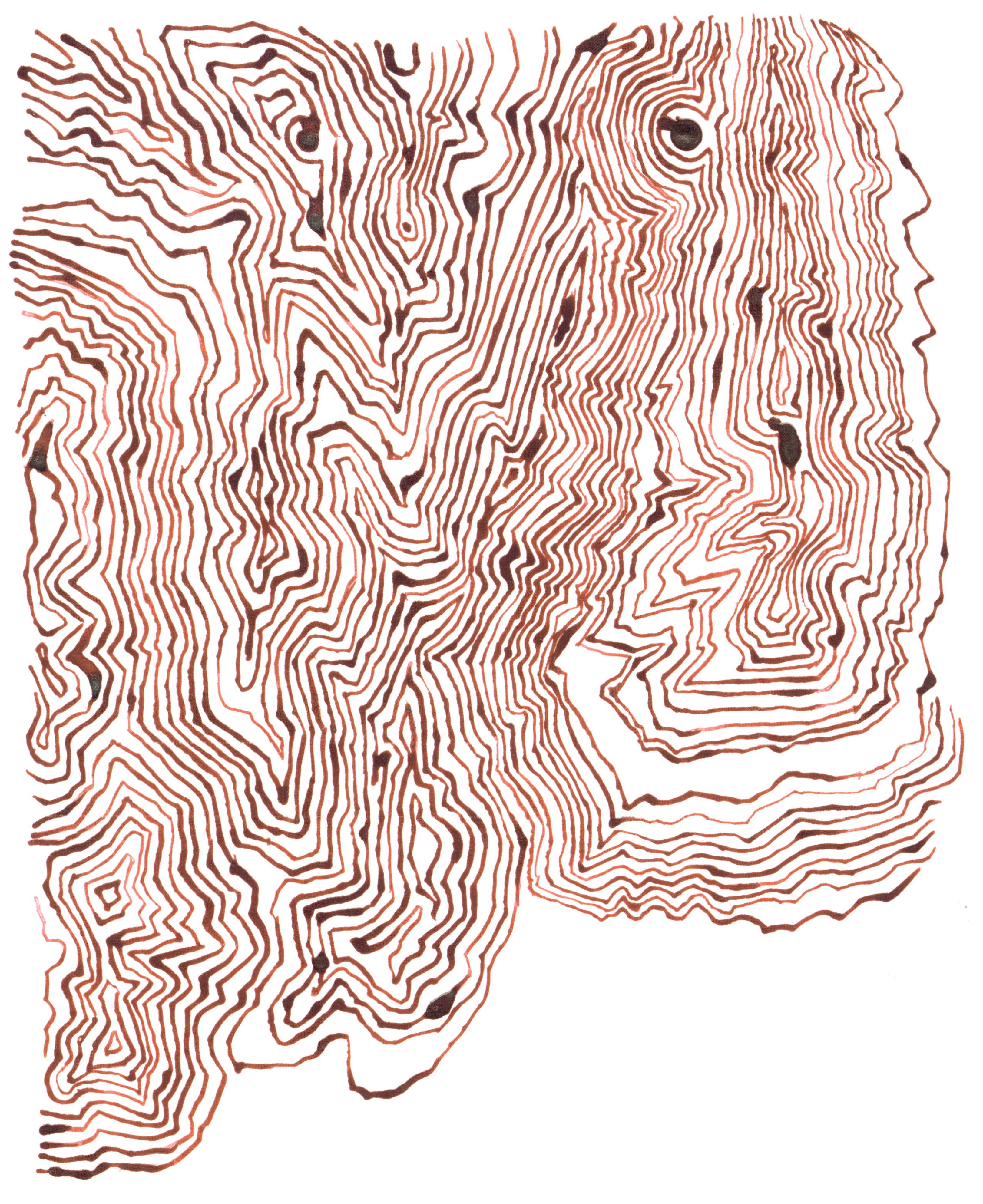

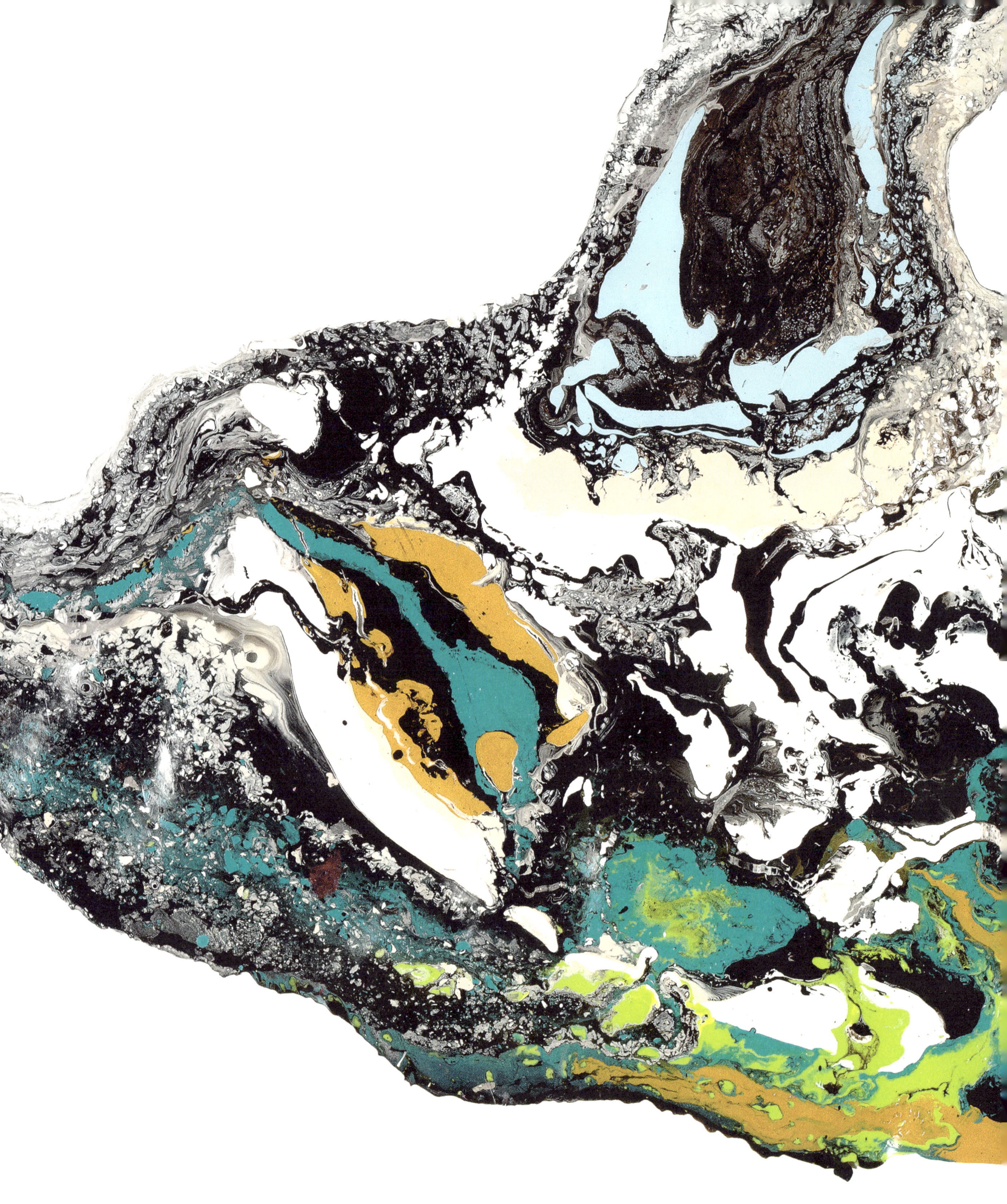

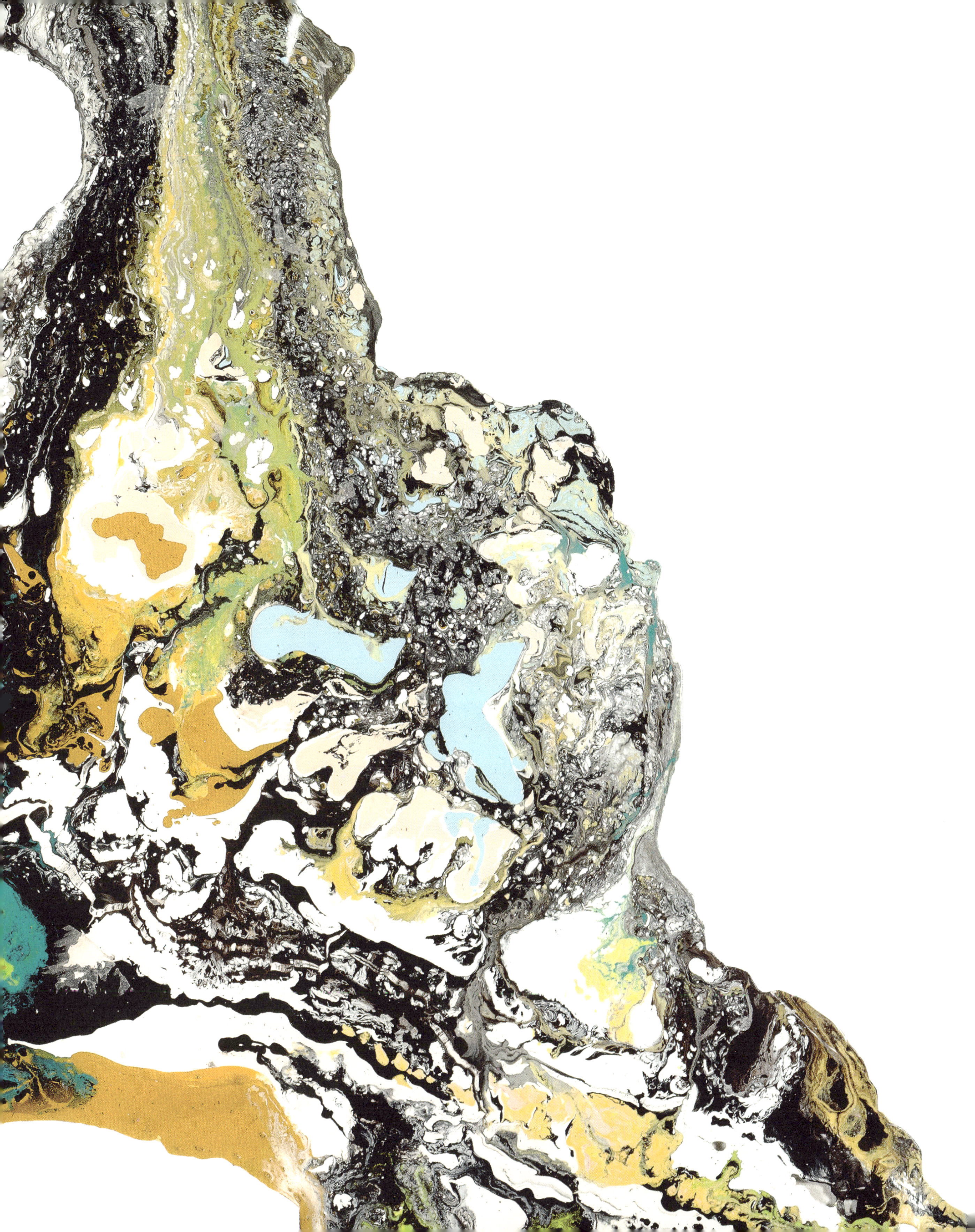

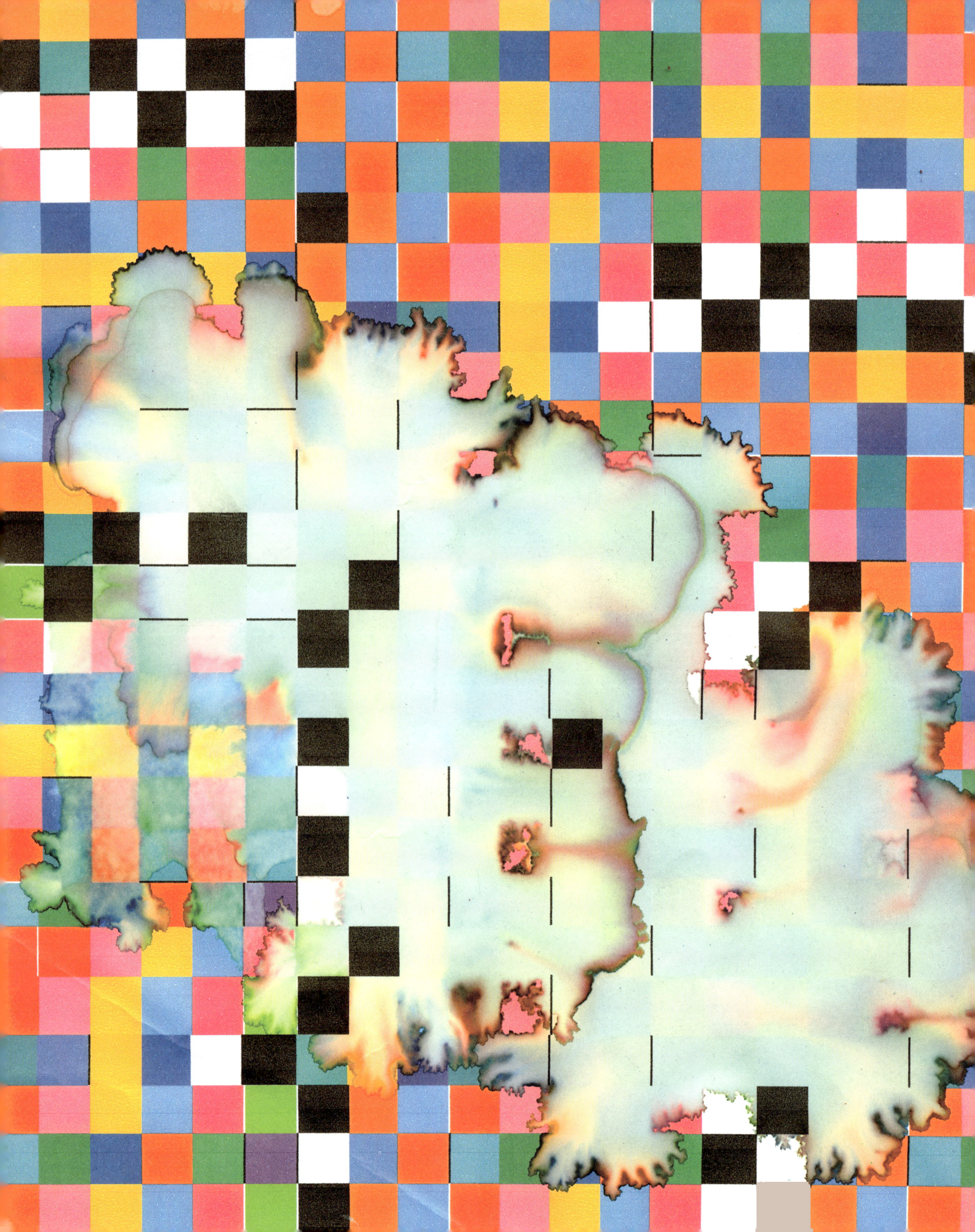

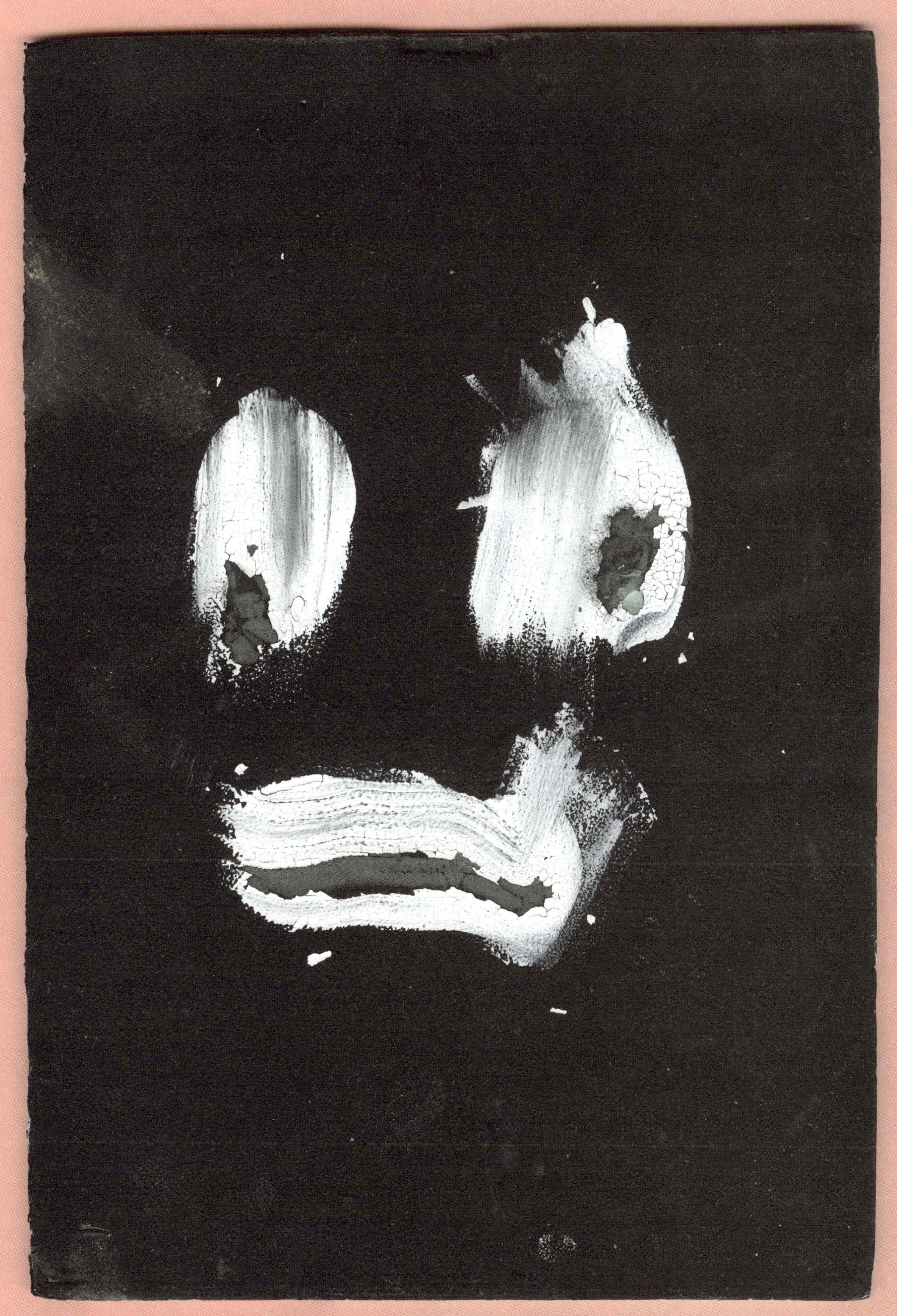

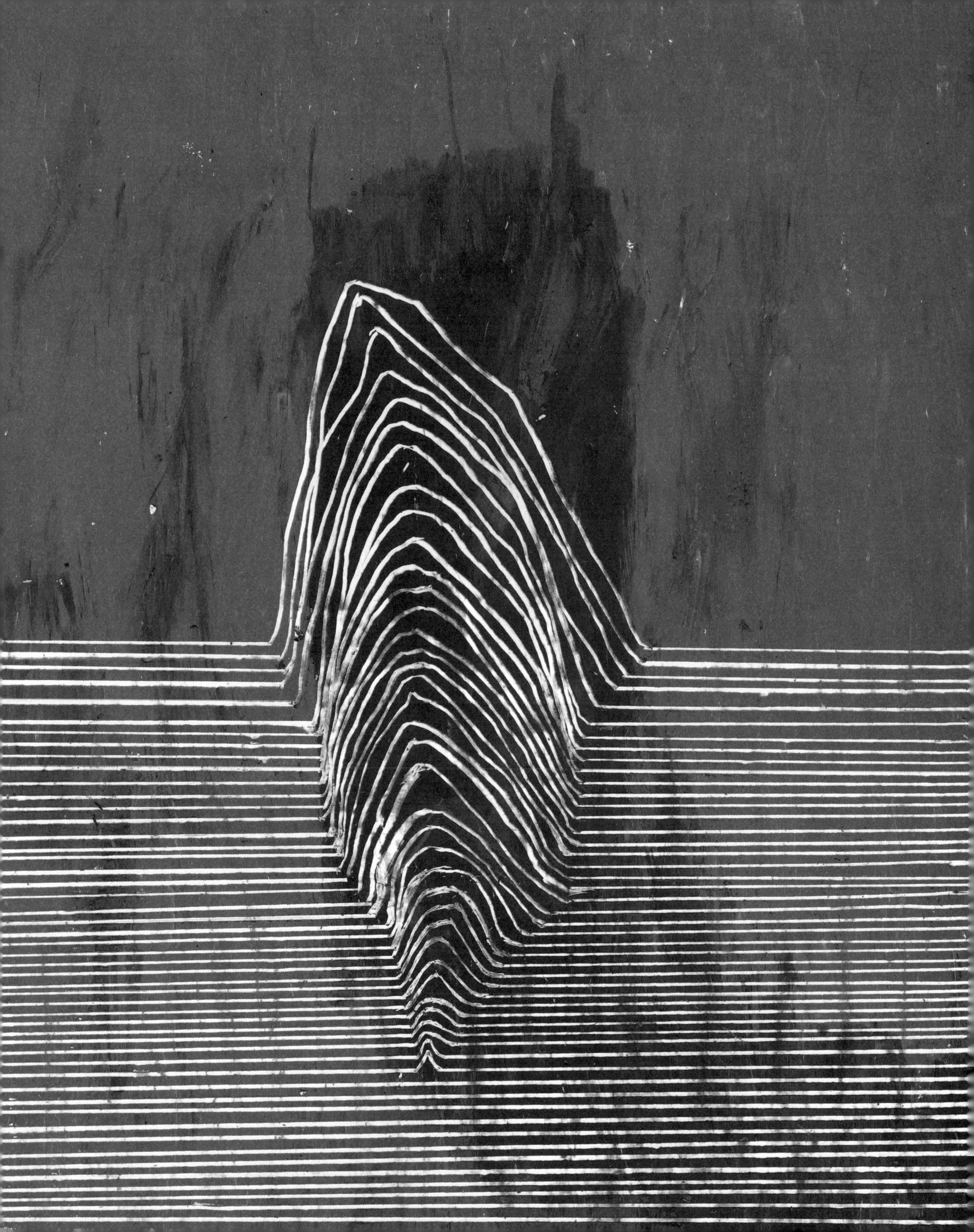

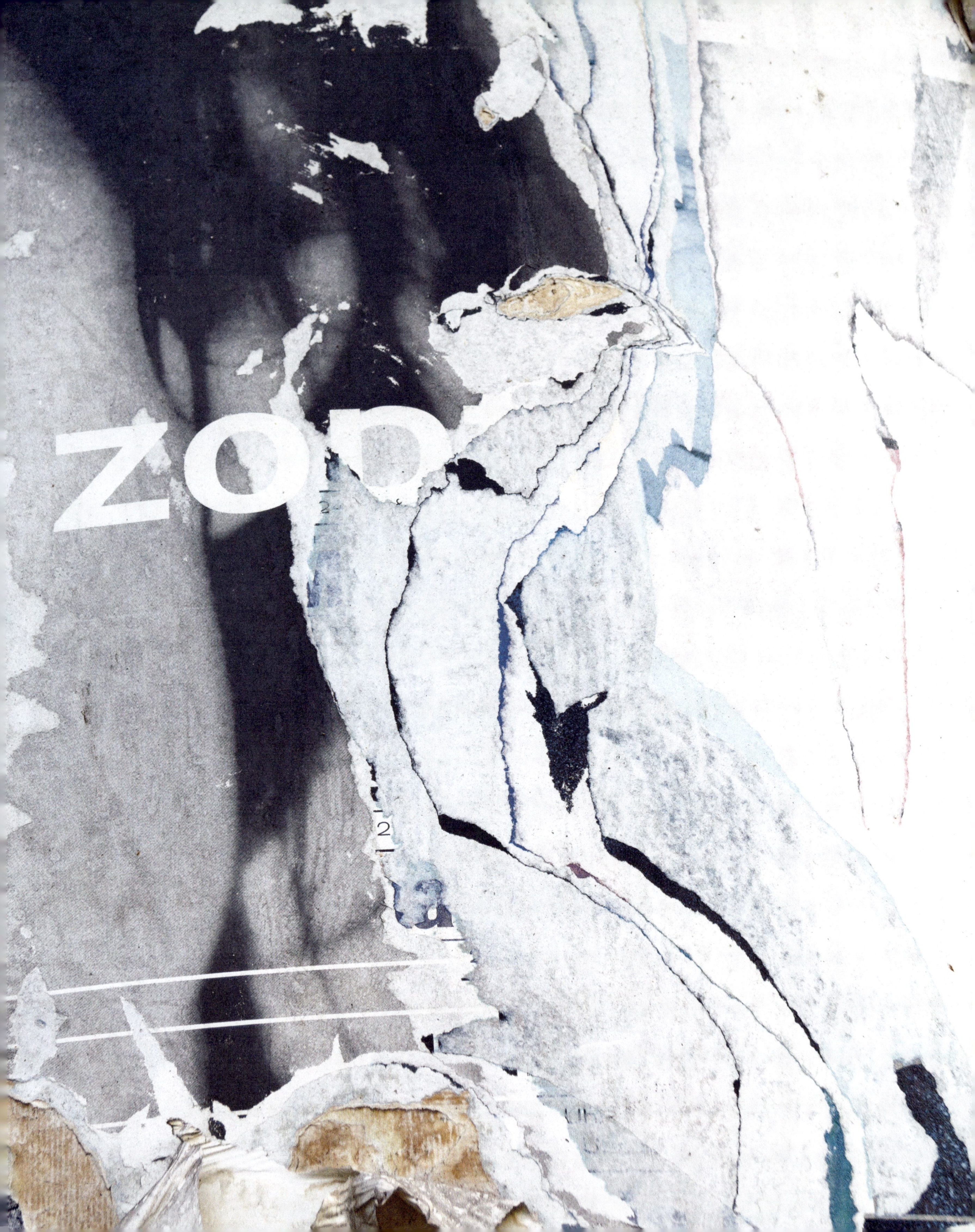
ZOD

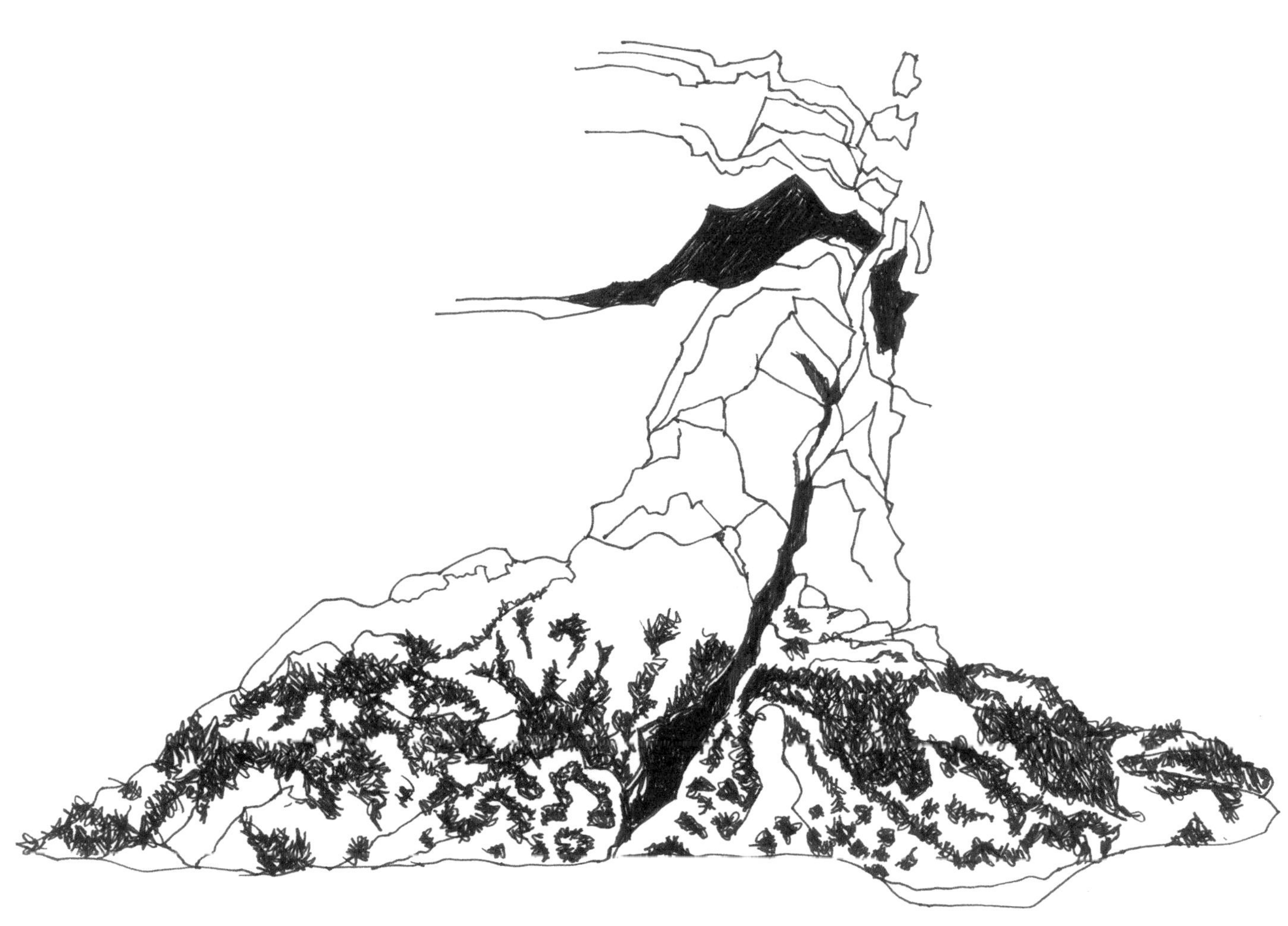

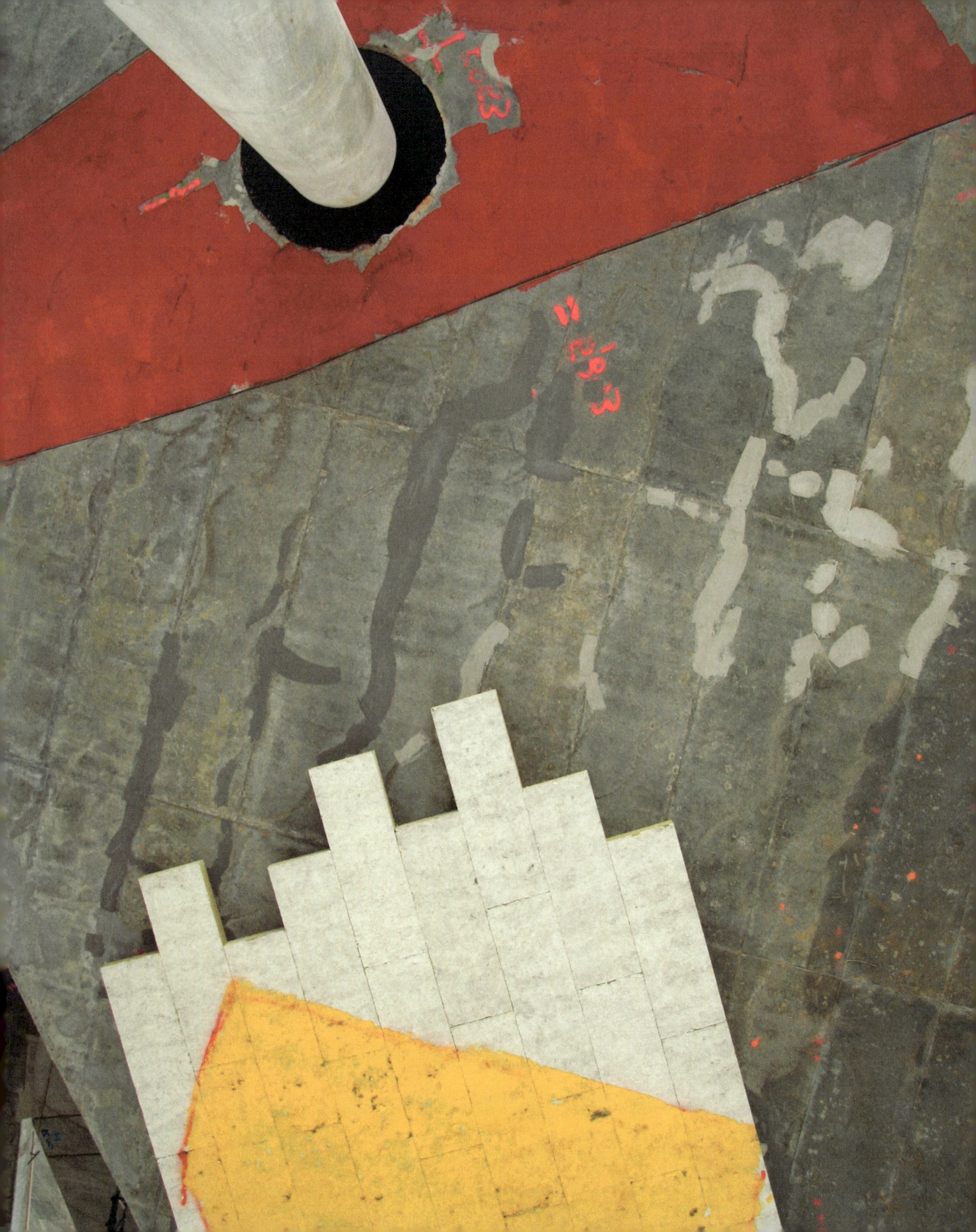

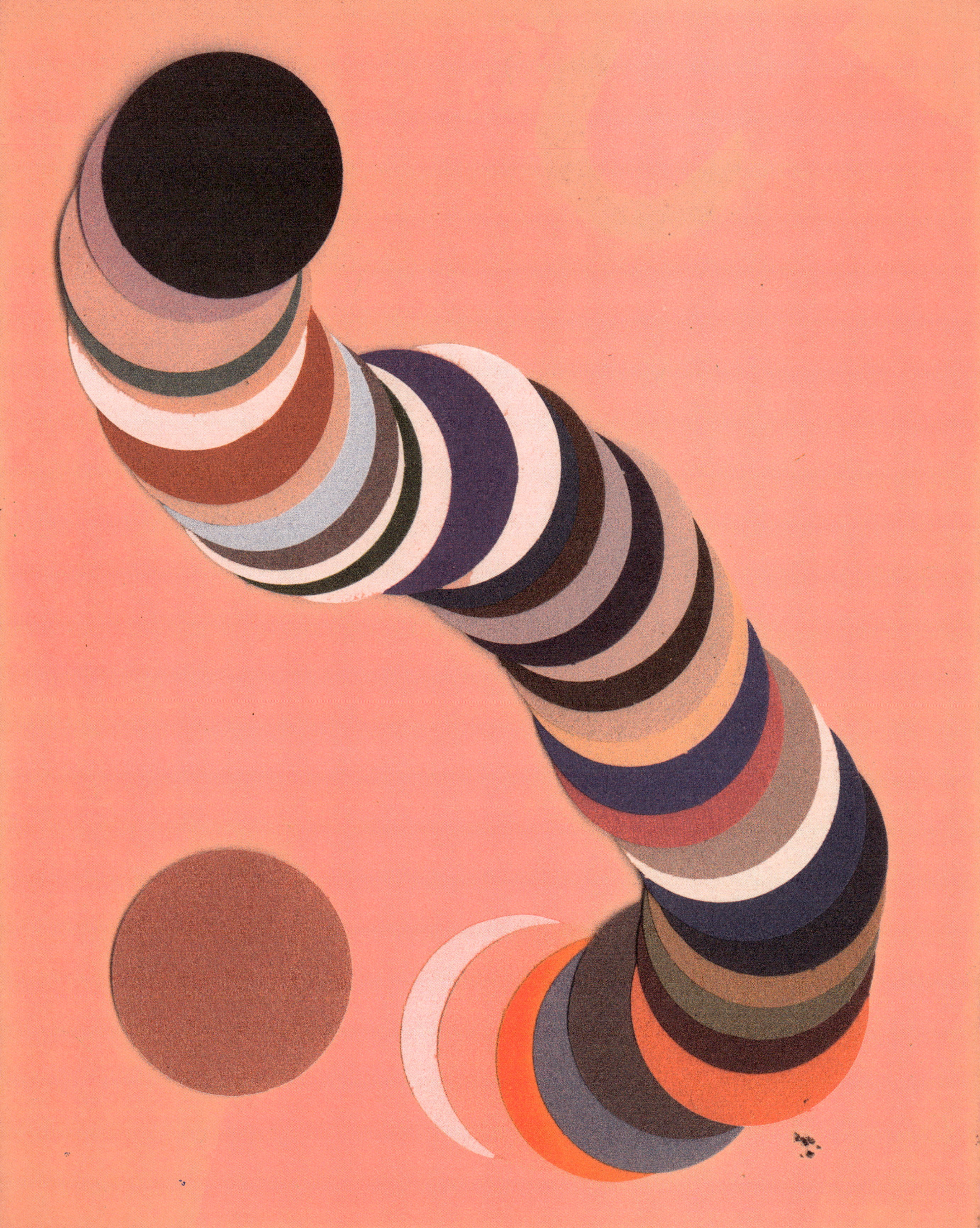

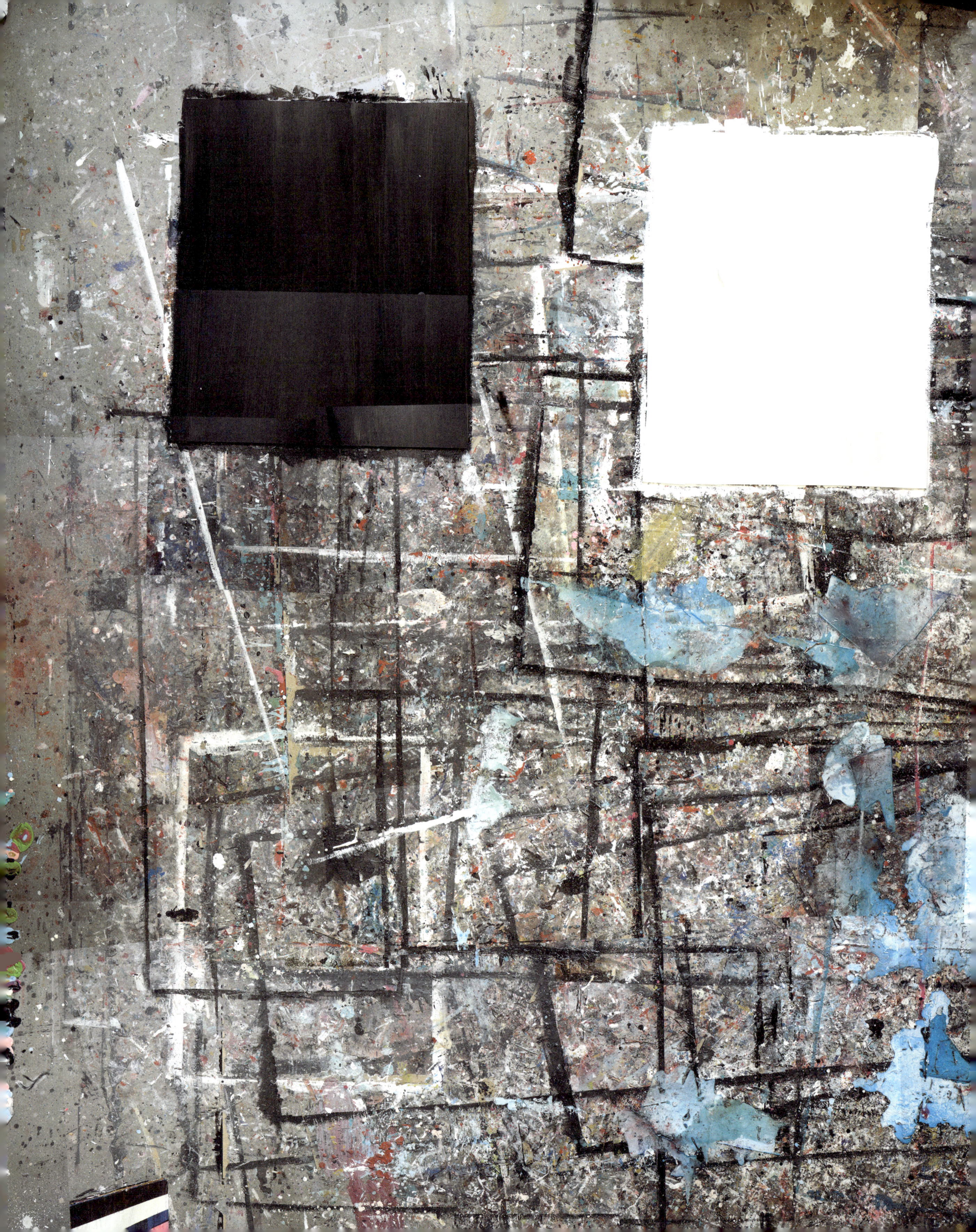

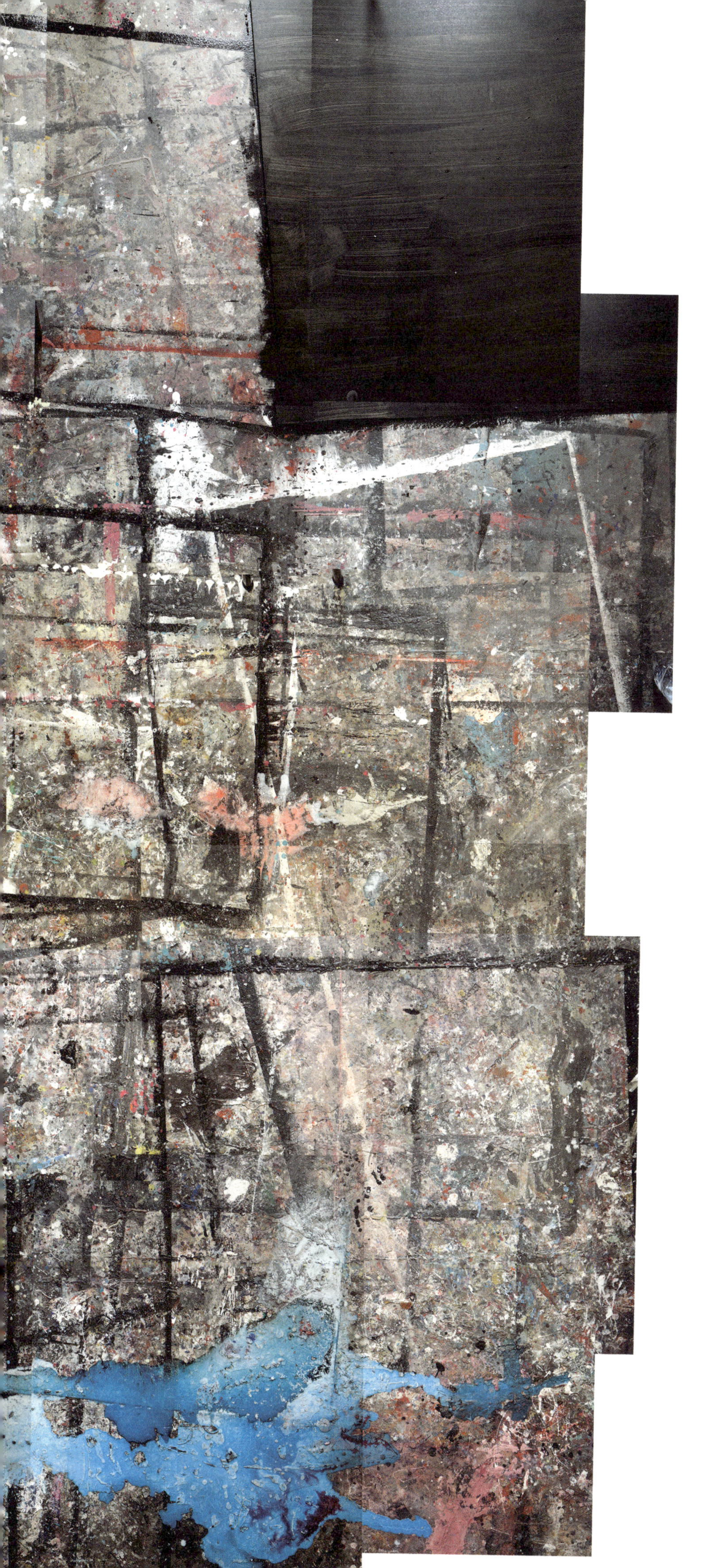

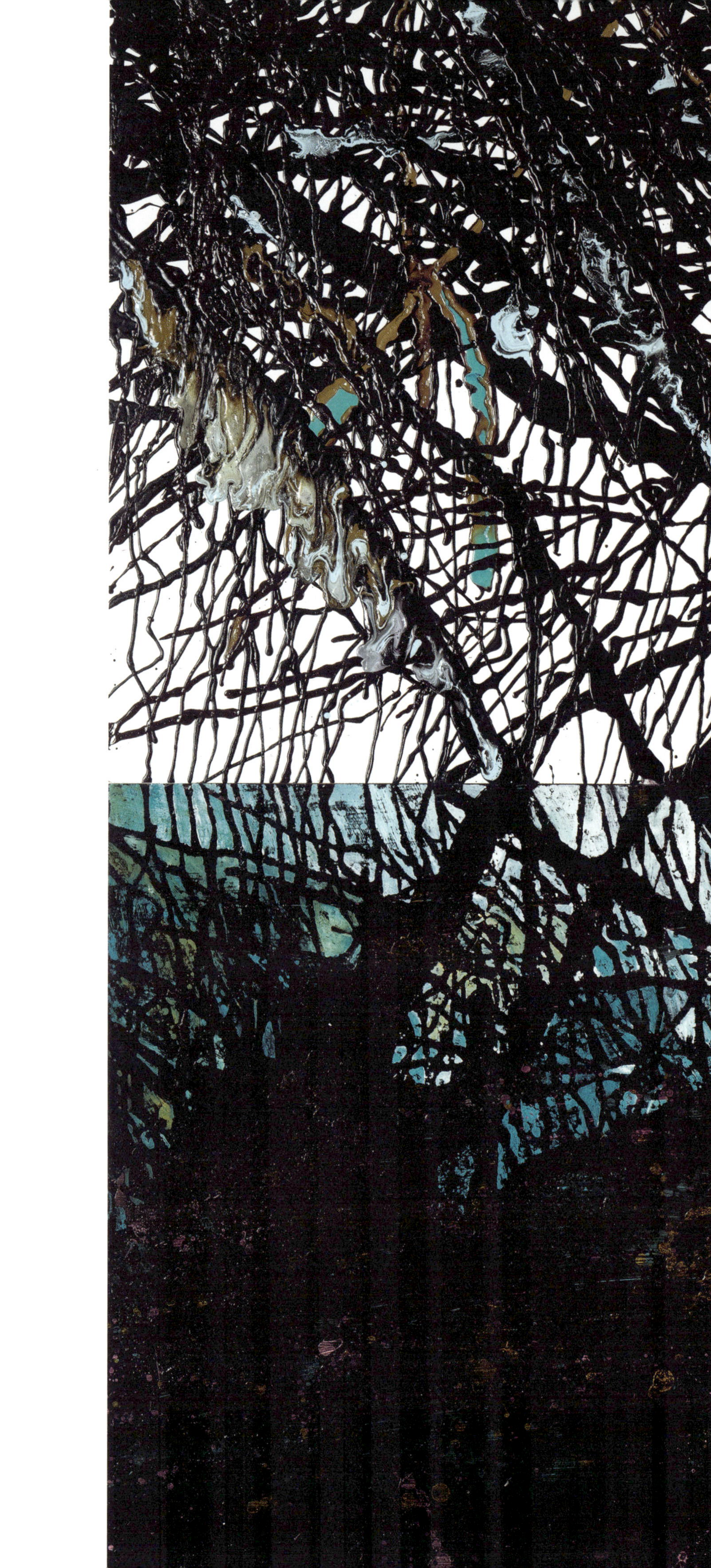

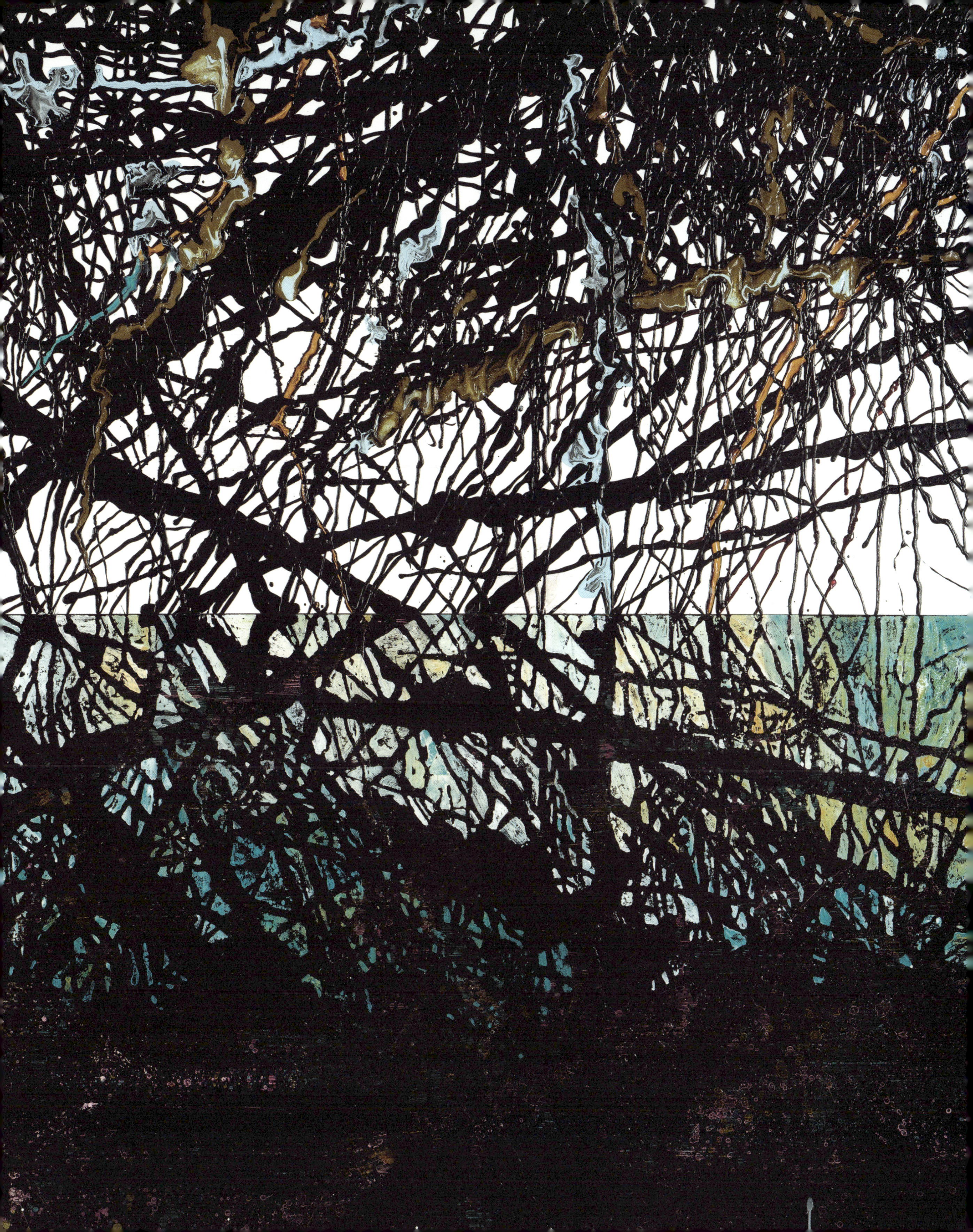

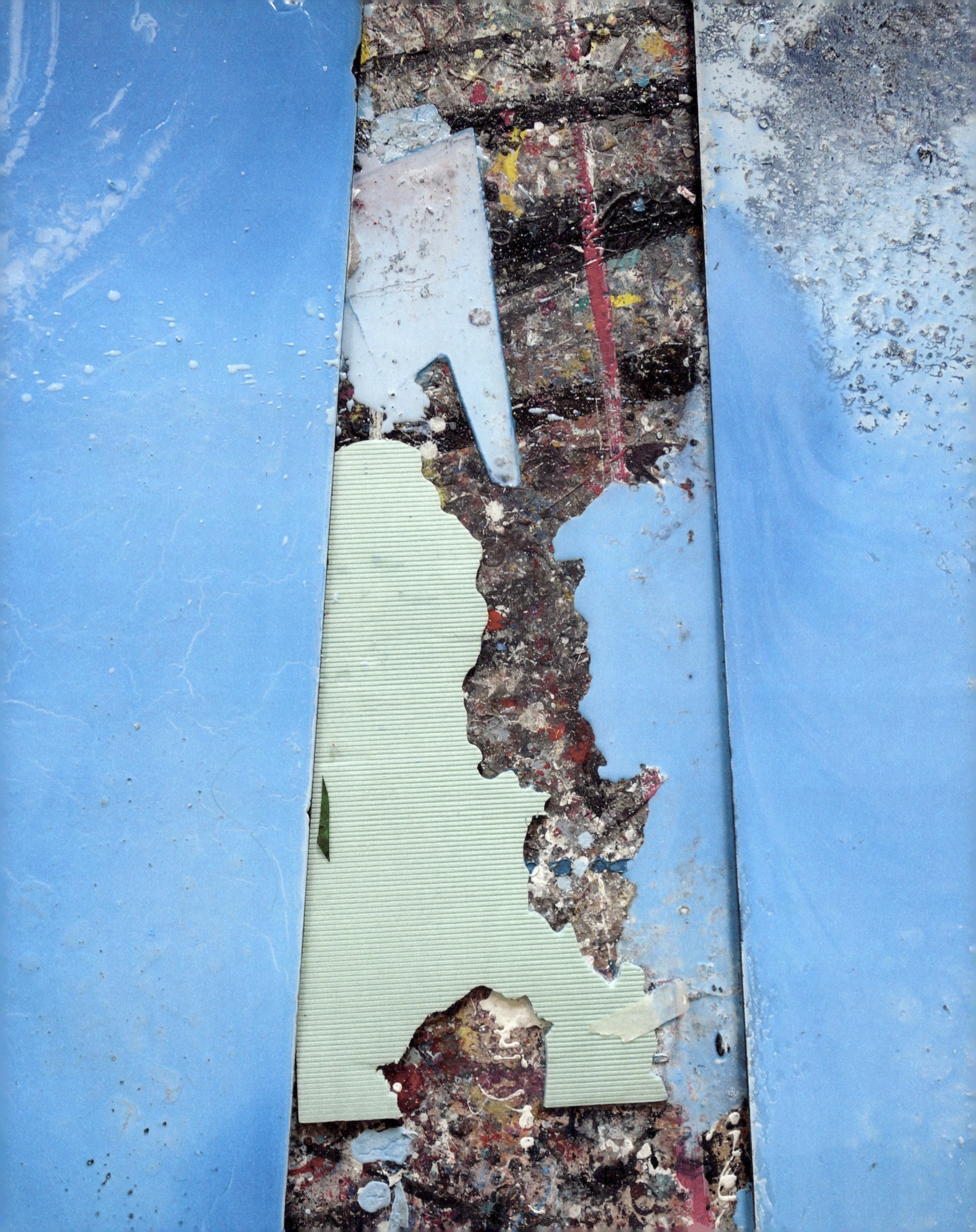

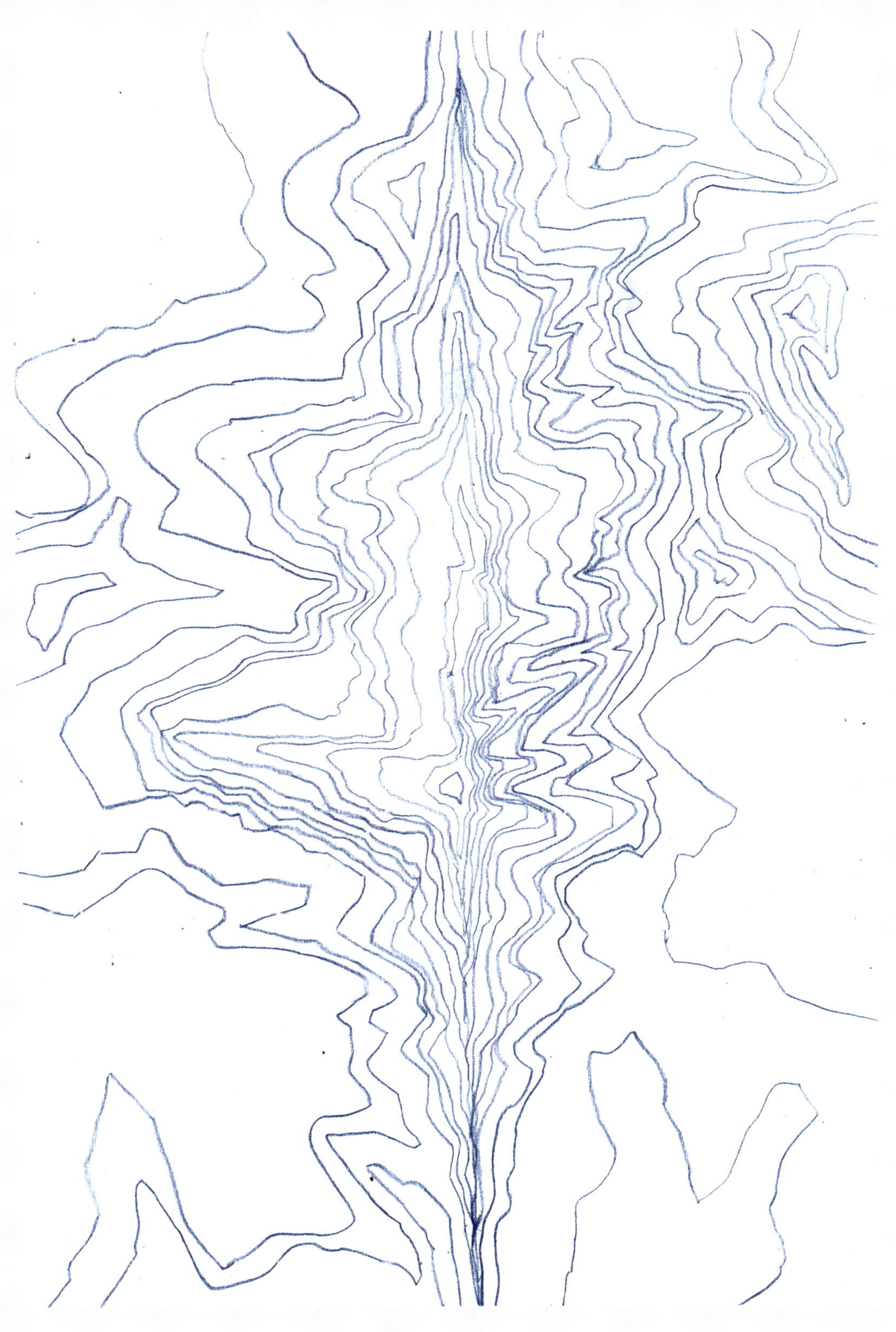

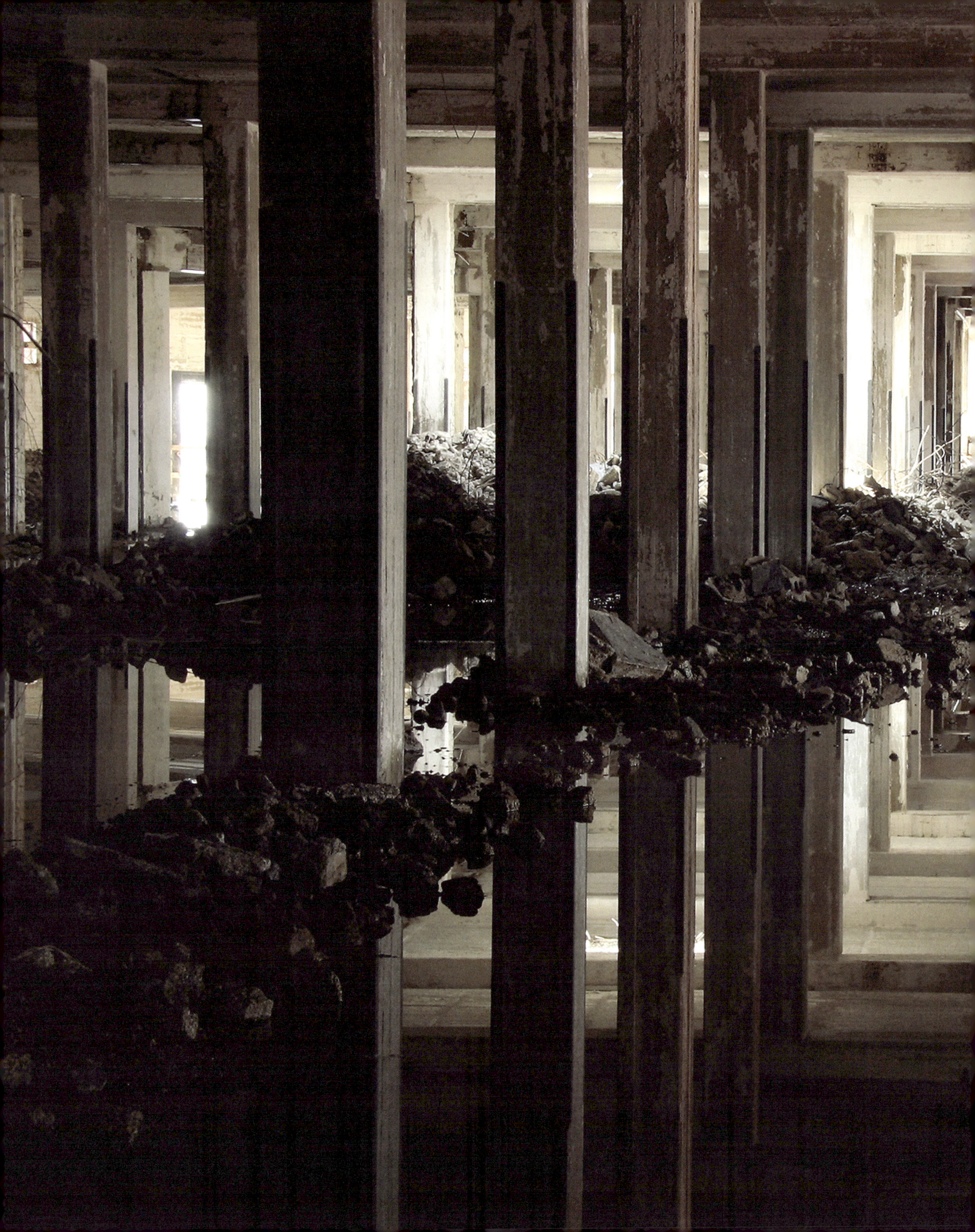

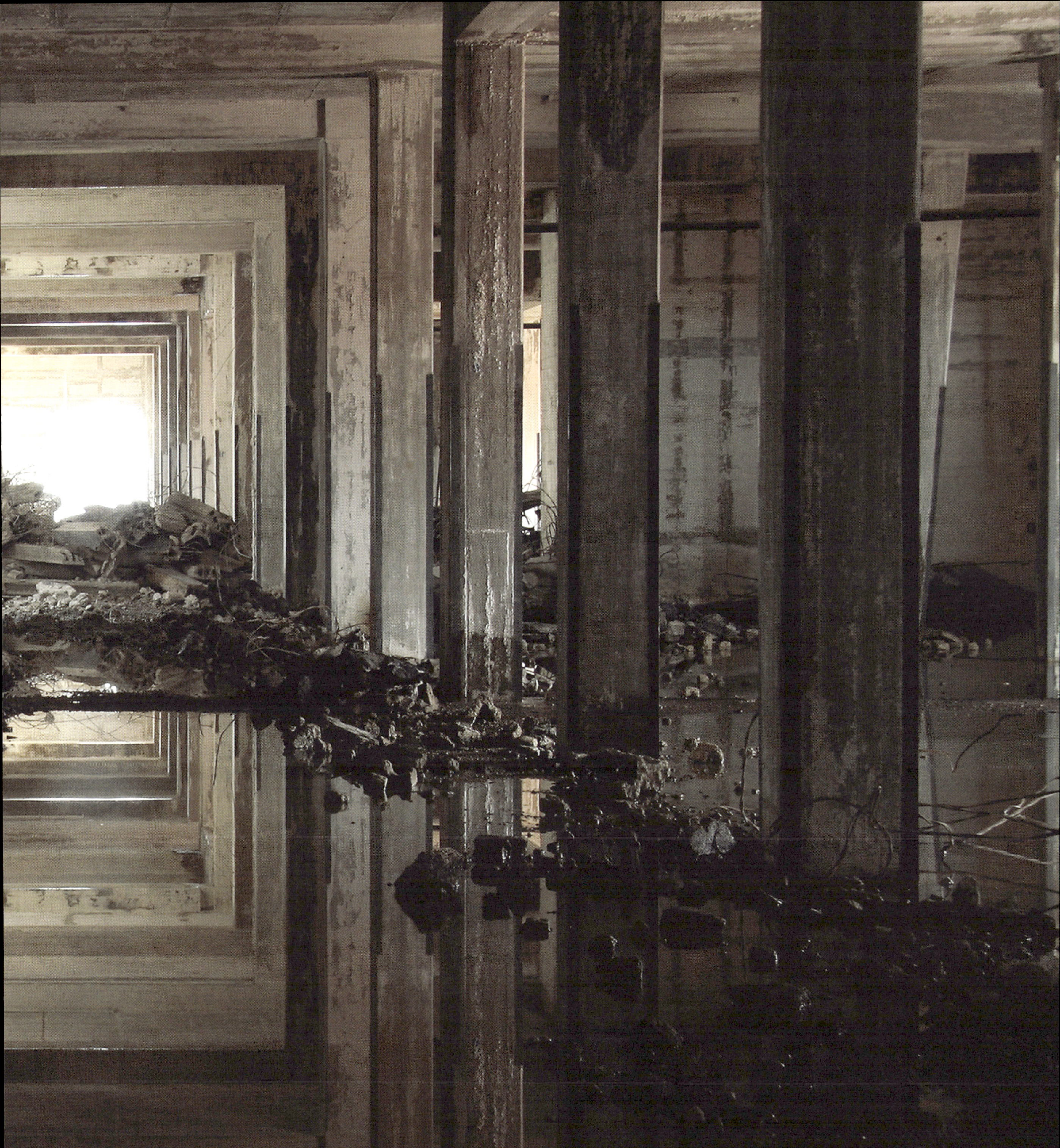

Materie und Leidenschaft – Resonanzen zwischen diskreten und gesteuerten Faltungen

Ursula Panhans-Bühler

In einem Essay zur Kollaboration der Lüste macht sich Günter Anders Gedanken zu den Verführungskünsten der Pflanzen. Mit betörenden Blütendüften und -farben verstricken sie ahnungslose Insekten in einen Begattungsakt, aus dem letztere als Samentransportarbeiter – heute würde man wohl sagen: *natural networkers* – entlassen werden. Anders' philosophisches Stenogramm provoziert unsere Vorstellungsgrenzen von Leben und Erleben der Natur, ein Limes, der mindestens seit Leibniz' Replik auf Descartes' Mechanisierung der Tiere – »Sollten Tiere keine Seelen haben, haben wir auch keine« – immer neu infrage gestellt und/oder verschoben wird. Auch ohne einer romantisierenden Allbelebung der Natur anzuhängen, provozieren modernste Erkenntnisse über deren organische und anorganische Strukturen die Frage nach *missing links*, möglichen Transformationen oder Metamorphosen jenseits von Mythologie oder Metaphysik. Leibniz' universalisierendes Faltentheorem führt eine Kategorie in die Naturphilosophie ein, die eine Brücke zwischen beseelter und unbeseelter Natur schlägt, ein Gesetz der Faltung, was im beseelten Bereich auch das Innenleben bestimmt. Faltung verstand er als dynamischen Vorgang der Kontinuität, bis ins unendlich Mikrokosmische und Makrokosmische reichend – ein Konzept, das neuerdings Deleuze auch für das Selbstverständnis der Kunst aufgegriffen hat.

Dem Material und seinem Eigenleben gilt in den Künsten seit geraumer Zeit eine geschärfte Aufmerksamkeit, während der Glaube an Repräsentationen von Natur geschwunden oder von Skepsis gegenüber Pittoreskem abgelöst ist. Birgit Brandis' künstlerisches Werk entwickelt auf dieser Grundlage malerische und druckgrafische Verfahrensweisen, die der Materie ihrer Arbeit eine neue Mitspielerrolle eröffnen. Faltungen – in diskreter und offensichtlicher Form – gilt hierbei eine intuitive Aufmerksamkeit, die ihre Erweiterung drucktechnischer Möglichkeiten geprägt hat.

Die schwarze Kunst der Hochdrucktechnik, auch wenn diese so wie andere Printtechniken im letzten Jahrhundert um unendliche farbige Möglichkeiten erweitert wurde, stellt sie insofern auf den Kopf, als sie die Papieroberfläche mit schwarz eingefärbten Druckstöcken grundiert, eine optische Entscheidung, die sie auch ihrer Malerei auf Hartfaserplatten zugrunde legt. Deren physischer Widerstand erlaubt eine Übertragung drucktechnischer Verfahren und so den Verzicht auf eine persönliche Pinselhandschrift. An deren Stelle treten nicht nur in der Druckgrafik, sondern ebenso in ihrer Malerei, die Spuren des Druckprozesses. Auf der Basis immer vielschichtiger und komplexer werdender Formideen und Arbeitsprozesse entwickelt sie in spielerischer Neugier und sorgfältigem Erproben eine Fülle von Werkformen. Vom Überlagern von Druckvorgängen → Abb. 20, Ausschnitzen tieferer Farbschichten → Abb. 22 und Auskratzen von Wachskreidegründen → Abb. 2, 11, führt Birgit Brandis' Arbeitsweise bis hin zur Emanzipation des Druckstocks als eigenständigem Reliefbild → Abb. 27. Spontane Verlaufsformen geschütteter und verfließender Farbe auf schwarzem, noch feuchtem Bildgrund → Abb. 15 werden mit vorsichtigen Neigungen des Bildträgers mitgesteuert. Noch flüssige, fette parallele Linienverläufe auf einem gleichfalls feuchten Grund → Abb. 13 reagieren auf Wendungen des Bildträgers mit chaotischen, dynamisch heftigen Wellen- und Strudelbildungen.

Alle diese Bildideen verbindet eine komplexe innere Vorstellungsform. Schichtungen machen nicht nur Zeitprozesse sichtbar, erinnernd an Stratifikationen, die wir aus dem urbanen Umfeld kennen, sie zielen vor allem auf ein gleichräumiges Verhältnis von Oberfläche und Tiefe, einen optischen Schwingungsraum, der sich den Formbeziehungen → Abb. 78 und in vielen Bildern einer irisierenden Farbigkeit → Abb. 73 verdankt. Dieser Umgang mit Farbe ist bemerkenswert. Mit den Lichtwerten der Farben arbeitend, spielt das Schwarz, sichtbar oder grundierend, eine kontrapunktische Rolle für die fluktuierende Luminosität. Der Schwingungsraum wird so vom Klangraum der Farben gestützt. Bilder mit komplexen Gittergeweben, realisiert mit Klebestreifen kreuz und quer, die nach dem Farbauftrag wieder abgezogen werden → Abb. 95, mögen aufgrund des irisierenden Reflexlichtes Vorstellungen von energetisch brodelnden nächtlichen Städten auslösen. Die großartige Installation im Oel Früh Cabinet Hamburg → Abb. 72 erzeugte ein Ambiente, das nicht nur dynamisch pochende Kräfte der Zivilisation, sondern auch solche der Natur in einer optisch dramatischen Folge verband. Als Betrachter geriet man in eine untergründige Zwischenwelt enormer Energien, als wäre man in Dantes Dickicht eines finsteren Waldes und zugleich in Calvinos *unsichtbare Städte* geraten.

Die Imagination der Künstlerin arbeitet nicht nur mit intuitiven, sondern auch mit materialen Zwischenwelten, die sich genauso einer absoluten Kontrolle entziehen, um mit immer neuen Überraschungen aufzuwarten. Der geschwärzte Bildgrund und das Arsenal größerer und kleinerer Druckstockformen, Druckstreifen und Klebebänder → Abb. 7 und auch aufgeschüttete Farben → Abb. 28, 29 interagieren – unterstützt durch die Steuerung von Trocknungsprozessen – stofflich und optisch miteinander: verschmelzend, in Erosionen ausblühend, füreinander durchlässig werdend. Jeder Trocknungsprozess, jedes Abnehmen von Druckstöcken oder Klebebändern endet mit Überraschungen, wie die Materien letztendlich – *sponte sua* – aufeinander reagiert haben. Das Resultat kommt so immer auch aus einer anderen, wenngleich objektiveren Welt.

Das Ablösen der Druckstöcke vom Bildträger hat aber noch eine weitere Seite, die in Birgit Brandis' Arbeit eine bedeutsame Rolle spielt. Es gleicht einer Auffaltung. Druckstock und geprintete Form begegnen sich in einer enantiomorphen Spiegelung, die im Resultat augenblicklich sich verliert. Sehr viele Bilder bestehen aus zwei Platten übereinander, manchmal mit unterschiedlichen Motiven, manchmal sich spiegelbildlich entsprechend. Eines der Streifenbilder → Abb. 77 erweitert diese Spiegelung, indem sich die Streifen nicht vollständig entsprechen, sondern in Farbauftrag und Länge variieren. So entsteht eine eindrucksvolle Klangfolge, die optisch die Enantiomorphie umspielt und rhythmisch an Gitarrenriffe erinnern mag.

Natürliche Objekte wie Pflanzenblätter, Gräser, Schmetterlingsflügel und biologische Wesen generell haben eine bilaterale Spiegelungsachse, deren Hälften sich jedoch niemals vollkommen gleichen, vielmehr diskret eigene Wege gehen. Dieses Prinzip einer Auffaltung setzt die Künstlerin in Werken mit Spiegelungen ein, die sich nicht auf einen isolierten Druckstock stützen, denn ein solcher lässt nur einen ergänzenden Abdruck in einer gleichwohl eindrucksvollen Torsion um 180° zu → Abb. 32. Eine bilaterale Spiegelung erreicht sie jedoch in einem drucktechnisch aufwendigen Zwischenschritt, indem sie mithilfe einer Unzahl von Minidruckstöcken die Negativformen einer ersten Platte auf eine zweite überträgt, wodurch sich das Ausgangsmotiv zunächst als neues Negativ abzeichnet, bevor es weiter bearbeitet wird und in leichten Abweichungen eigene Wege einschlägt → Abb. 57. Diese Transformation der Auffaltung widersetzt sich dem bedrohlich symbiotischen Sog, der von absoluten Spiegelungen erzeugt wird. Vielleicht war es das, was Adolf Loos zu seinem legendären, verallgemeinernden Diktum »Ornament ist Verbrechen« provoziert hatte. In seinen architektonischen Innenräumen jedoch operierte er mit gespiegelten Steinplatten, in deren Schnitten die Verlaufsformen des geologischen Eigenlebens ihre Differenz diskret manifestierten – Großfaltungen der Erdgeschichte, deren tektonischem Drama Roger Caillois einen Essay gewidmet hat.

Birgit Brandis greift nicht nur ein sichtbares Faltungsprinzip aus Wachstumsprozessen der Natur auf. Sie arbeitet auch mit diskreten Faltungen organischer und anorganischer Stoffe. Diese Faltungen, mathematisch in Formeln zu fassen, verdanken sich energetischen Bewegungsprozessen, die unterschiedlich träge Materien in der Raumzeit miteinander austragen. Hier kommen Brandis' Schichtungen aufs Neue ins Spiel. Leichter fasslich sind sie dort, wo noch feuchte Farblinien und -felder, durch Bewegung des Bildträgers dynamisch erregt, Form und Verlaufsform verändern → Abb. 33, 34. Sie sind aber auch dort am Werk, wo die Farben gleichsam insgeheim verschränkende Faltungen ihrer Materie im Druckprozess eingehen, die den Resultaten ihre sichtbare Mehrschichtigkeit, Luminanz und ungewöhnliche Kraftausstrahlung verleihen → Abb. 64, 99. Daran hat die zugrundegelegte Schwarzfärbung einen mehr als stofflichen Anteil. Es ist, als ob aus einem nicht nur physischen Nachtraum alles Sichtbare in Erscheinung getreten ist, ohne dämonische Zweideutigkeit, im Vertrauen auf seine substanziellen Kräfte.

Material and Passion –
Resonances between discrete and directed Folding
Ursula Panhans-Bühler

In an essay about the *collaboration of desires* Günter Anders reflects on the seductive powers of plants. Ravishing colours and captivating fragrances lure unsuspecting insects into copulation, making *natural networkers* of them as they emerge from this act to pollinate others. Anders' philosophical shorthand note provokes our imagination's limits about life and the experience of nature; a frontier which has been questioned and extended at the latest since Leibniz' dictum about Descartes' mechanizing of the animal: »Should animals have no soul, we do not have one either.« Even without romanticising nature as entirely animated, contemporary scientific insight into its organic and inorganic structures provokes the question of *missing links*, possible transformations or metamorphosis beyond mythology or metaphysics. The universalizing theorem of convolution by Leibniz introduces a category of the philosophy of nature, which bridges animated and inanimate nature – a law of folding which – regarding the soul – also governs the inner life. Folding was understood as a dynamic continuity, reaching into the infinitely small and the infinitely large – microcosmos and macrocosmos. Deleuze adapted this concept in recent times, also for the self-reflection of the Arts.

For a while now, the Arts have been developing a honed regard for material and its processes, whereas the belief in representations of nature has dwindled, or been replaced by scepticism about the picturesque. From this foundation, Birgit Brandis' work develops modes of painting and printing, which assign a new role to the material. Foldings – discrete as well as more obvious – have her intuitive attention just as the expansion of her range of possibilities as a printer.

The black art of relief printing, just like other printing techniques, has been extended by countless colourful options over the last century. Brandis turns it upside down by using blackened plates to prime the paper surface. A decision for optical reasons which is also the base of her painting on masonite. Its physical resistance allows for a direct transition of the printing process and thus eliminates any painterly signature. In her prints, as well as her painting, this is replaced by the traces of the printing process. The many layers and complexities of her ideas on form and execution she develops equally playfully and meticulously. The result is a growing variety of forms. The layering of printing processes [→ fig 20], carving into deeper layers of colour [→ Fig 22] and scratching of wax crayon layers [→ fig 2, 11] lead to an emancipation of the plate as independent relief [→ fig 27]. Spontaneous traces of fluid, where colour is poured onto the black and moist ground coat [→ fig 15], are steered by careful tilting. Liquid fat parallel lines on an equally moist background [→ fig 13] react to the change of angle and direction of the physical object with chaotic, dynamically fierce formations of waves and swirls.

All this imagery is connected by a complex inner imagination. Layering not only reflects on time passing, reminiscent of stratifications as we know them from urban spaces, it aims for a balanced spatial relationship of surface and depth, a space for visual resonance of forms [→ fig 78] and in many paintings of iridescent colours [→ fig 73]. Brandis' use of colour is exceptional. Black as primer, or visible in its own right, plays off the fluctuating luminosity of the colours. The resonance is supported by the colours' auditory resonance. Some paintings show complex grids created with duct tape which has been removed after the application of colour [→ fig 95]. Iridescent light reflexes may evoke the energetic buzz of a city at night. In the fabulous installation at Oel Früh Cabinet, Hamburg [→ fig 72], Brandis created an ambiance by connecting the dynamic pulse of civilization and that of nature in an optically dramatic sequence. It transported the viewer into a limbo of energetic enormity, as if wandering through Dante's darksome forest and Calvino's *Invisible cities* at once.

The artist's imagination works with intuitive as well as material intermediate levels of existence, which evade total control yet surprise us constantly. The blackened ground and an arsenal of smaller and larger printing plates, print stripes and duct tape [→ fig 7] and also poured colour [→ fig 28, 29] react with one another physically and optically, permeate each other, merge and blossom in erosions, assisted by the steered drying process.

Each drying process, each lifting of a printing

plate or tape bears a surprise as to how the materials – *sponte sua* – have reacted towards one another. Thus the result comes from another, if more objective world.

The lifting of a plate from the surface has yet another connotation in Brandis' work. It resembles an unfolding. Plate and printed form meet in an enantiomorphically mirrored form, which is elusive right after appearing. Many works consist of two plates printed over each other, sometimes with different motives, sometimes mirroring the image. One of the striped images → fig 77 extends the mirroring by showing variations in colour and length. This creates an impressive sound sequence, optically embellishing the enantiomorphia. Rhythmically one is reminded of guitar riffs.

Natural objects like leaves, blades of grass, butterflies' wings and living creatures in general have a bilateral mirroring axis. Their halves are not identical but show discrete individual variations. This principle of an unfolding Brandis applies in her works with mirroring imagery. The works which employ more than one plate allow for more variety of the motif than an – already impressive – 180° torsion → fig 32. In order to achieve a bilateral mirroring effect Brandis installed an intricate procedure, by which she transfers the negative form of the original image onto a large number of minuscule plates, thus creating a second plate of the original image. This is then worked on and over, before it unfolds individually into new forms of appearance → fig 57. The transformative aspect of the fold resists the dangerous symbiotic pull created by perfectly mirrored images. Maybe this is at the root of Adolf Loos' legendary dictum »ornament is crime«. His architectural spaces he furnished with mirroring stone plates whose cutting edges manifest discretely the differences in continuous forms of geological life – large folds of earth's history whose tectonic drama Roger Caillois dedicated an essay to.

Birgit Brandis not only applies a principle of folding from nature's growth processes, she also works with the discrete folding of organic and inorganic materials. These foldings, expressed in mathematical formulas, owe their existence to the motion dynamics of energies which rule the interaction of materials with different density in time and space.

Here Brandis' layering works in that it facilitates the viewer's access to the moist lines and areas of colour as they changed shape and flowed while their base was dynamically stirred → fig 33, 34. In addition, the colours react with an almost secretive folding of their matter during the printing process. The result is a multi layering luminosity and extraordinarily powerful radiance → fig 64, 99. Black as background colour, to set them off against, amplifies this effect in a more than physical way. It is as if from a night space everything visible has emerged, with no demonic ambiguity but with the trust in its own substantial powers.

Ich habe schon die ganze Zeit gedacht,
dass das Zaubermittel sind,
die sich entwickelt haben.
Da sind nämlich auch Blumen drin.
Nicht richtige Blumen,
sondern die Kraft der Pflanzen.

A.B.

All the time I thought
that these are magic items
which have developed,
as there are flowers inside.
Not actual flowers,
but the power of plants.

A.B.

Die Bilderfinderin
(oder)
Von der Lust am Bilder erfinden
(oder)
Die Seismographin

Dirk Dobke

Birgit Brandis ist Malerin. Malen bedeutet für sie auch immer gießen, schütten, spachteln, schichten, auf- und unterdrucken, kleben, schnitzen, schneiden und kerben – und die Liste ihrer Tätigkeiten des Bildermachens ließe sich bestimmt noch verlängern. Sie begreift die Bildentstehung als physische Herausforderung. Ihre oft großformatigen Farbkompositionen haben eine ganz besondere sinnliche Präsenz und Unmittelbarkeit. Aber was spontan, gestisch und leicht wirkt, wird zumeist mit vollem Körpereinsatz erarbeitet.

Birgit Brandis' Bildwelt ist ungegenständlich und nie offensichtlich erzählerisch. Die Künstlerin fordert den Betrachter auf, ihr in der Bildfindung zu folgen, die darin angelegten Strukturen und Verweise zu lesen, zu assoziieren und Gezeigtes nachzuvollziehen. Ihre Bilder wirken nicht nur, sie thematisieren immer auch die eigene Entstehung. Die Künstlerin geht dabei weit über die rein malerische Komposition hinaus. Für eine Malerin höchst ungewöhnlich, bearbeitet sie ihr bildnerisches Material fast wie eine Bildhauerin. Wie diese sukzessive Holzschichten entfernt, um zur Form zu gelangen, trägt Birgit Brandis Farbschichten gezielt wieder ab, um zur angestrebten Komposition, zum gewünschten Bild zu kommen. Farbe als Material, das Bild als Relief. Aber: Das ist alles Malerei!, betont sie und erfindet ständig neue Techniken für ihre farbgewaltigen Bildwelten. Das Bonmot, wonach ein Künstler nicht nach Motiven suchen, sondern sie finden sollte, ist ihr ein selbstverständliches Credo. So steht der oft kräftezehrende Entstehungsprozess im Widerspruch zur Leichtigkeit und zum Farbfeuerwerk vieler Bilder. Mit scharfer Klinge schneidet und sticht sie sich durch die farbigen Bildschichten hindurch bis zum hölzernen Malgrund, also zum Anfang des Bildes, oder kerbt gar in diesen hinein. Was einmal als unterste Schicht unter vielen anderen angelegt war, drängt so schließlich wieder leuchtend nach oben. Und was schon Oberfläche schien, wird von ihr gezielt mit einem Schnitzmesser zu einem feinem Geäst oder Liniengewirr aufgelöst. Ihre Bilder entstehen durch das sich Durch- und Abarbeiten am bildnerischen Material. Damit thematisiert sie immer auch explizit die Materialität der Farbe und sogar die des Bildträgers.

Auch wenn man meint, dass zuweilen Abstraktionen von Figürlichem aufscheinen, findet man in ihren Bildern keine konkrete Gegenständlichkeit. Es sind auch nicht vordergründig konzeptionelle, formalästhetische Fragen, die sie in ihren Bildern stellt. Ihre Ideenwelt und ihre Bildsprache sind überaus reich und vielfältig, und sie geht unorthodox und selbstbewusst damit um. So finden sich Anklänge an Informel, Op-Art oder Graffiti gleichberechtigt neben Verweisen auf Minimal Art und Farbfeldmalerei, ergänzt um Gezeichnetes und Gedrucktes. Ihre Bildkompositionen sind starker persönlicher Ausdruck, geheimnisvoll und nicht wirklich dechiffrierbar, aber dabei voller Emotionen und Leidenschaft. Assoziationen, die sich dem Betrachter aufdrängen, sind ihr stets willkommen. Ihr einstiger Lehrer Gustav Kluge schreibt dazu: »Vielleicht ist es diese nie ganz zu Ende entschiedene Balance von Bedeuten und Nicht-Bedeuten in den einzelnen Arbeiten, die zur Spannkraft ihrer Bilder beiträgt.« (Portfolio No. 1, griffelkunst, Hamburg, 2011)

Besonders spannungsreich sind ihre Interpretationen des *Drippings*, das einst Jackson Pollock als radikalen, fast ungerichteten Gestus in der Malerei definierte. Wie dieser verspritzt und verwirbelt sie zunächst die flüssige Farbe – ungemischt und direkt aus der Flasche – auf dem hölzernen Bildträger. Dann vertieft sie, mittels eines feinen Stecheisens, mit großer Präzision den Bildgrund um die filigranen Farbspritzer herum, bis diese als erhabenes Farbrelief auf dem durchfurchten Holzgrund aufzuliegen scheinen → Abb. 27. Birgit Brandis setzt mit der sorgfältigen, kontemplativen Weiterbearbeitung dem freien, spontanen Gestus die Zeit entgegen. Millimeter um Millimeter trägt sie den Hintergrund ab und legt so das zunächst eruptiv aufgebrachte Farbgeflecht plastisch frei. In der Bildwirkung schließlich ringen beide Schichten miteinander.

Vor allem das Diptychon, also das zweiteilige Tafelbild, hat die Künstlerin zu einem typischen Instrument ihrer Malerei entwickelt, indem sie zwei horizontal gelagerte Bilder übereinander zu einem Ganzen montiert. Motivisch können sich die beiden Tafeln formal entsprechen, einander ergänzen oder sich kompositorisch spiegeln. Es sind jedoch ausdrücklich stets Bildpaarungen aus zwei starken Einzelelementen, welche die Künstlerin festlegt und die erst in ihrem Zusammenspiel ein Bild ergeben. Mit diesen ungewöhnlichen konfrontativen Bildpaaren fordert sie den Betrachter auf, sich mit der bildimmanenten Polarität auseinanderzusetzen und die daraus resultierende Spannung auszuhalten.

Das Schichten und anschließende Herausschälen als eigentlich skulpturale Techniken sind zwei wesentliche Grundzüge ihrer Malerei. Zum ersten Mal präsentiert Birgit Brandis in dieser Ausstellung mit der Säule *Malefiz* auch eine großformatige vollplastische Arbeit. Die Säule drängt sich mächtig zwischen die vorhandenen Holzsäulen des Ausstellungssaals und durchbricht deren festgefügtes, gleichmäßiges Raster. Technisch gesehen ist *Malefiz* ein Schichtenturm: Additiv hat die Künstlerin unzählige quadratische Farbschichten so entgegen dem Uhrzeigersinn leicht versetzt übereinander gestapelt, dass sich eine raumhohe gedrehte Spindel ergibt → Abb. 74, 75.

Die optische Massivität des Turms steht dabei in einem gewissen Widerspruch zur materiellen Fragilität der geschichteten Kartons, und es scheint, als wenn erst die Raumdecke die sich ins Unendliche schraubende Säule (Brancusi!) in ihrem Drang zu stoppen vermag…

Birgit Brandis künstlerische Arbeit kündet von einer selbstverständlichen Multimedialität. Groß ist ihre Bandbreite an Techniken und Gattungen, rätselhaft anspielungsreich ist ihr Bildrepertoire und farbgewaltig überbordend sind ihre Bildwelten. Neben ihren großformatigen Malereien und bildhaften Hochdrucken arbeitet sie seit 2014 an der Serie der relativ kleinformatigen *Wachskratzereien*, wie sie diese Werkgruppe nennt, von der einige Exponate auch in der aktuellen Ausstellung zu sehen sind. Diese Bilder komponiert sie, indem sie mittels einer Rasierklinge zuvor aufgebrachte hauchdünne farbige Schichten Ölkreide behutsam wieder freilegt → Abb. 14.
Räumliche Interventionen nimmt sie mit ihren *Bodenschüttungen* vor. Dazu lässt sie auf dem Ausstellungsboden gezielt Farblachen ineinander fließen, bis diese zu einem großflächigen Farbsee erstarren → Abb. 48. Außerdem wächst beständig ihr Opus an fotografischen Arbeiten, in denen die Künstlerin Alltägliches grafisch-abstrakt zeigt. Ihre Fotos erscheinen als Einzelwerke und als opulente, fast objekthaft wirkende Künstlerbücher.

Birgit Brandis arbeitet ausdrücklich nicht seriell, aber eine deutliche Handschrift durchzieht alle Gattungen ihres Werkes. Ihre Bilder haben eine expressive Wucht und sind zugleich höchst seismographisch. Ihre Ikonographie ist offen und rein subjektiv. Auch wenn jedes Werk ein Ausdruck ihrer Ideenwelt ist, lassen die Motive dem Betrachter Freiräume – und jede Arbeit steht immer auch für ihre eigene Genesis.

The inventor of images
(or)
A passion for invention
(or)
The seismograph

Dirk Dobke

Birgit Brandis is a painter. Painting for her also means pouring, casting, layering, scraping, filling, printing, pasting, carving, cutting and indenting – and the list of her interventions to create a work may be extended. For her, generating a painting is a physical challenge. Her usually large scaled colour compositions possess a very particular sensual presence and immediacy. But what appears spontaneous, gestural and easy is usually achieved through capacious physical dedication.

Birgit Brandis' imagery is non-representational and never obviously narrative. The artist prompts the audience to follow her in finding an image, reading its structures and references to associate and to comprehend the visual. Her paintings do not only affect the audience, their genesis is their topic. With that the artist surpasses the purely painterly composition. In most unusual ways for a painter, Brandis works the surfaces almost like a sculptor. Whereas in sculpture form is freed through carving, Brandis removes layers of colour to expose surfaces, come to the intended composition, the desired image. Colour as material, the image as relief. But: It is all painting, Brandis insists, and keeps inventing new techniques for her powerfully coloured images. The bon mot about the artist, finding rather than searching for motifs, is self-evident to her. The ease and fireworks of colours in her paintings betray their exhausting genesis. A sharp blade is used to cut right through layers of colour down to the wooden surface, or even carve into it, the painting's origin. What was ground under many more layers finally pushes through again to the surface to shine. And what appeared to be surface is modified by the blade into a fragile web of branches, an organic tangle of lines. Brandis' paintings are the result of a forceful confrontation with the material. The physical consistency of colour, as well as of the base, are her topic of research.

Although abstractions sometimes seem to shine through, there is no figurative intent, no concrete outline. This art is not about conceptual, aesthetic reflection. The accompanying world of ideas and imagery is extremely rich and many-folded and the artist handles it with vigour and confidence. There are resonances of Informel, Op-Art or Graffiti pari passu with references to Minimal Art and colour blocking, complemented by drawn and printed elements. Her compositions transport a strong personal expression, mysterious and not entirely readable, yet satiated with emotion and passion. She welcomes the connotations that the paintings insinuate. Her former professor Gustav Kluge wrote: »Maybe it is this never completely decided balance between meaning and non meaning in the individual works, which give them their gripping power.« (Portfolio No. 1, griffelkunst, Hamburg, 2011)

Particularly intense are her interpretations of *dripping*, the maniera Jackson Pollock defined as a radical, almost aimless gesture in painting. Like him, Brandis initially splatters and swirls liquid colour – pure and directly from the bottle – on a wooden surface. With a sharp blade, she then carves very precisely around each drop and splatter, until they appear as high relief – emerging from the roughened, uneven wooden surface → fig 27. Birgit Brandis' careful and contemplative treatment contradicts the free spontaneous initial gesture with time. Millimeter by millimeter she strips the background and amplifies the eruption of colour previously spread. The final impression is of both levels wrestling with each other.

Particularly the diptych, a panel painting of two parts, has become a typical instrument in Brandis' painting. Two horizontal works are arranged one above the other to form a whole. The motifs either complement, enhance or mirror one another. In each case, however, the artist composes a coupled entity from two strong individual elements. These unexpectedly confrontational pairings invite the audience to reflect upon their inherent polarity and endure the resulting tension.

The layering and then carving as genuine sculptor's techniques are two major characteristics of Brandis' painting. For the first time, Birgit Brandis presents a large scale, purely sculptural work here: a column entitled *Malefiz*. It pushes heftily between the substantial wooden columns of the exhibition space and breaks their solid regular order. Technically, *Malefiz* is a tower of layers: numerous layers of colour in square form have been placed on top of one another in slightly varying angle and counter clockwise in order to create a spindle as high as the ceiling→ fig 74, 75. The material fragility of the mounted pieces of carton seems to contradict their optic mass and it appears as if only the ceiling can stop this endless column (Brancusi!).

The works of Birgit Brandis appear in a variety of media which she employs very naturally. There is an enormous range of techniques and genres, her repertoire of motifs is full of mysterious references, the images enormously colourful and expansive. Since 2014, besides the paintings in large format and image-intense high reliefs, she has been working on a series of smaller scale *Wachskratzereien* (wax scratchings), some of which are seen in the present exhibition. These works are composed by carefully removing thin layers of oil pastel with a razorblade→ fig 14.

Spatial interventions she calls *Bodenschüttungen* (pourings on the ground). These entail various colours being poured on the museum floor, where they mingle and ultimately harden into pools of colour→ fig 48.

Additionally, the body of her photographic work is growing. It shows scenes and objects from everyday life in a graphically abstract way. Brandis' photos appear as individual works, sometimes bound like art objects to opulent artist's books.

Birgit Brandis decidedly works not in series, yet a distinct signature connects the wide variety of genres in her work. Her paintings show an expressive power and yet a seismographic sensitivity. Her iconography is open and purely subjective. Even with every work being an expression of her thought process, the motifs offer themselves openly to the viewer's gaze – and each work also represents its own genesis.

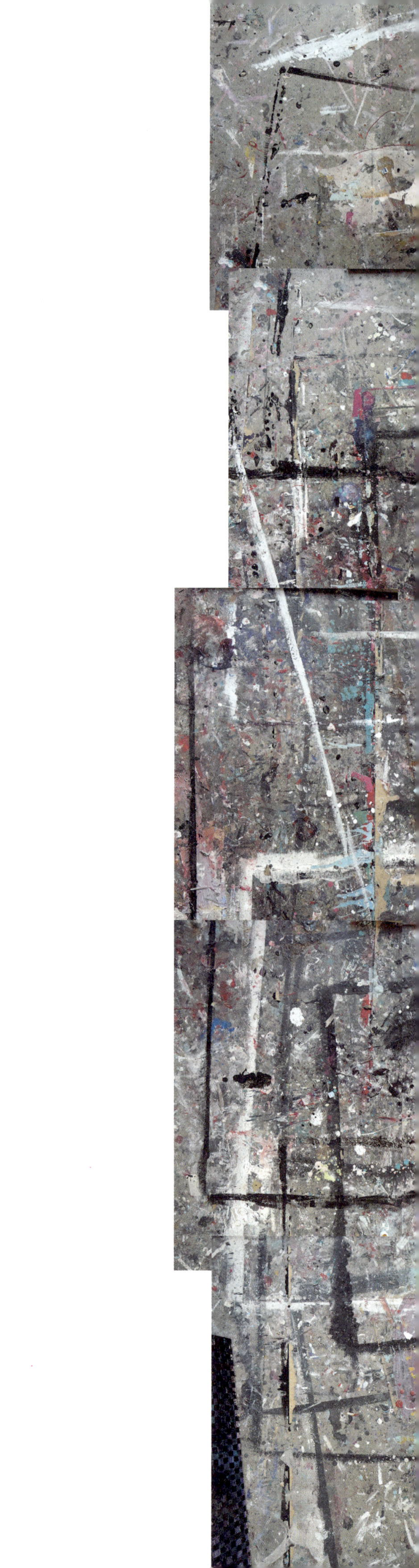

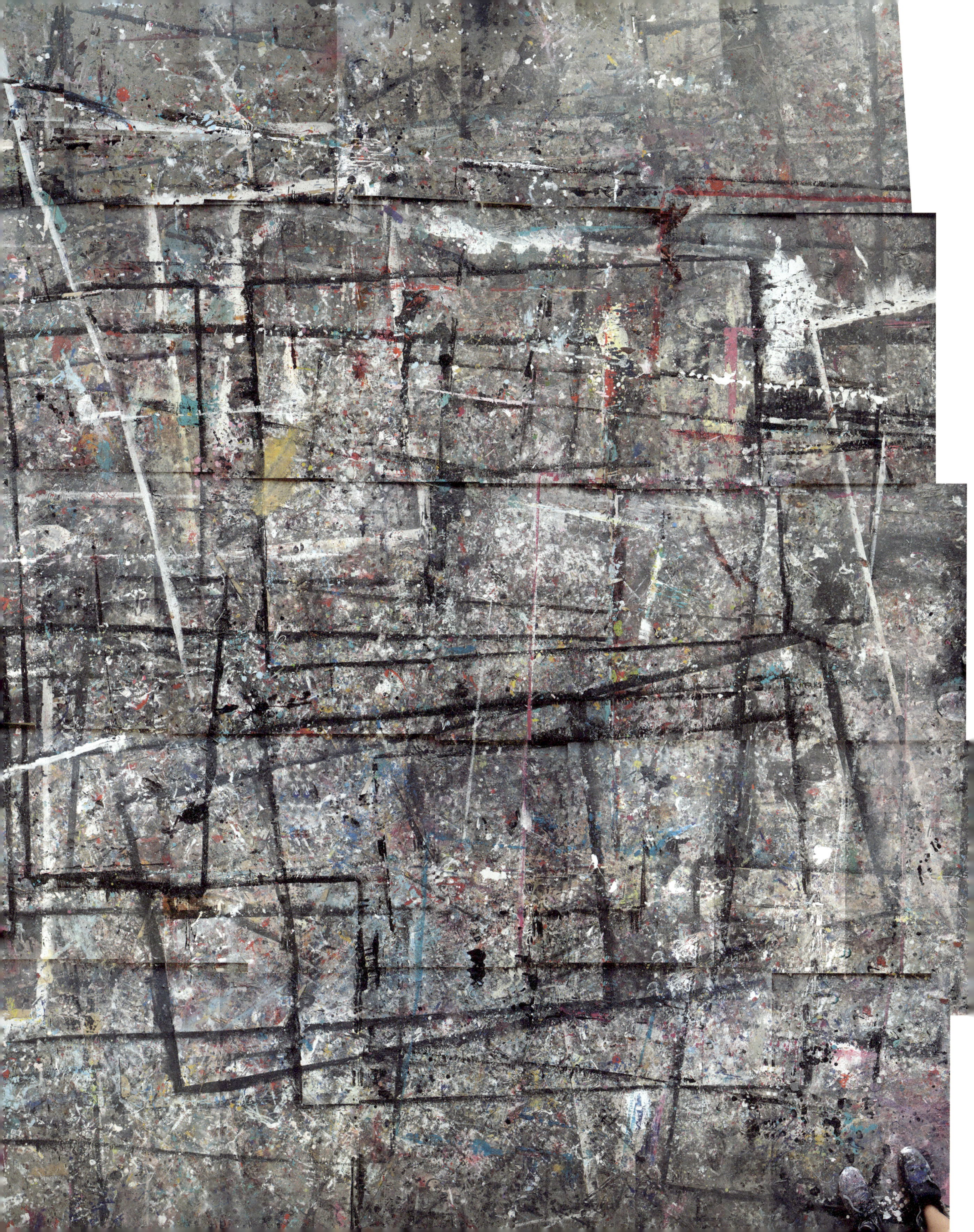

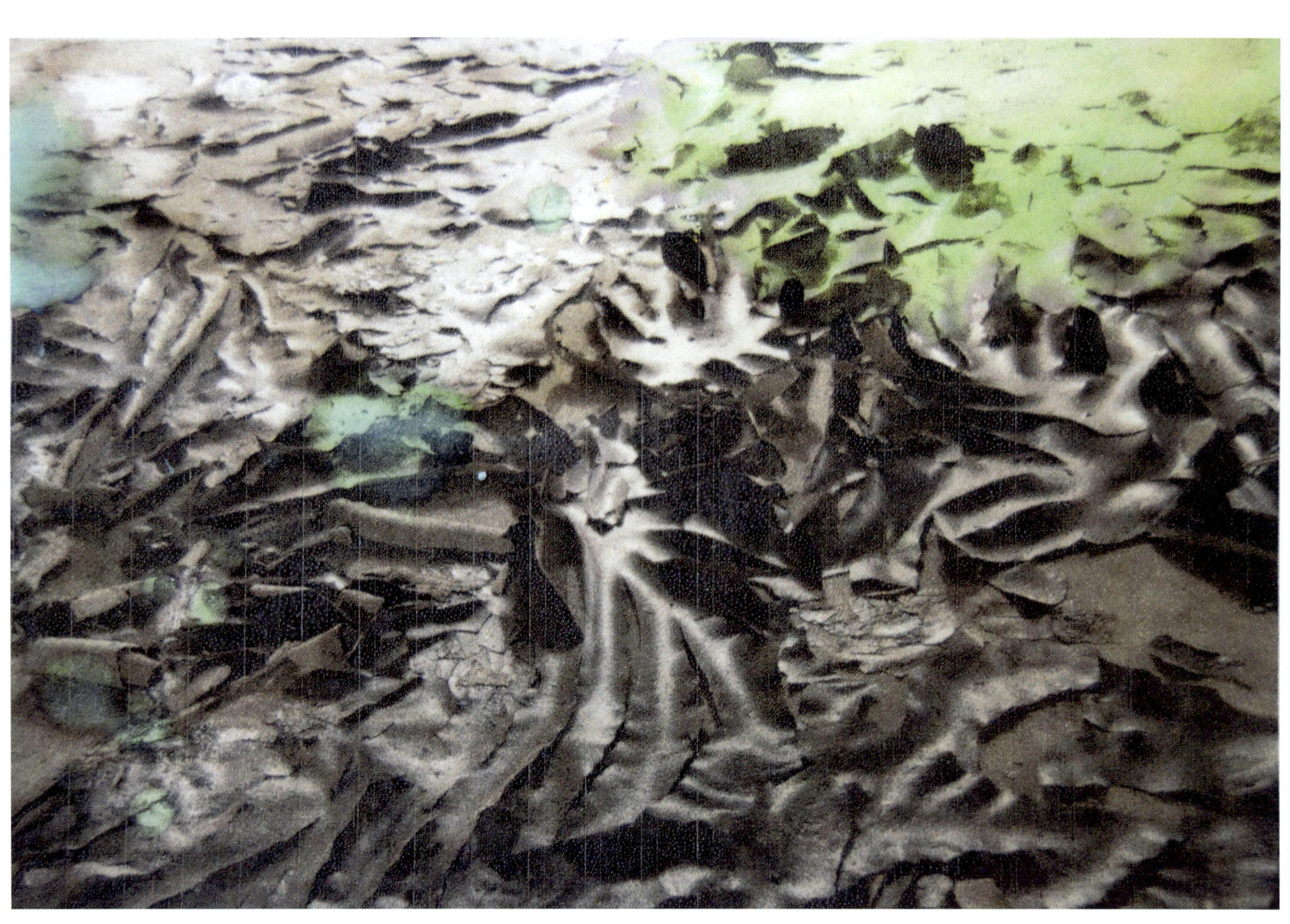

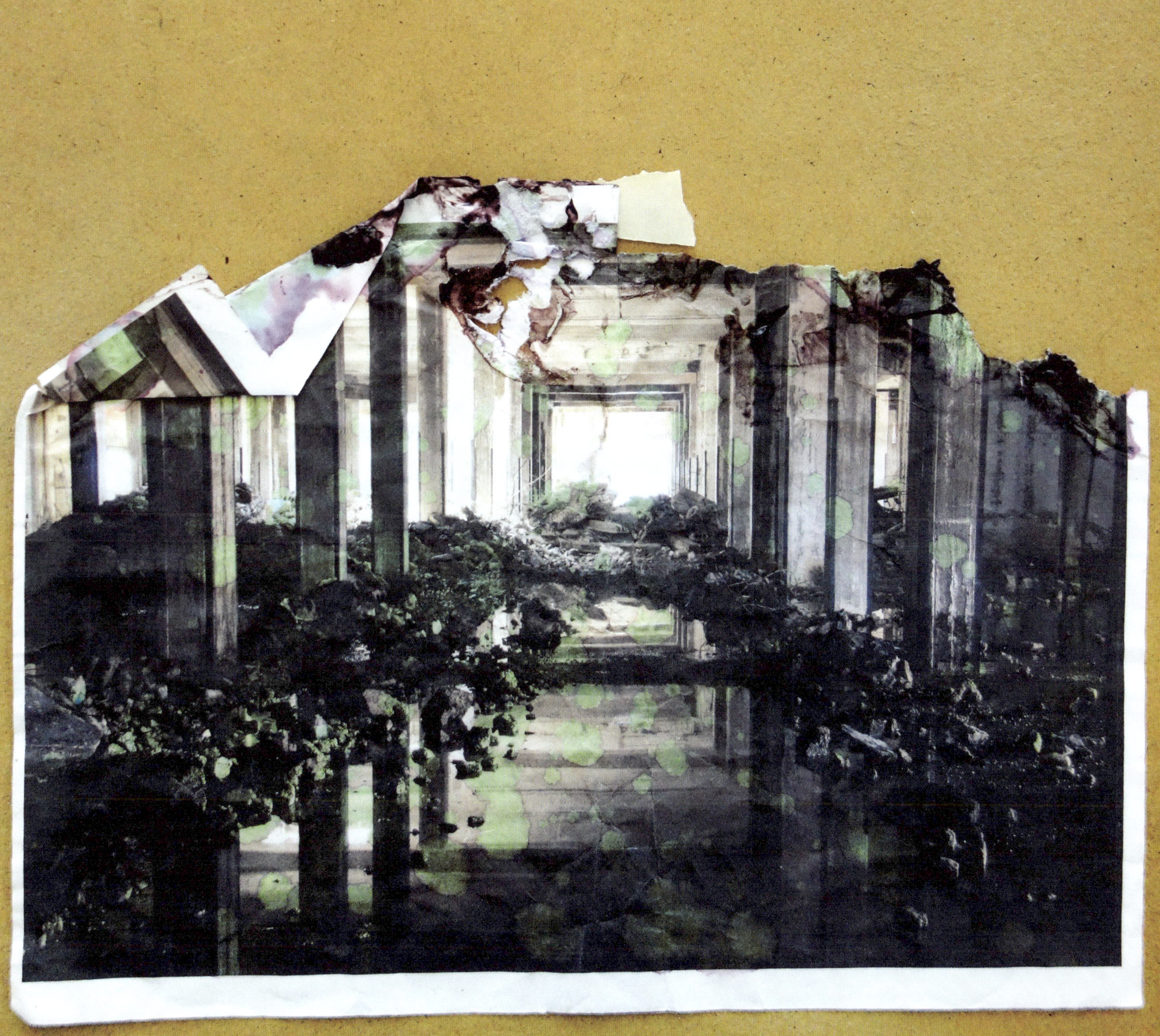

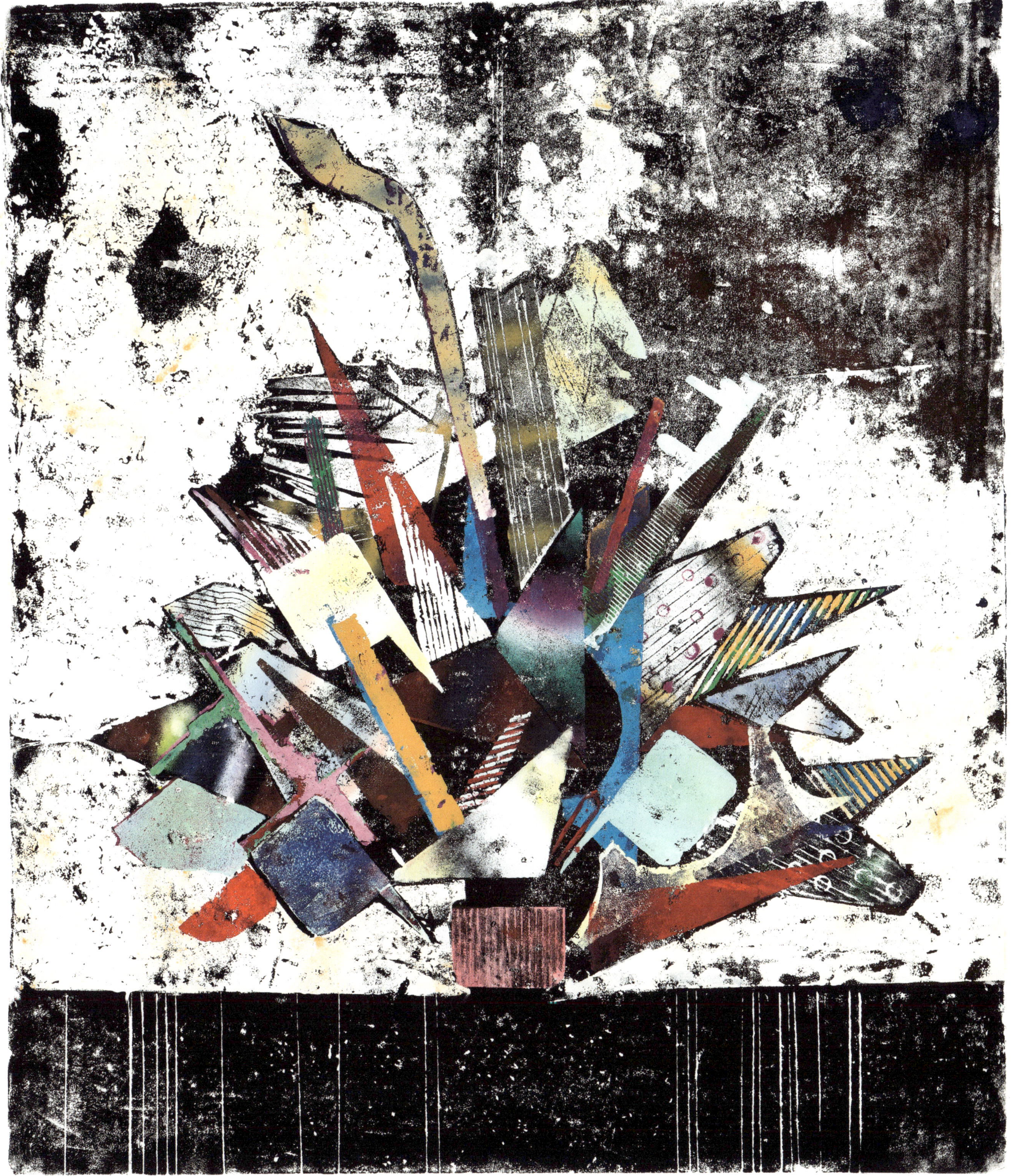

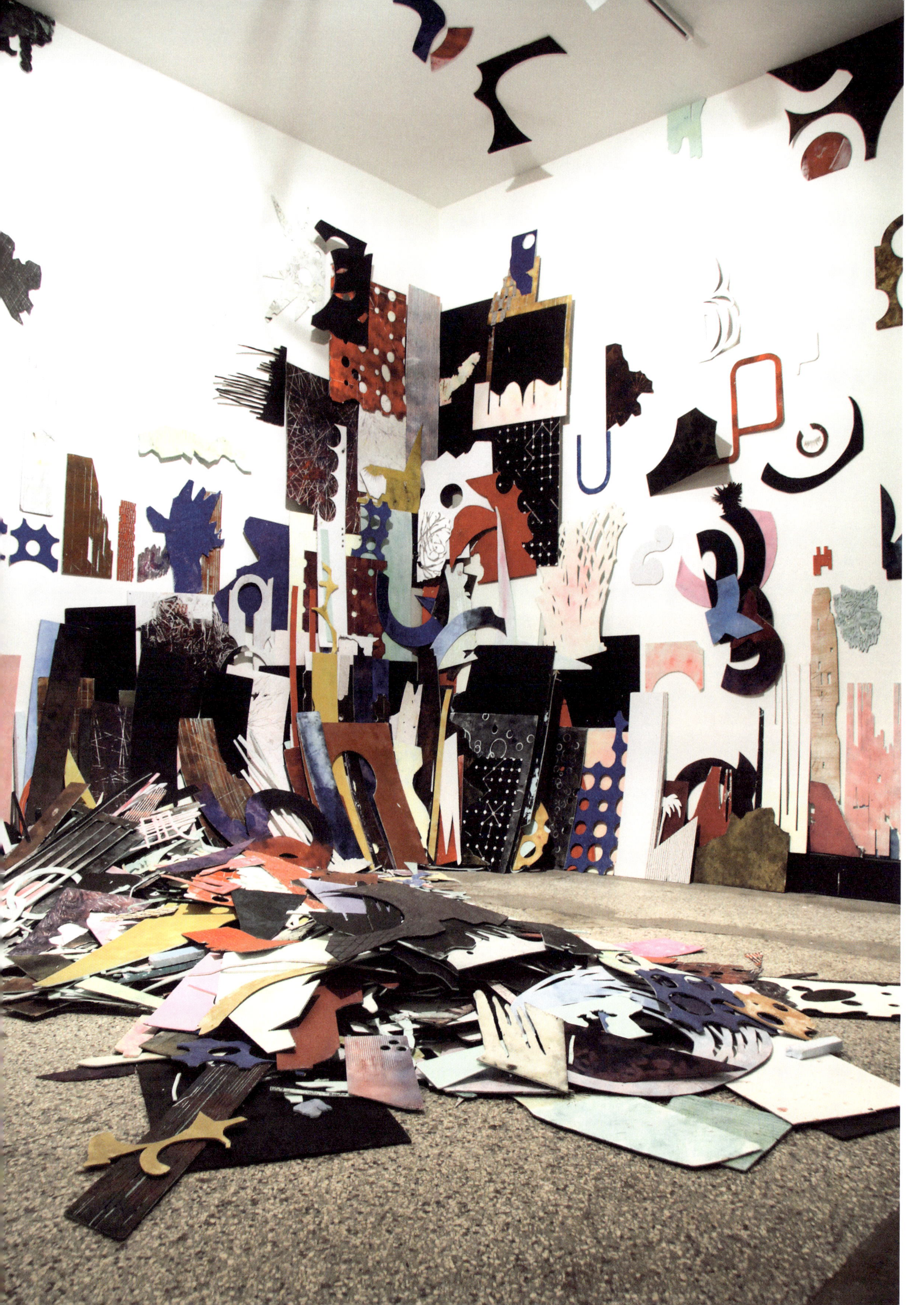

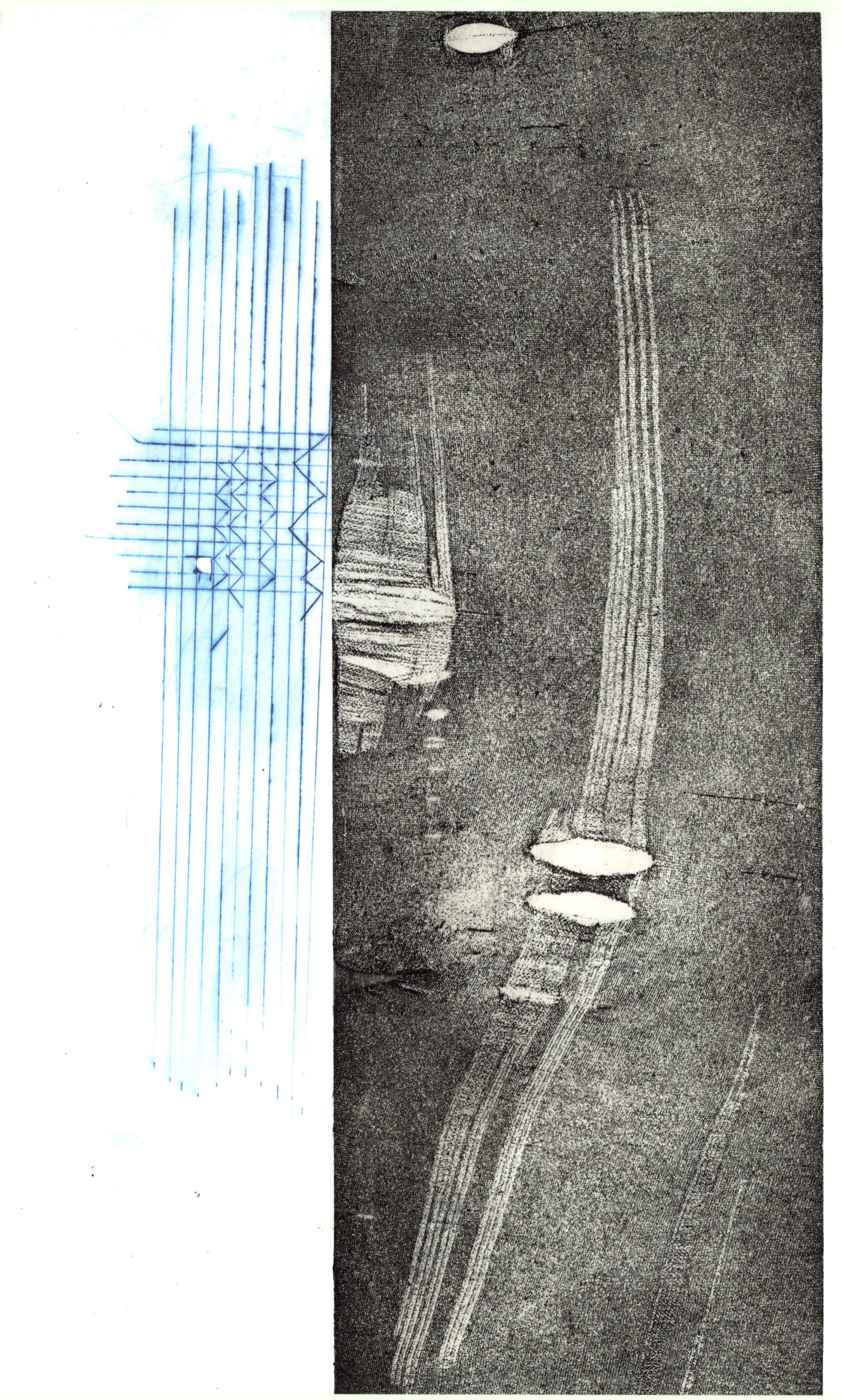

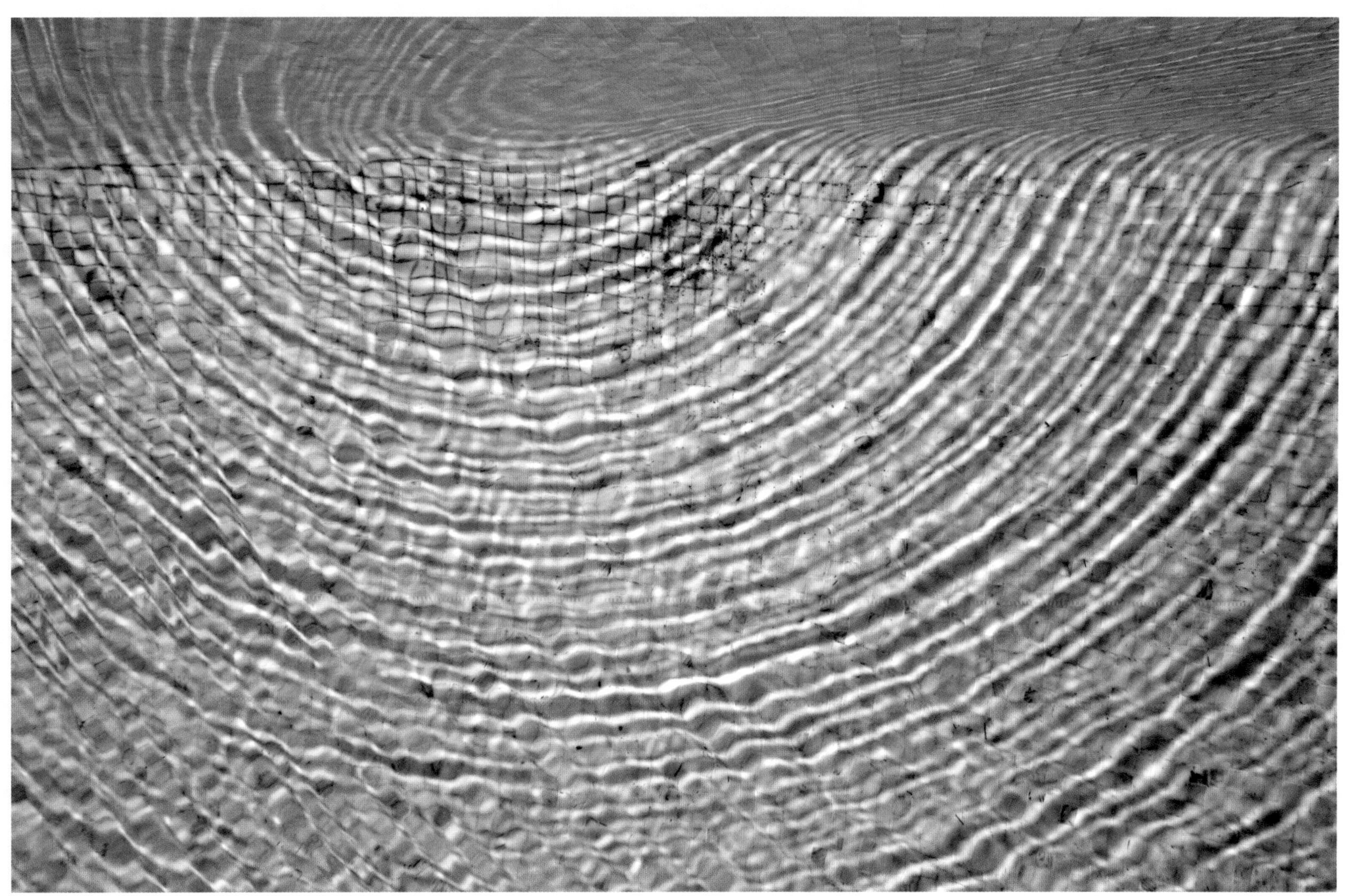

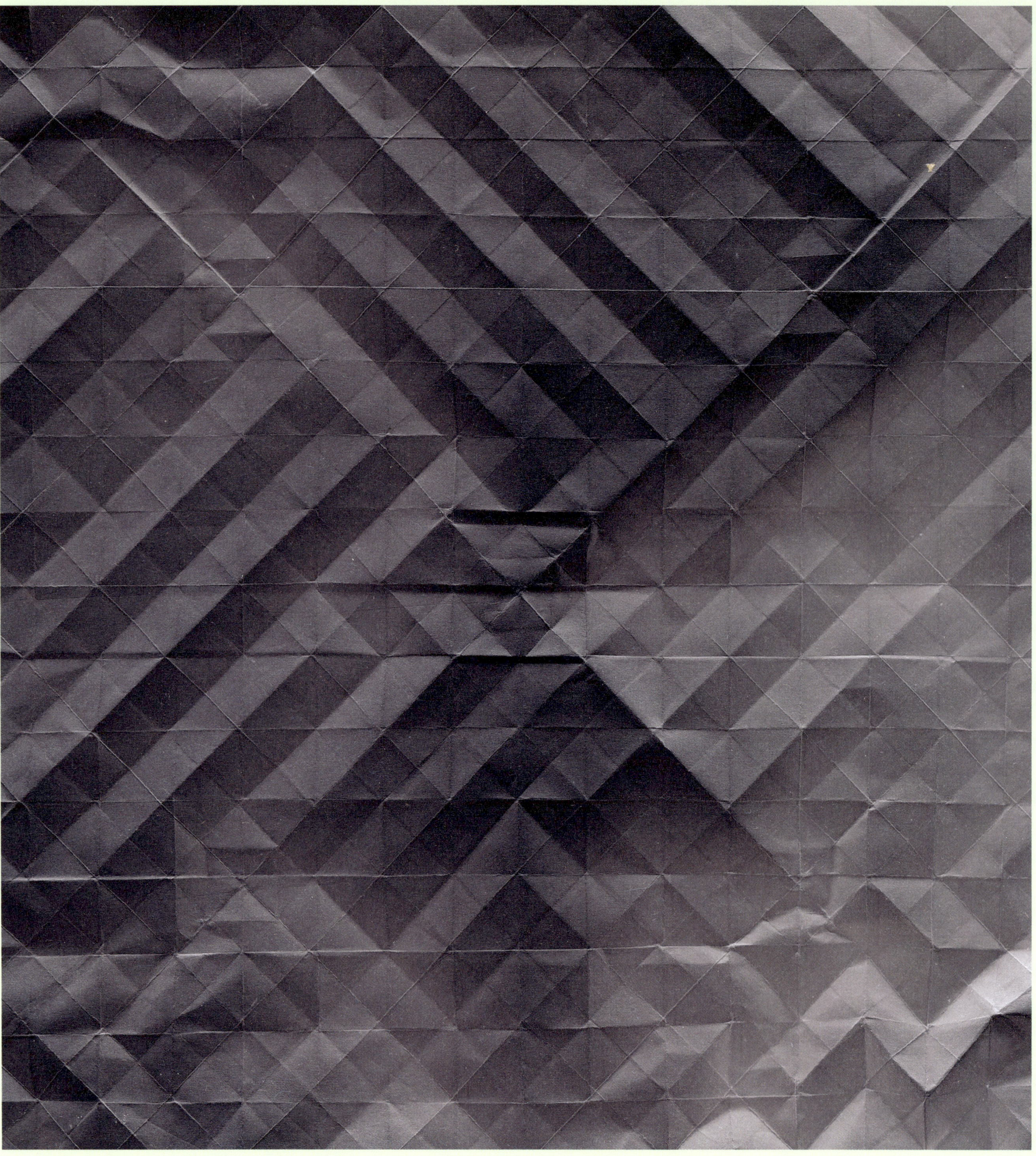

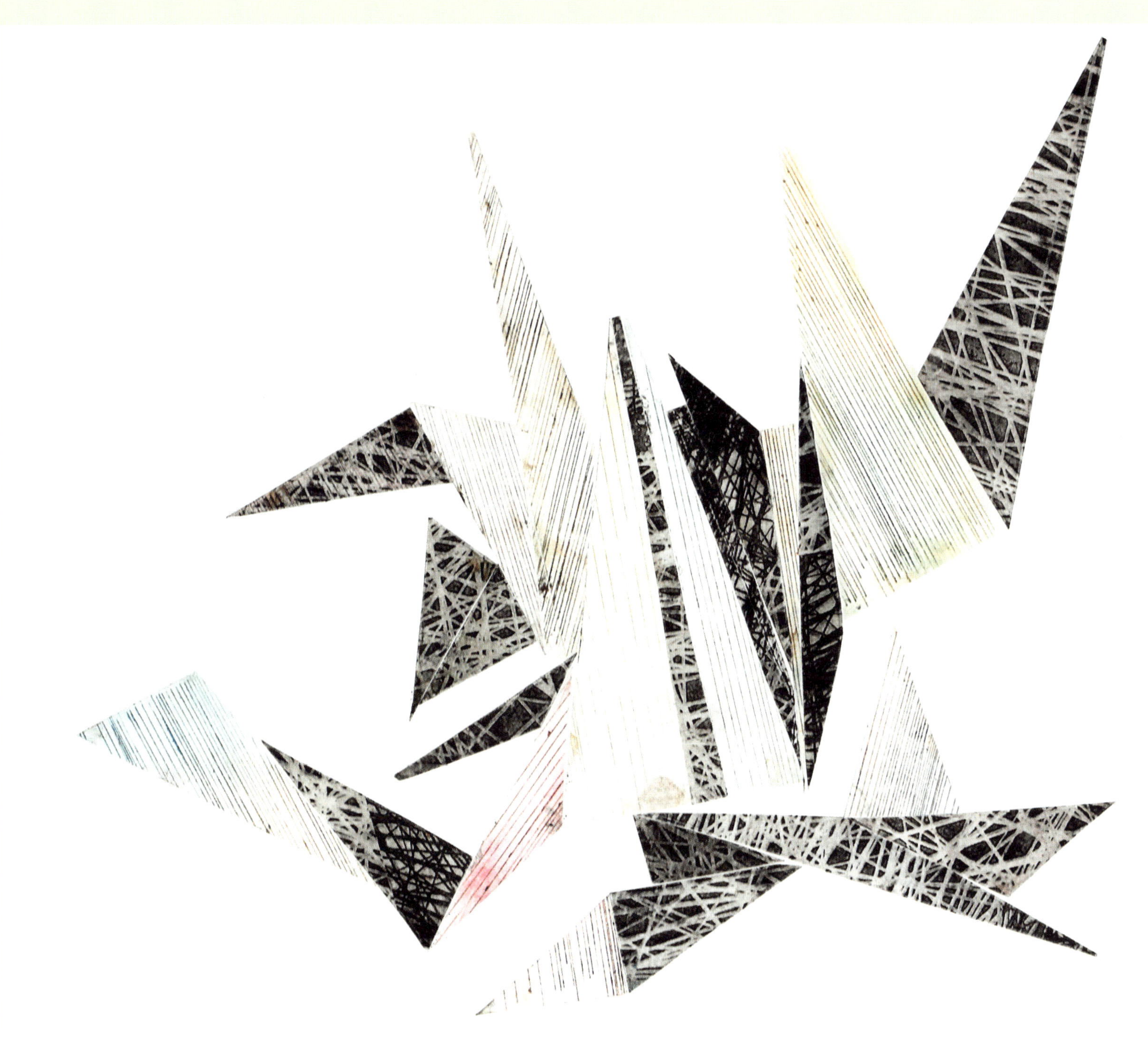

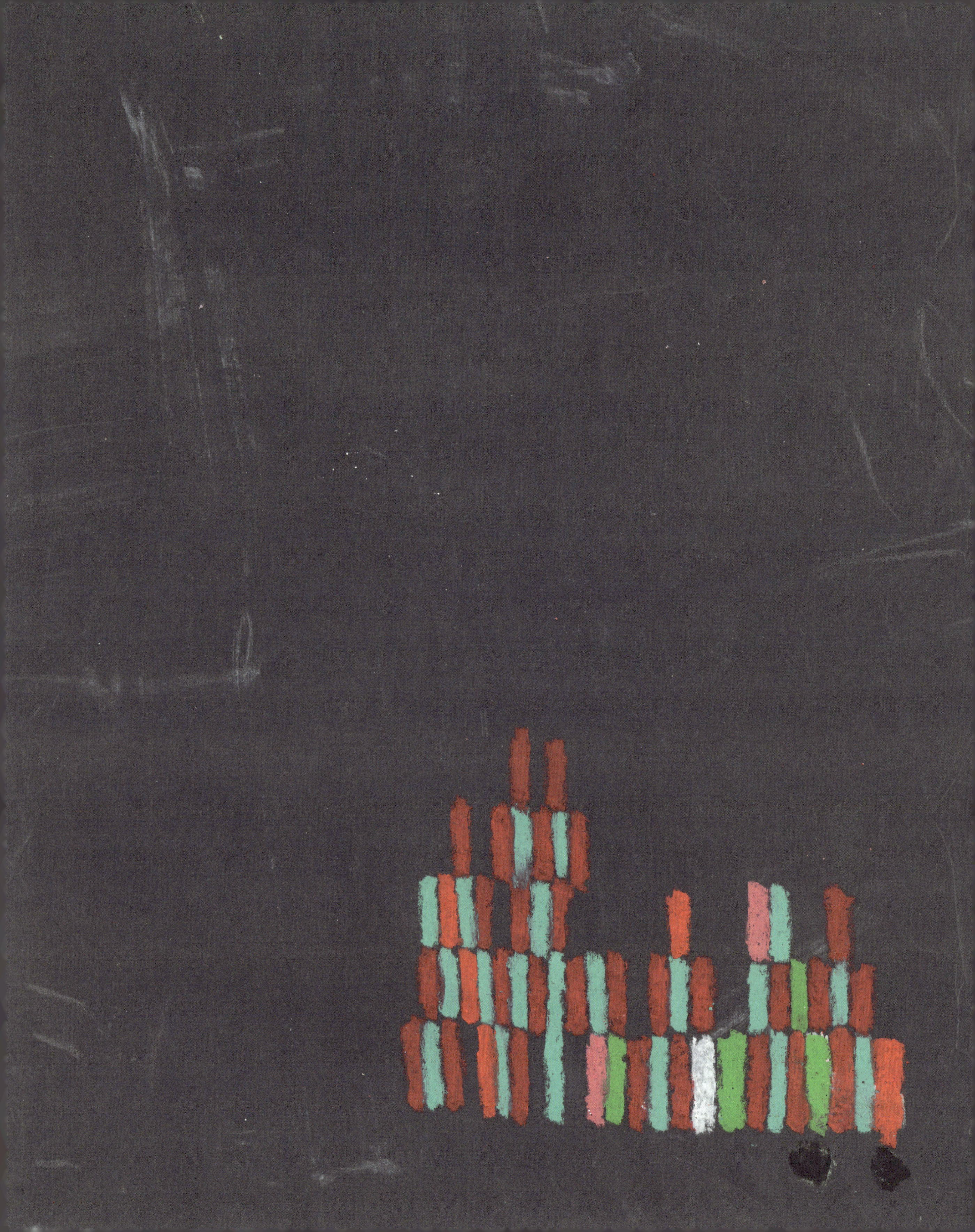

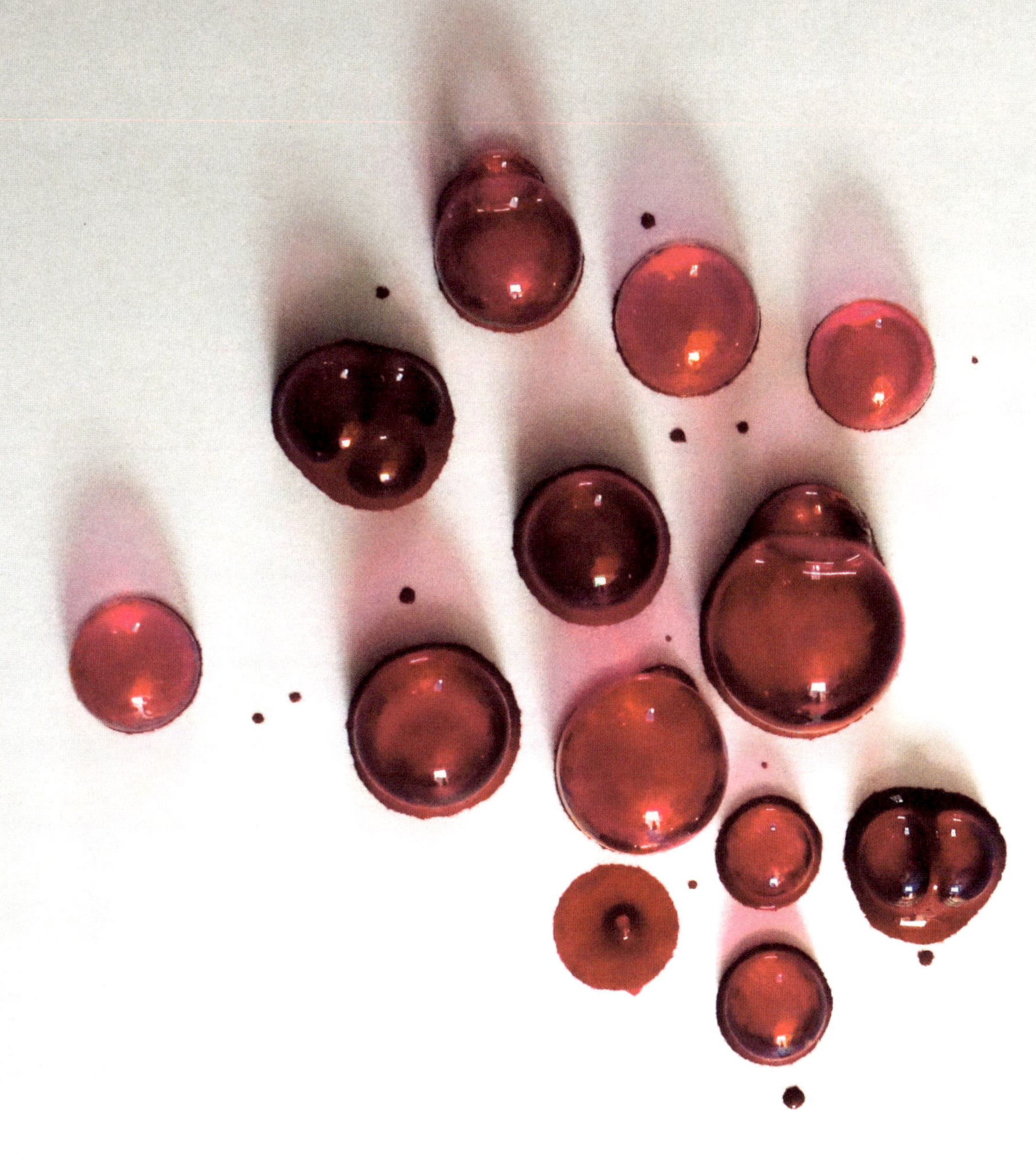

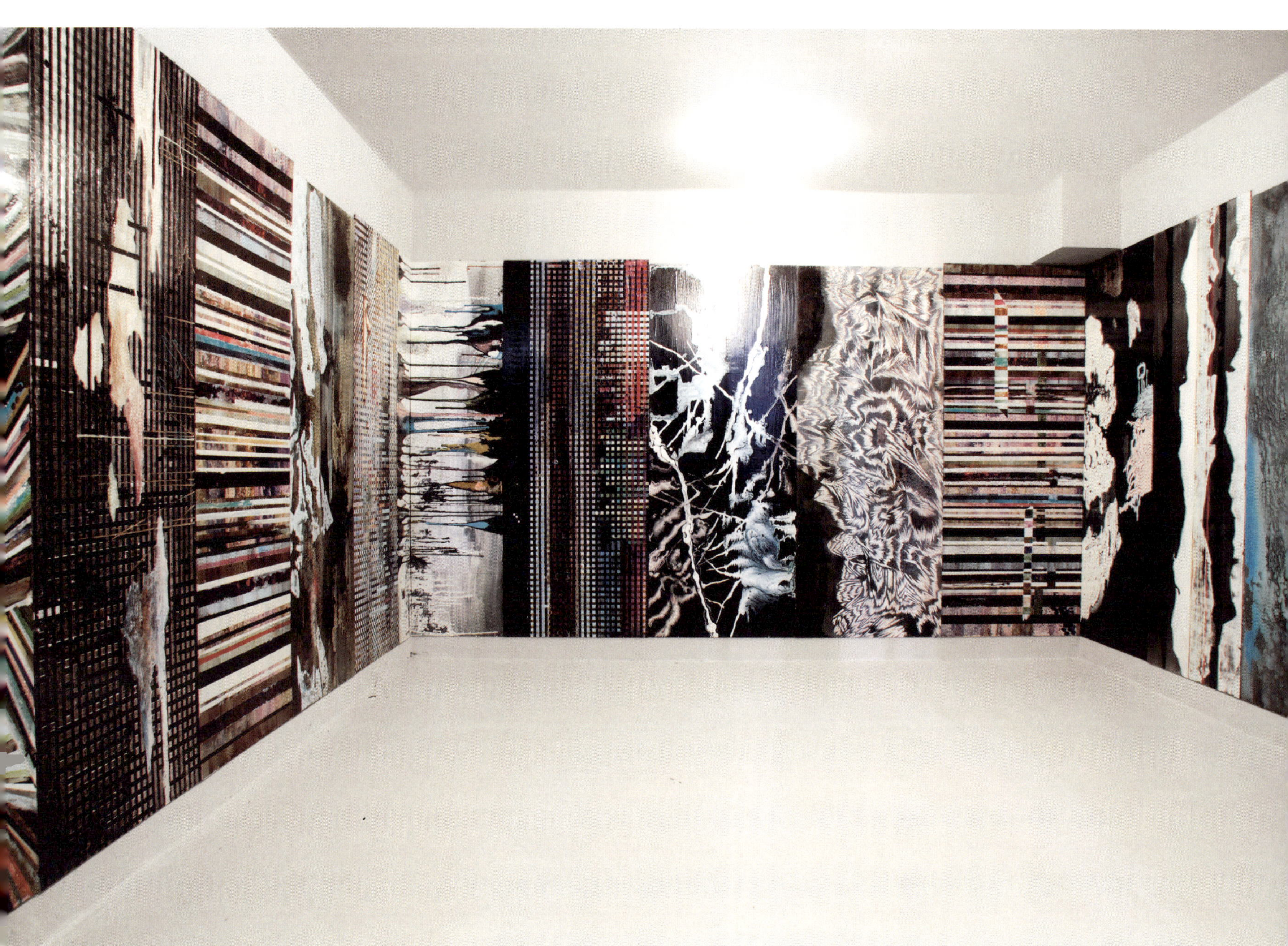

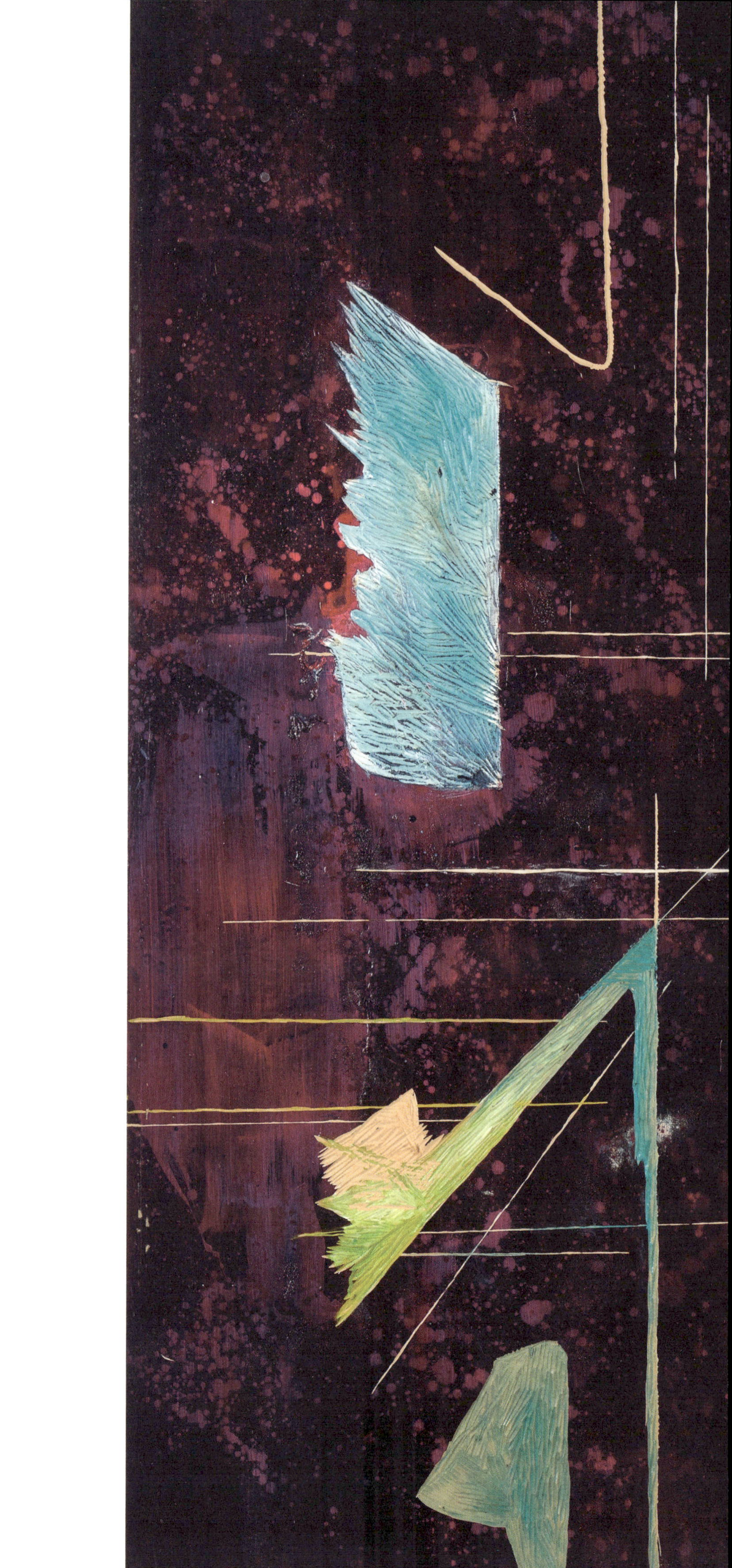

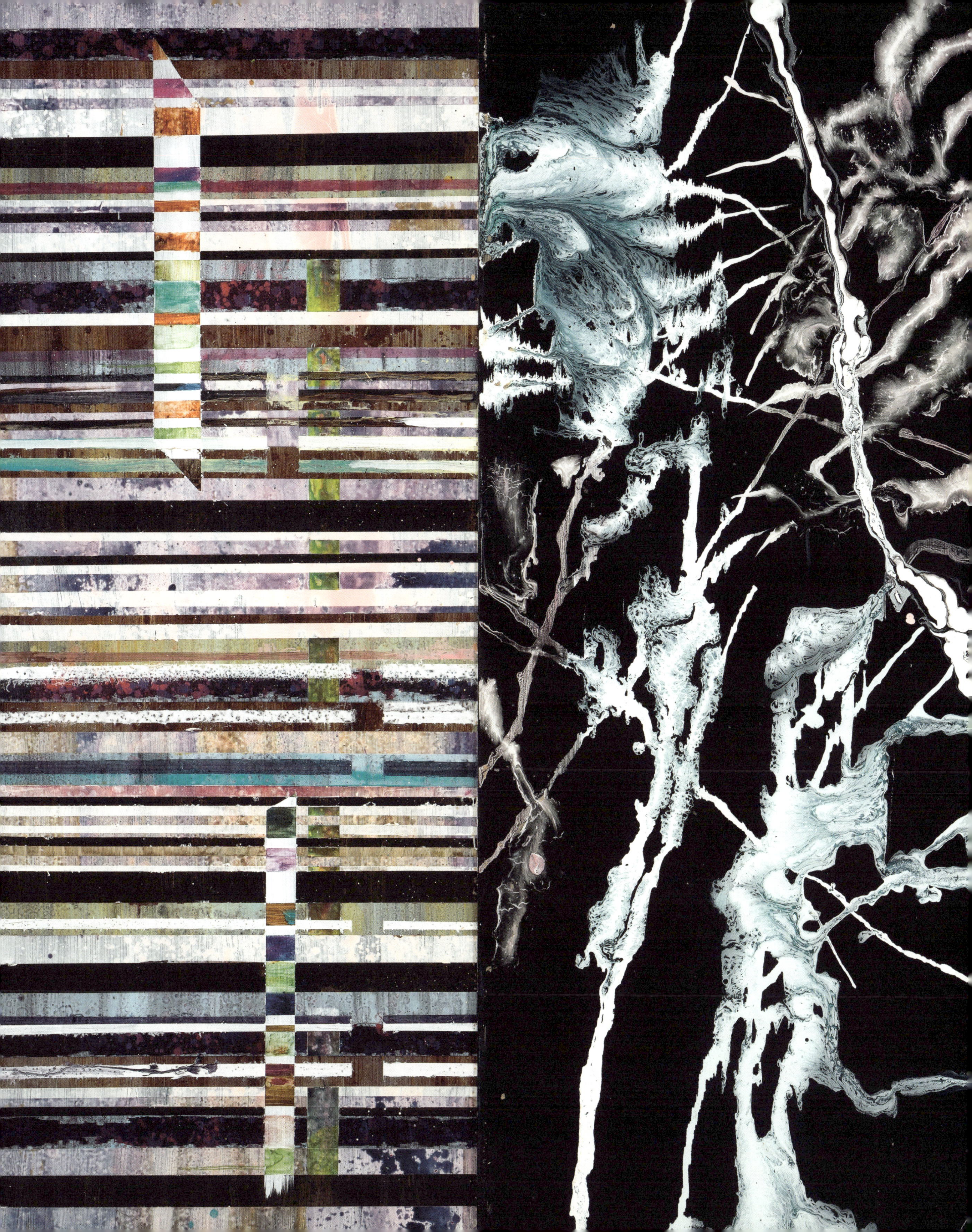

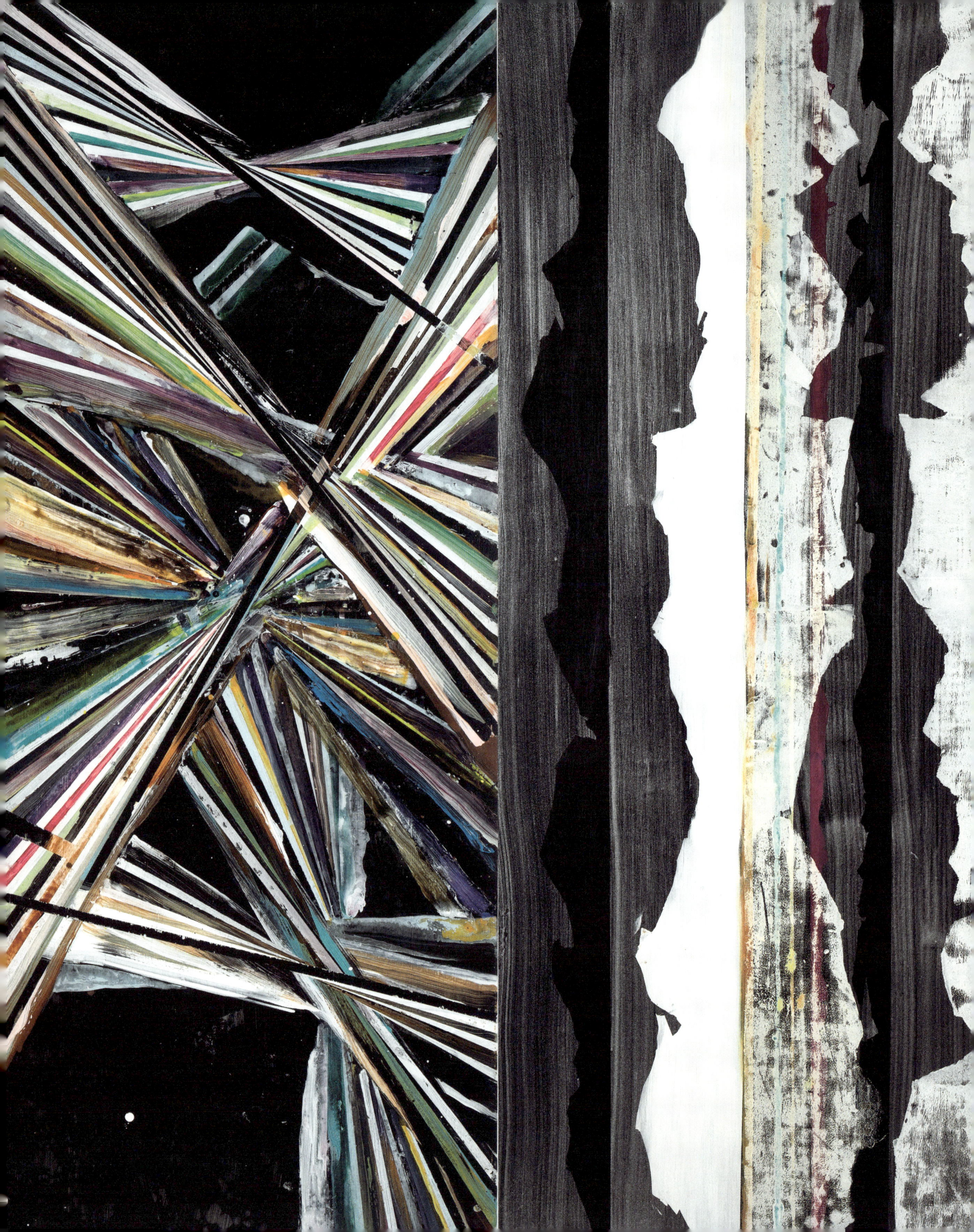

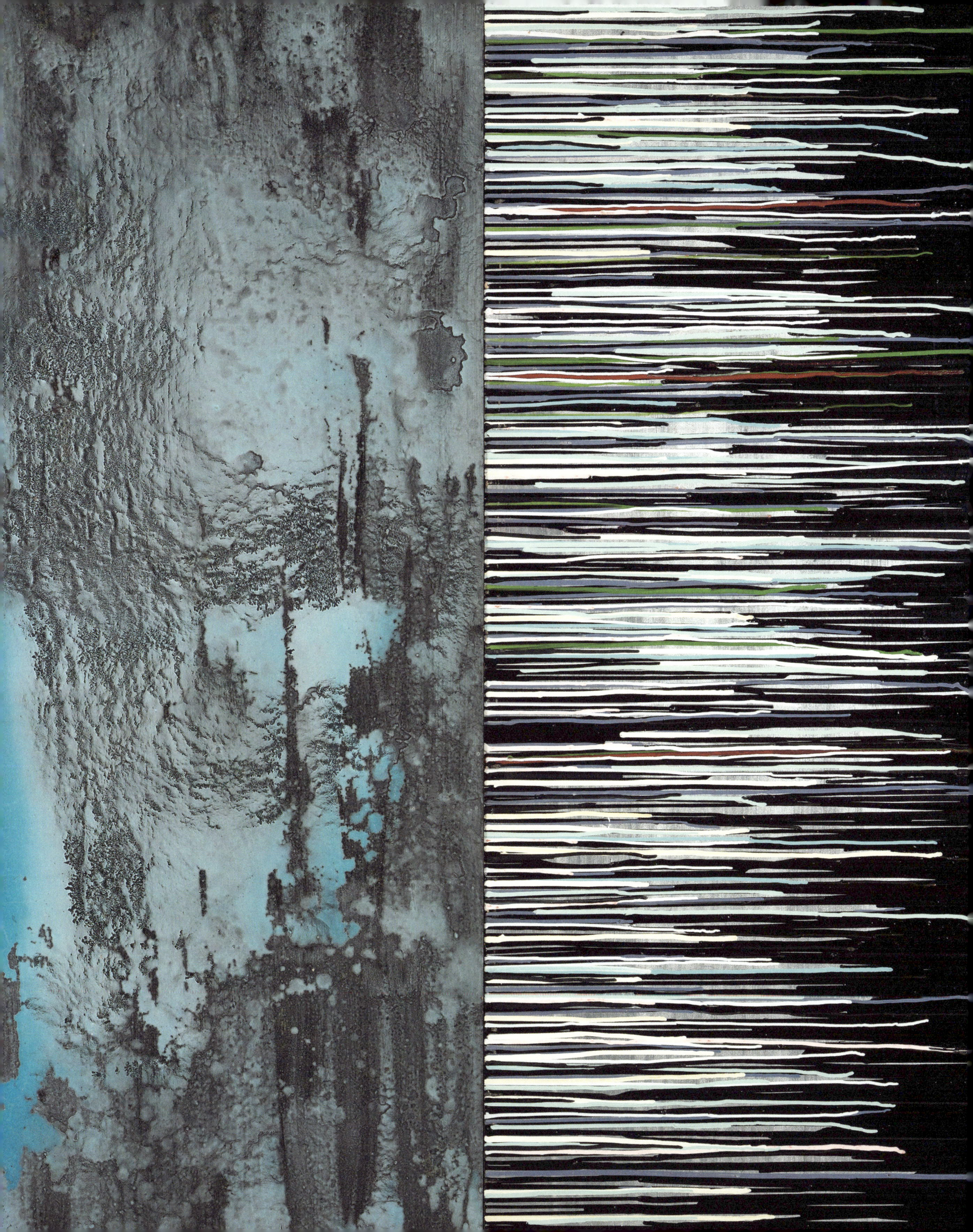

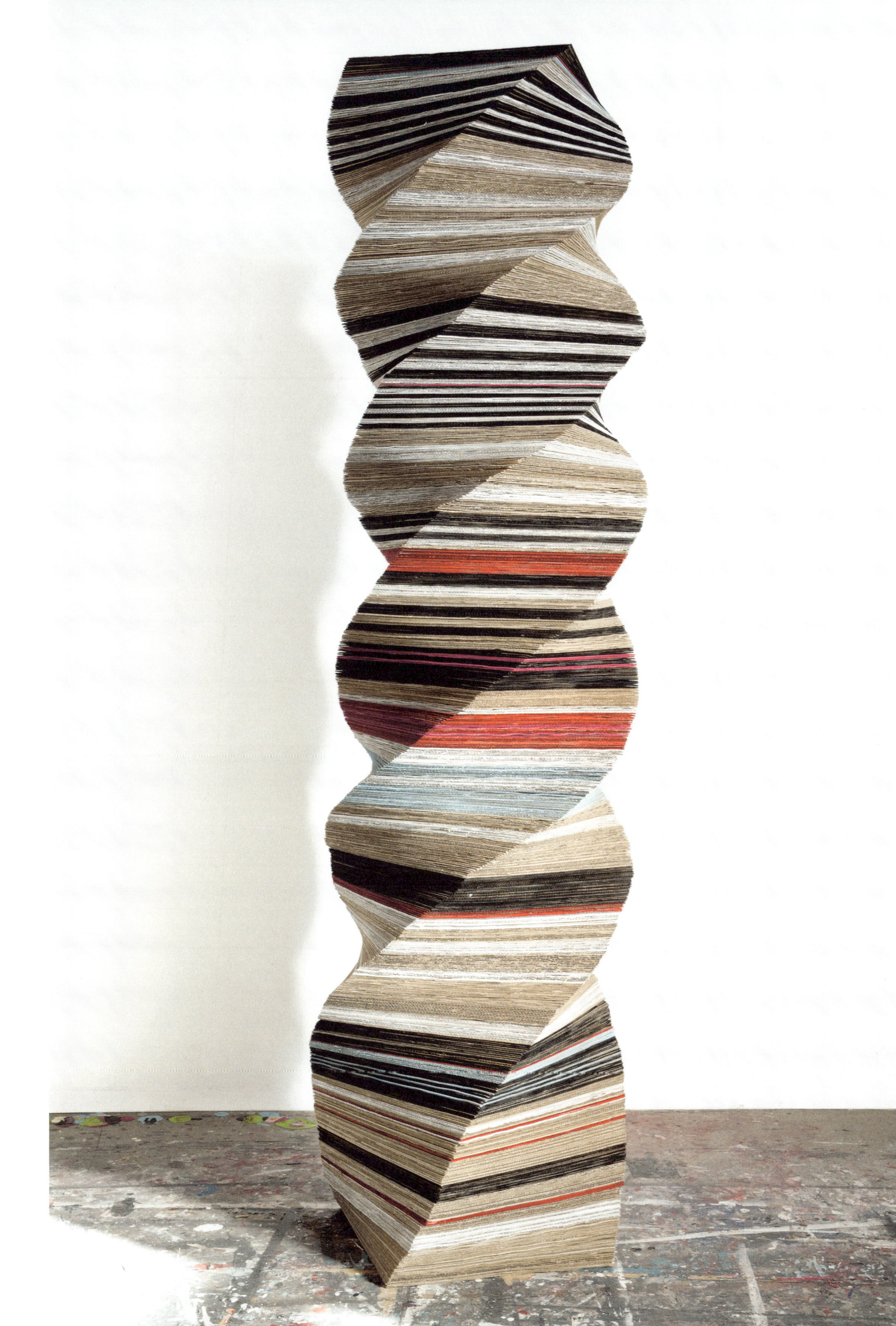

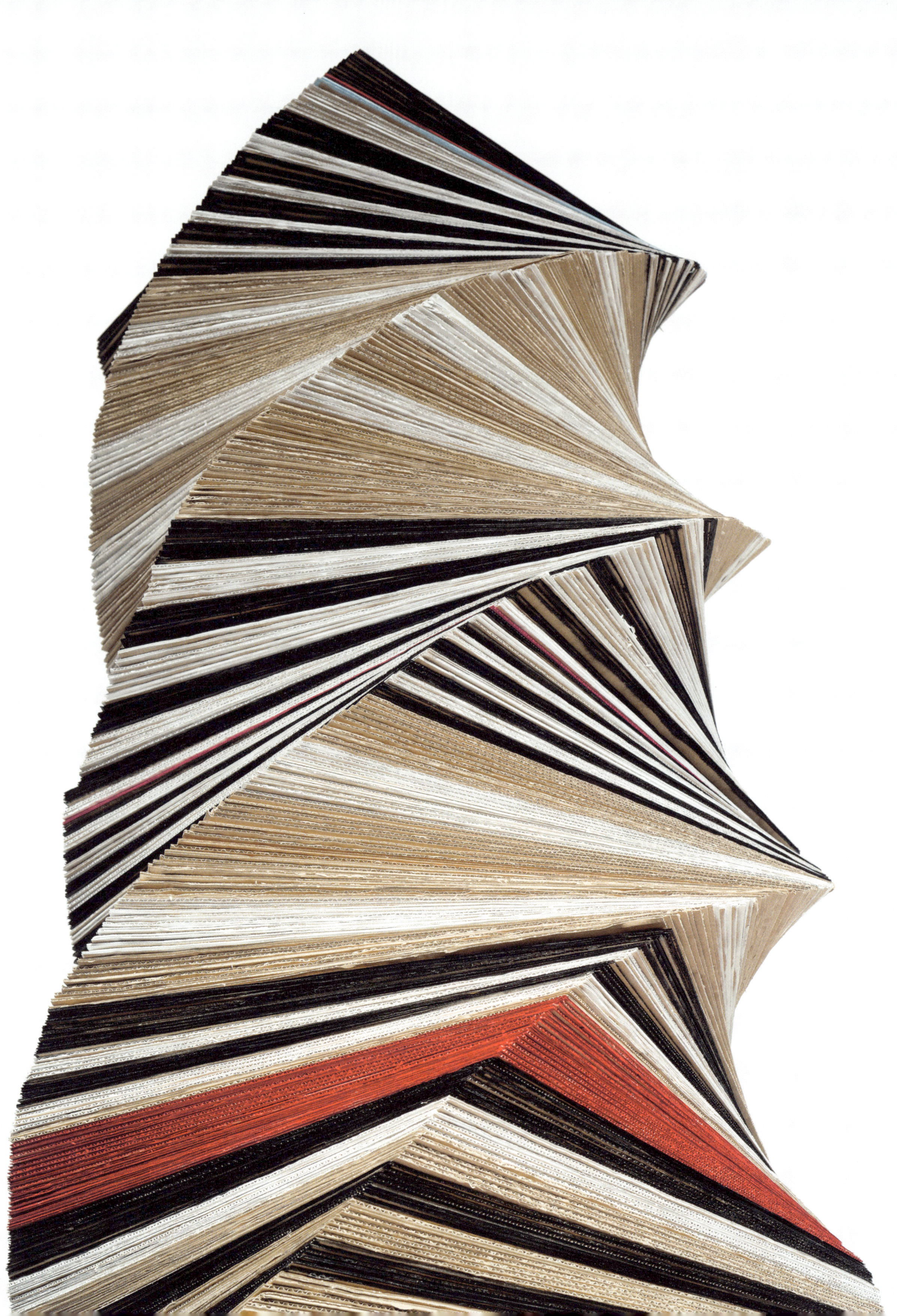

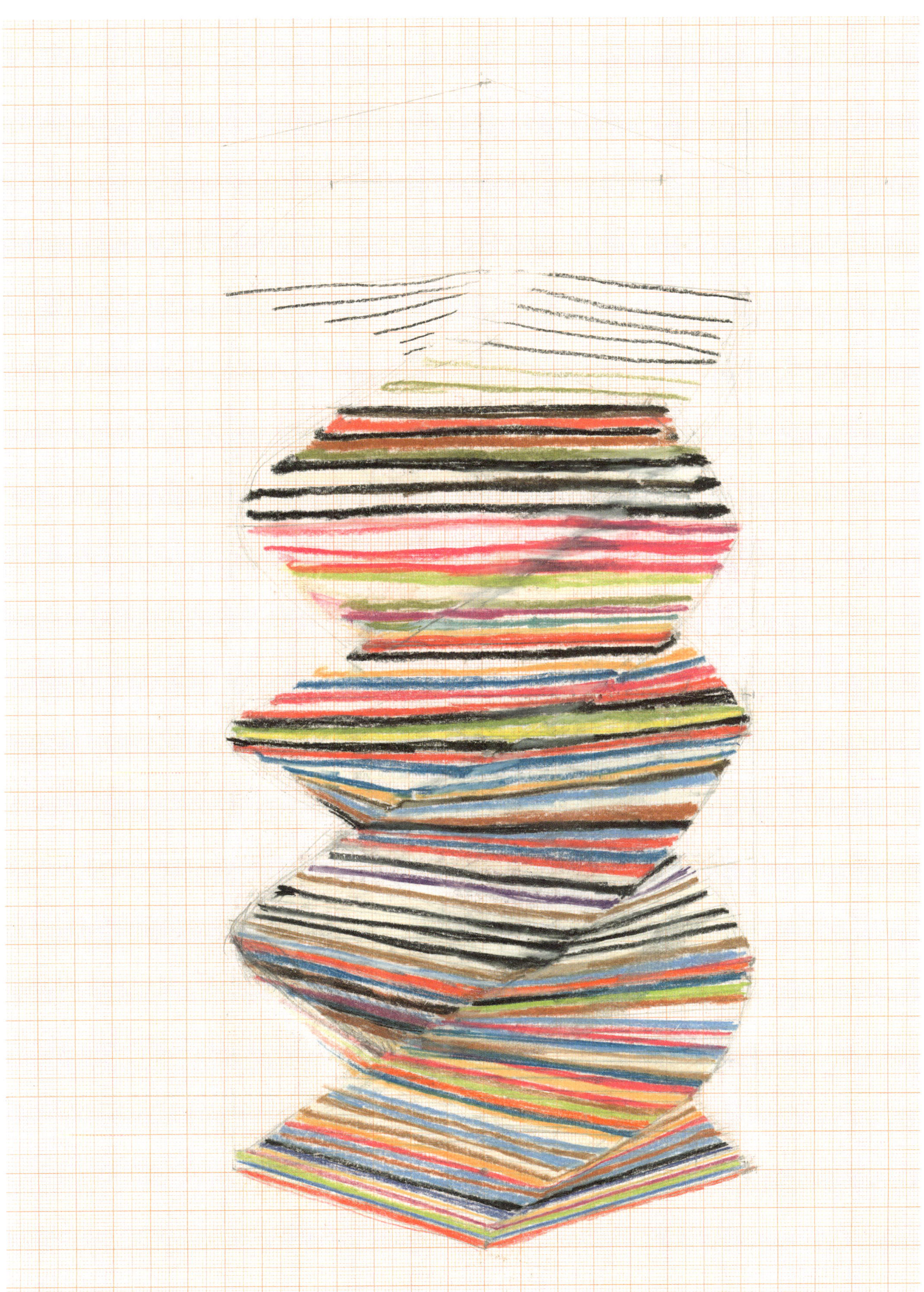

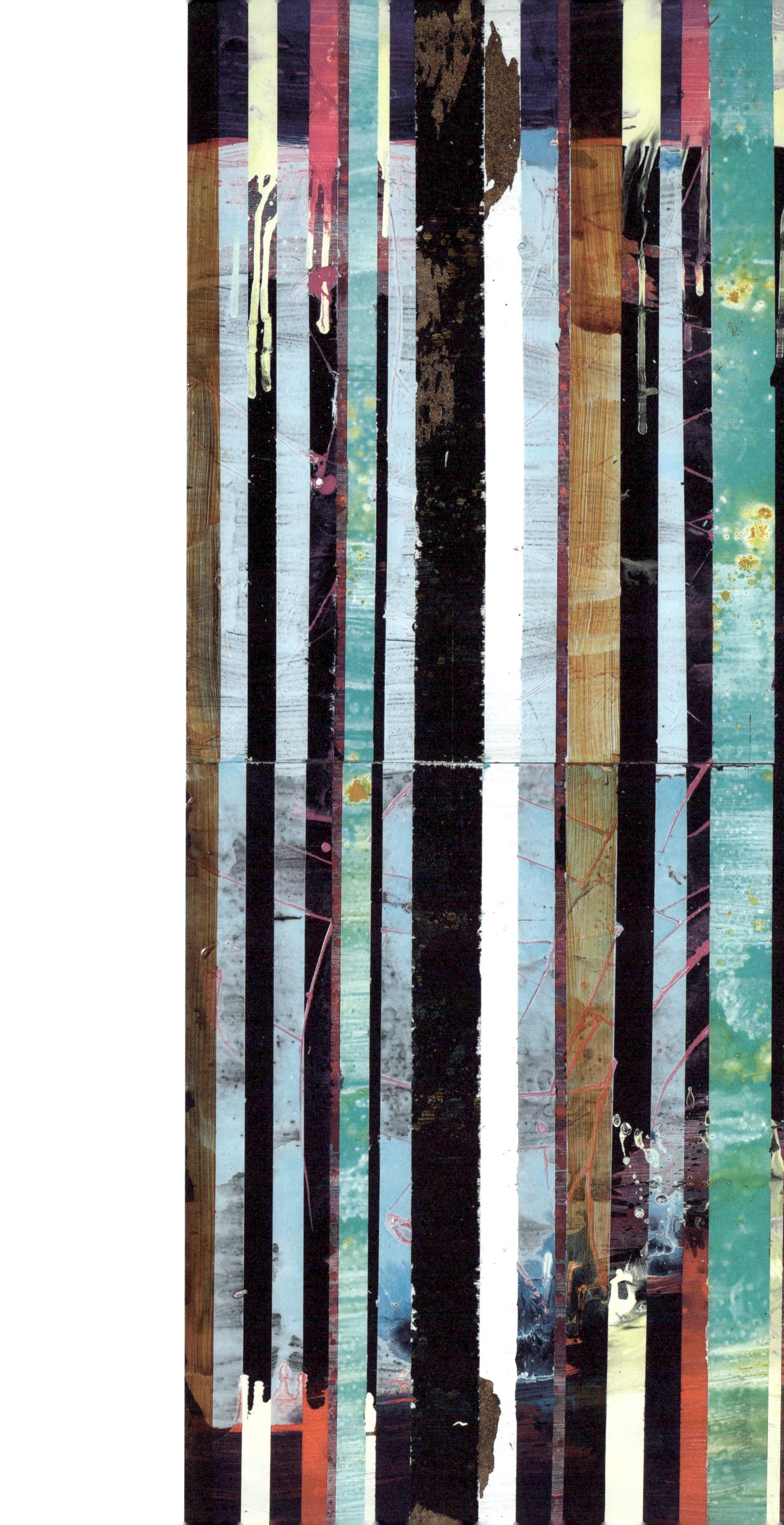

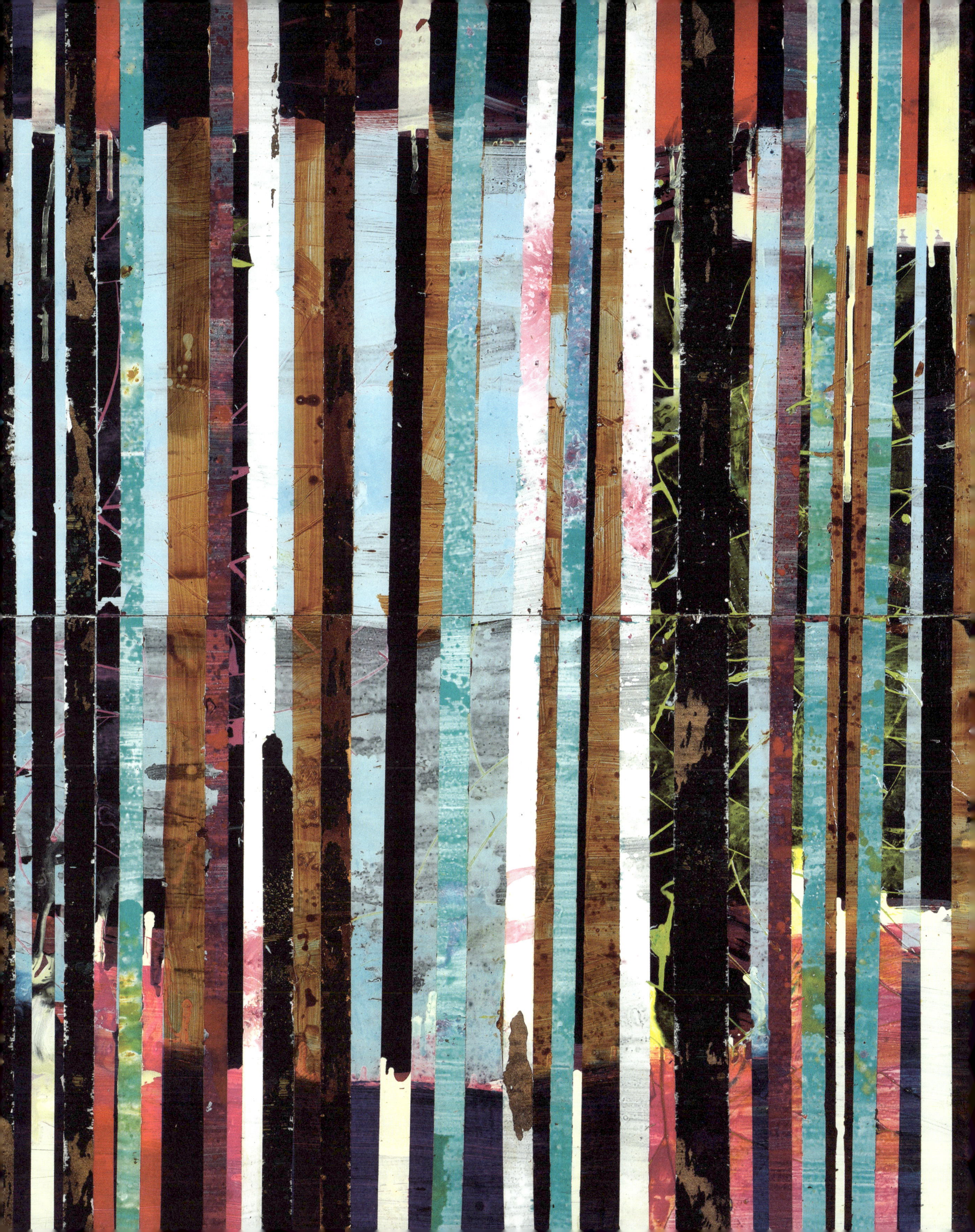

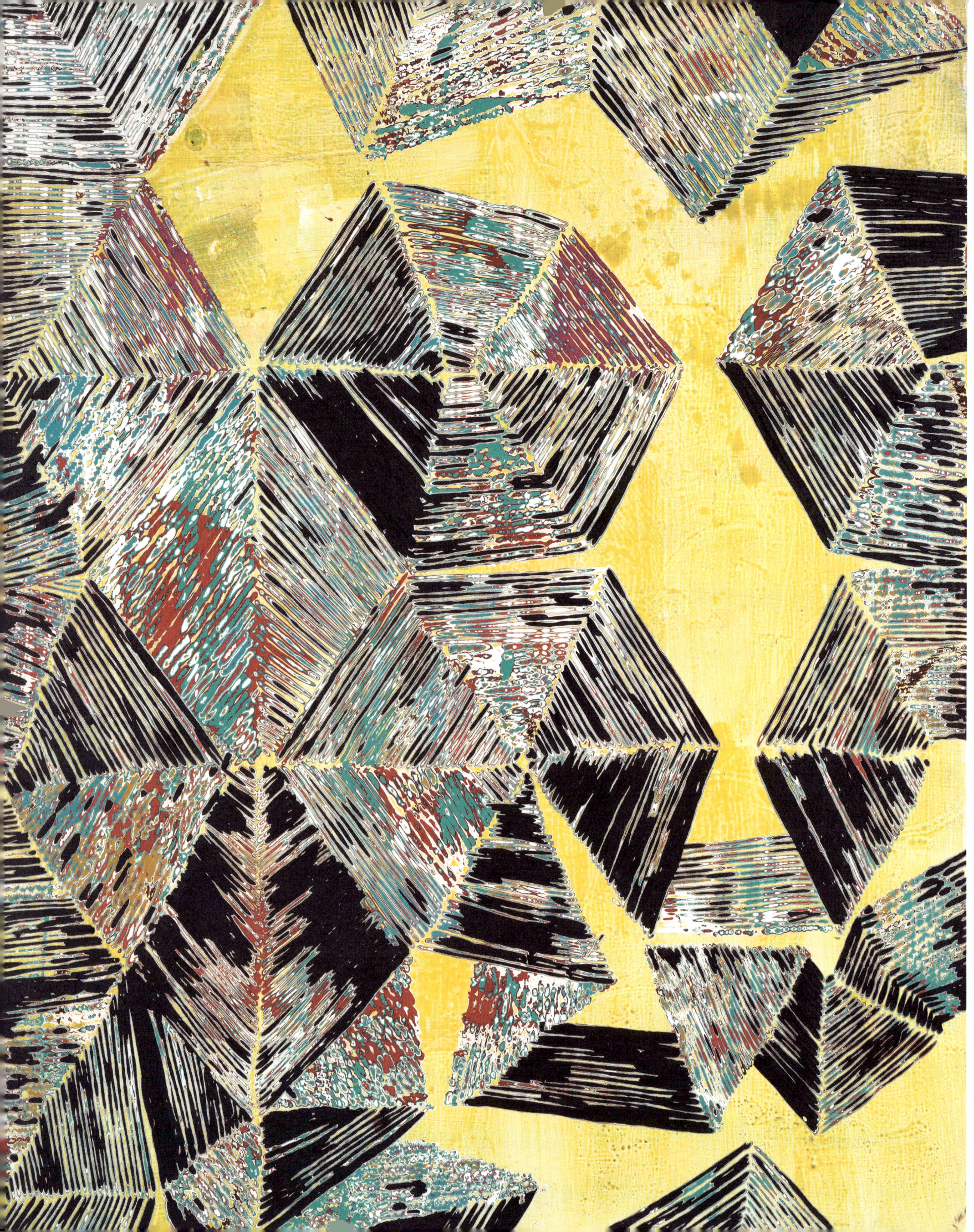

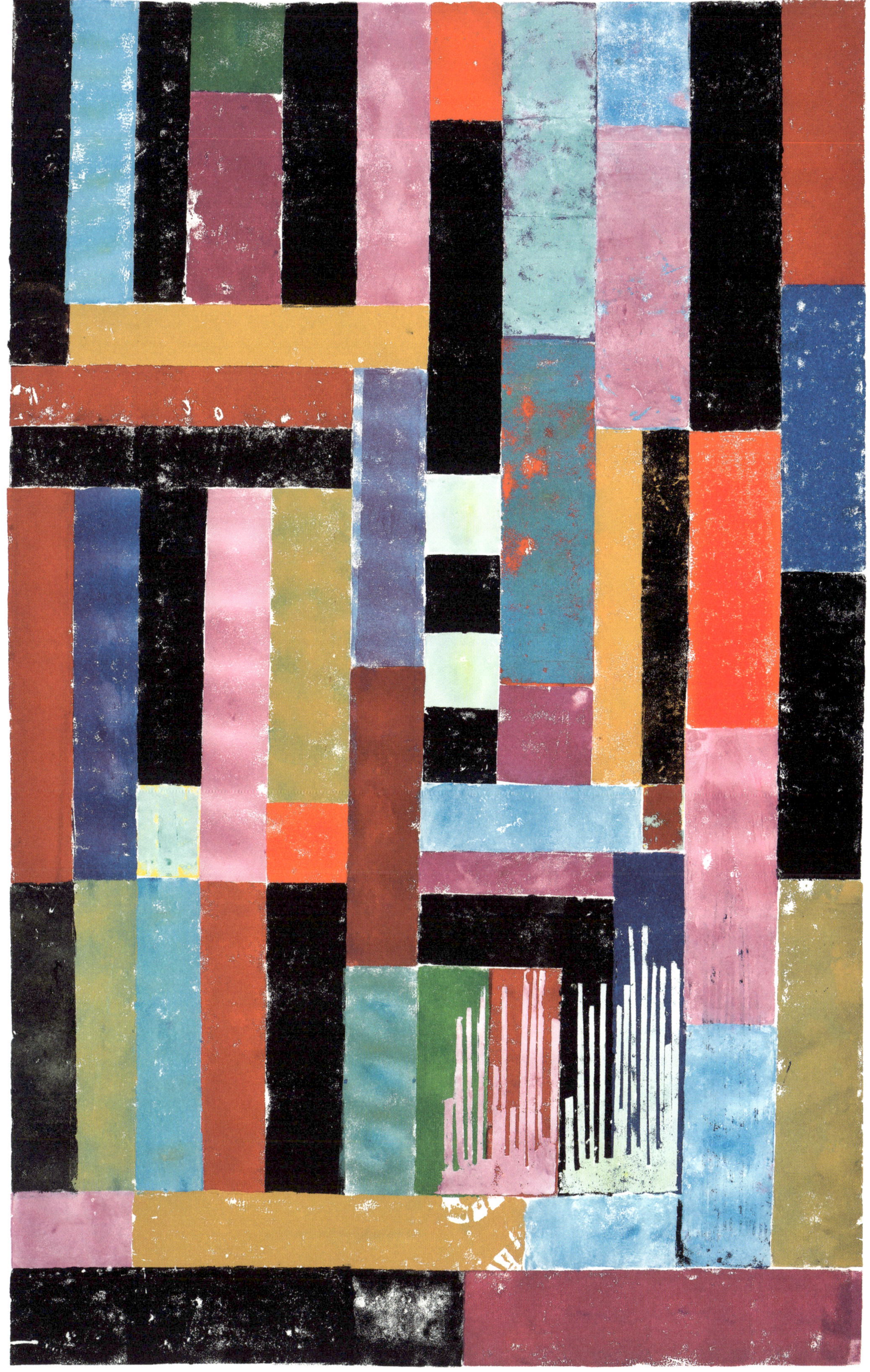

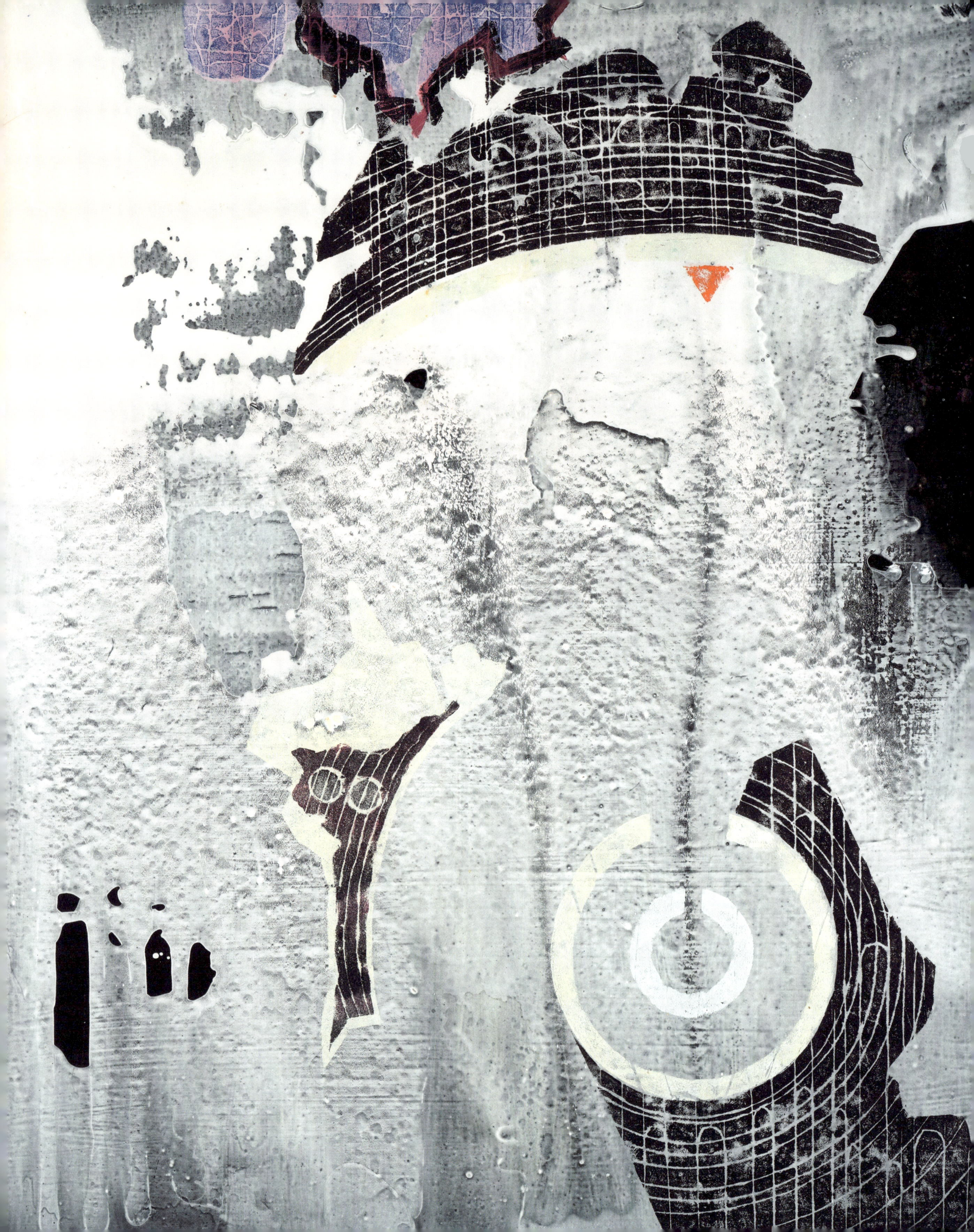

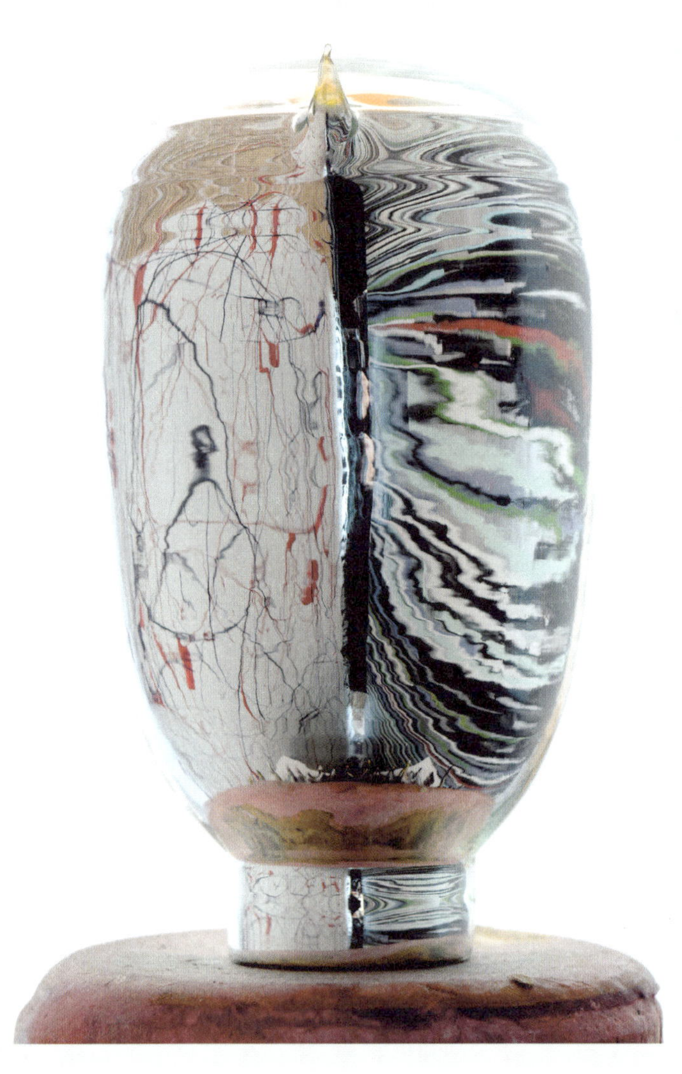

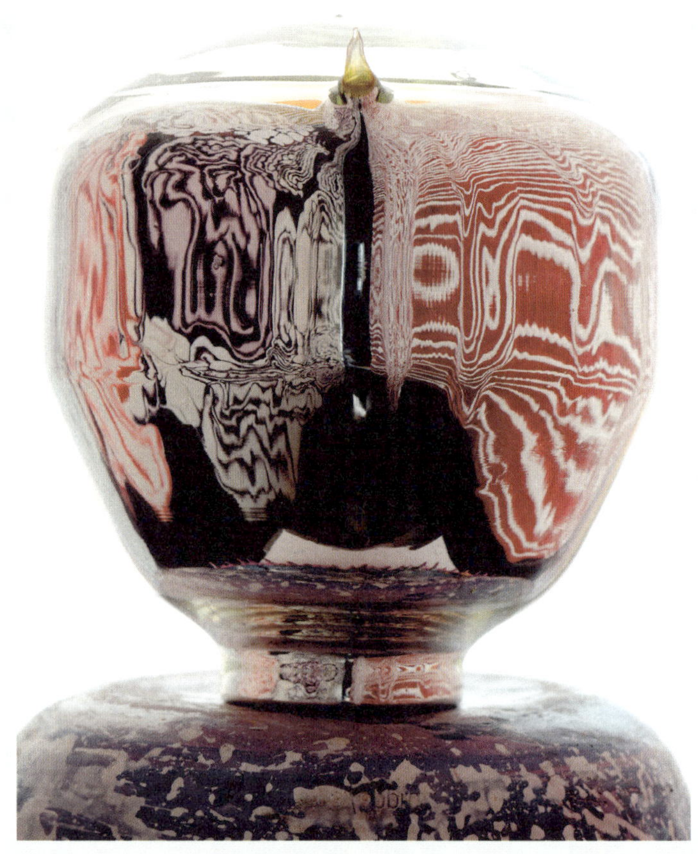

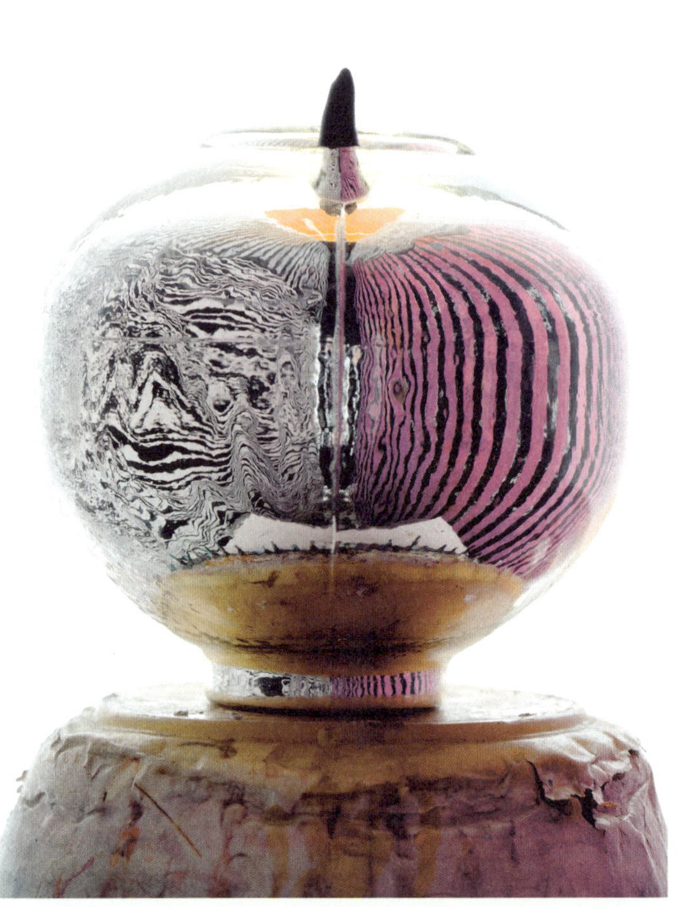

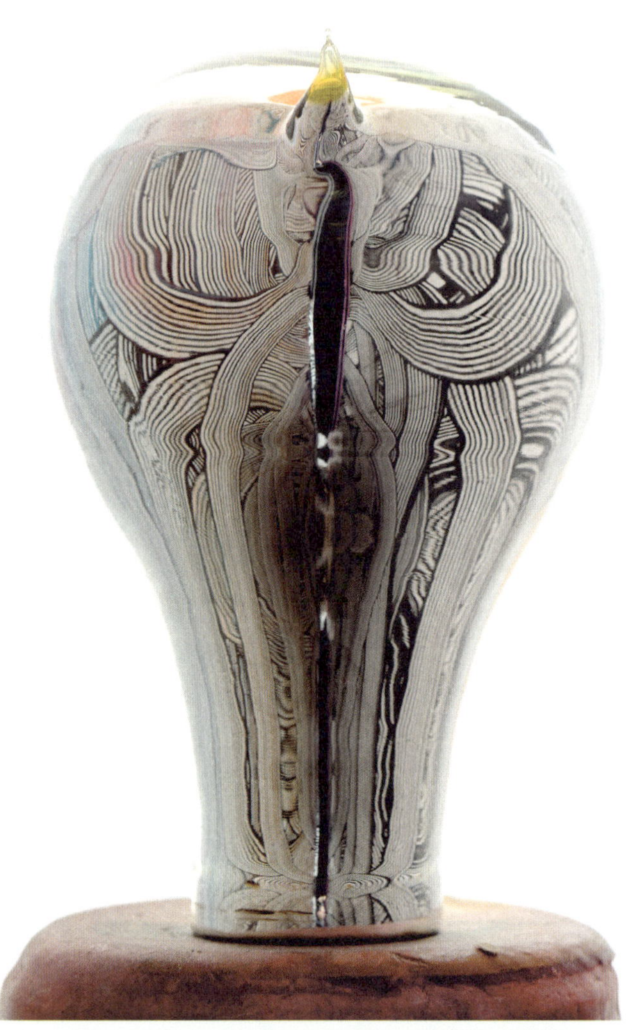

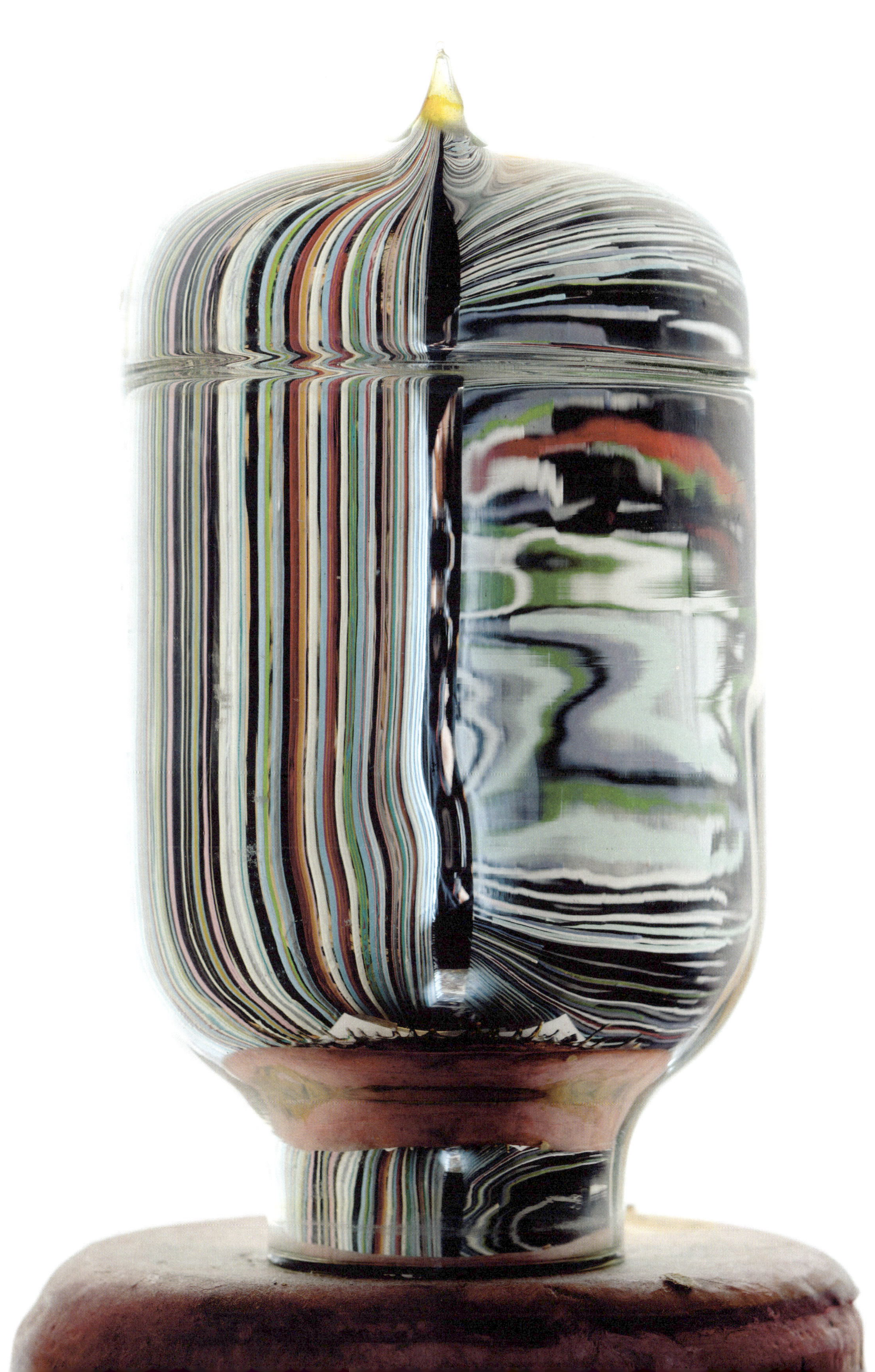

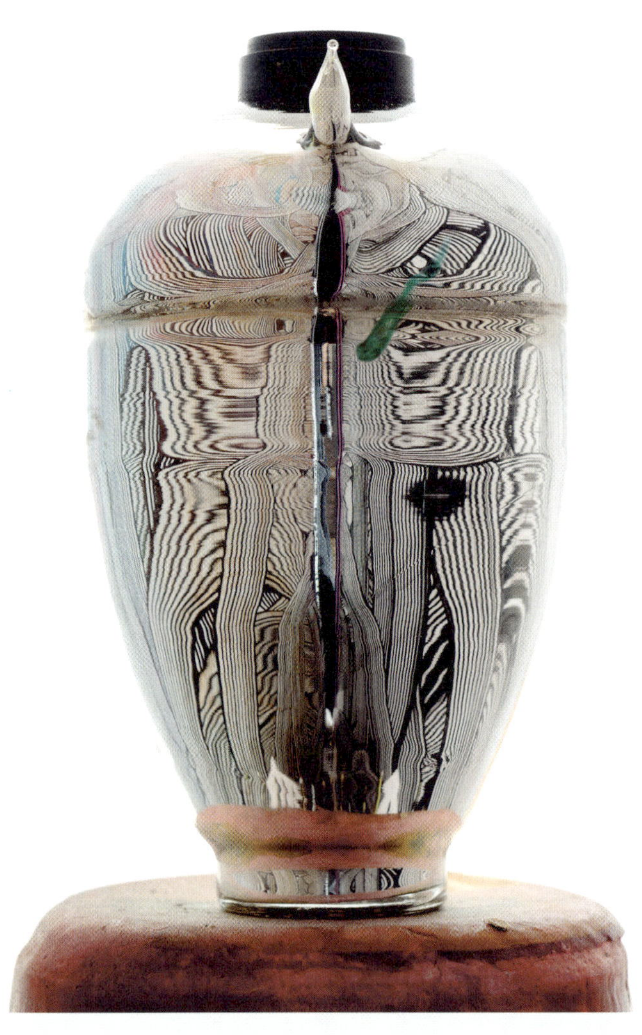
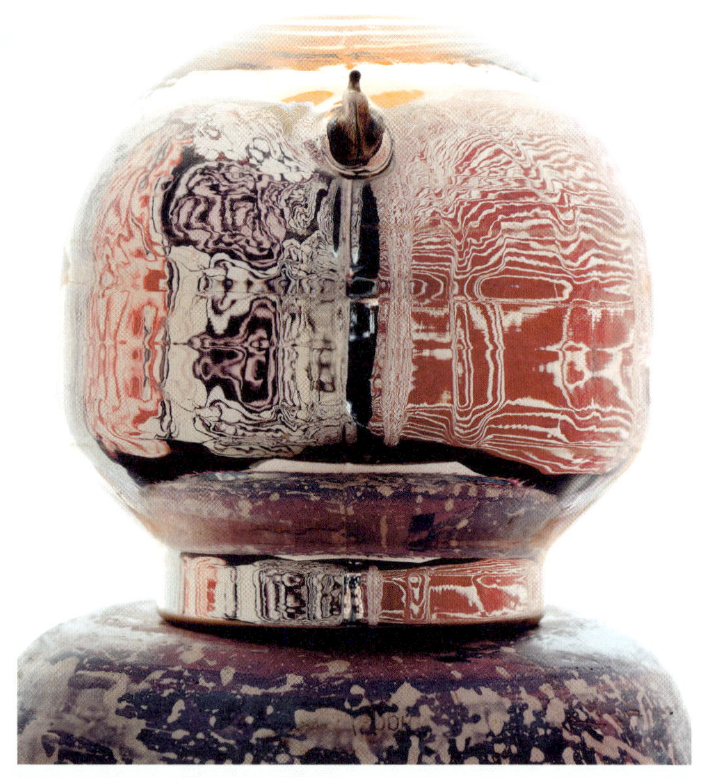
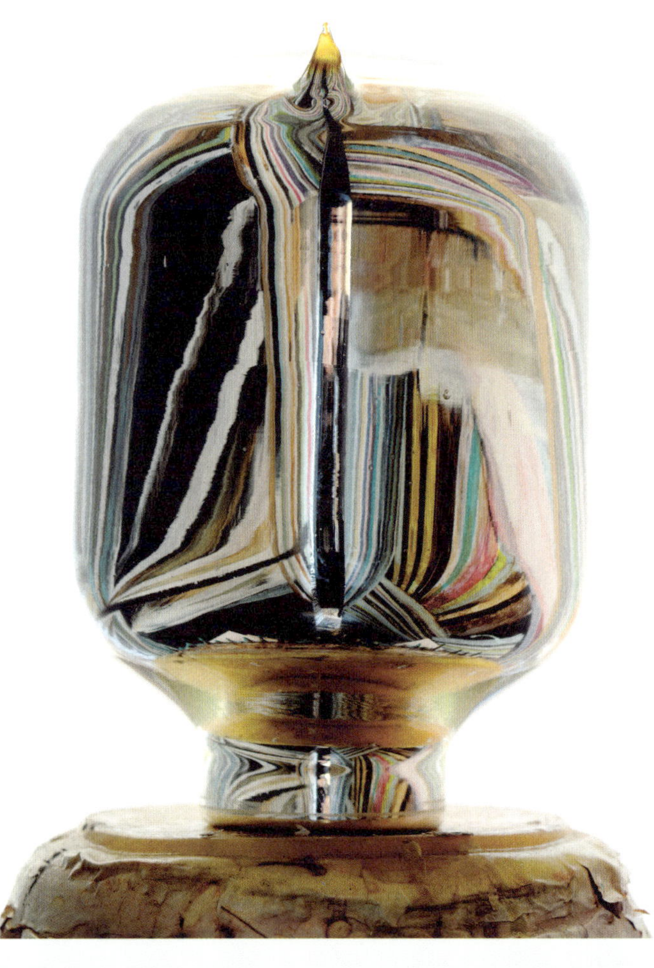
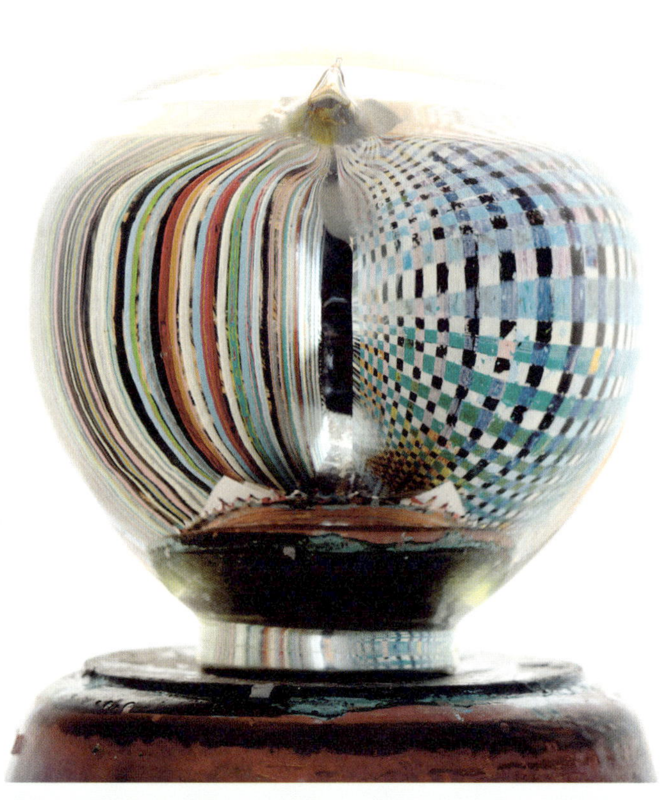

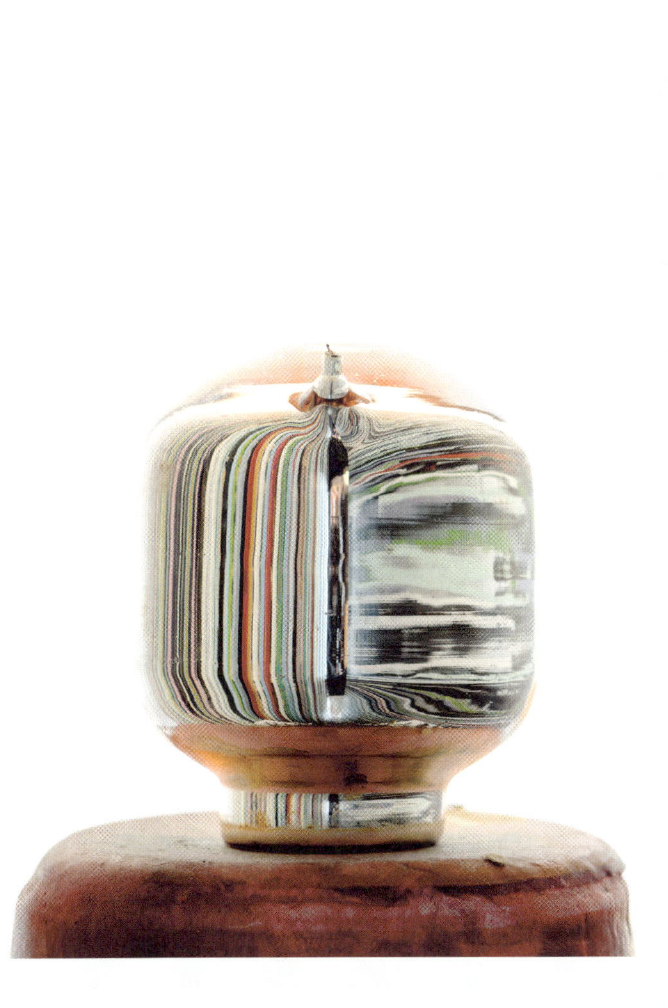
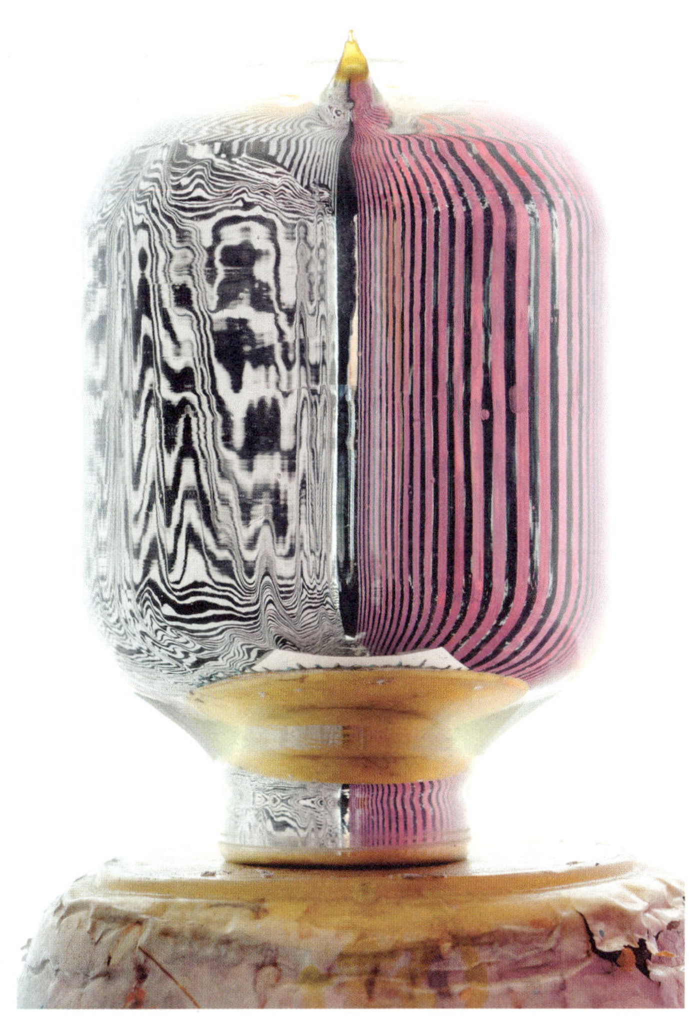
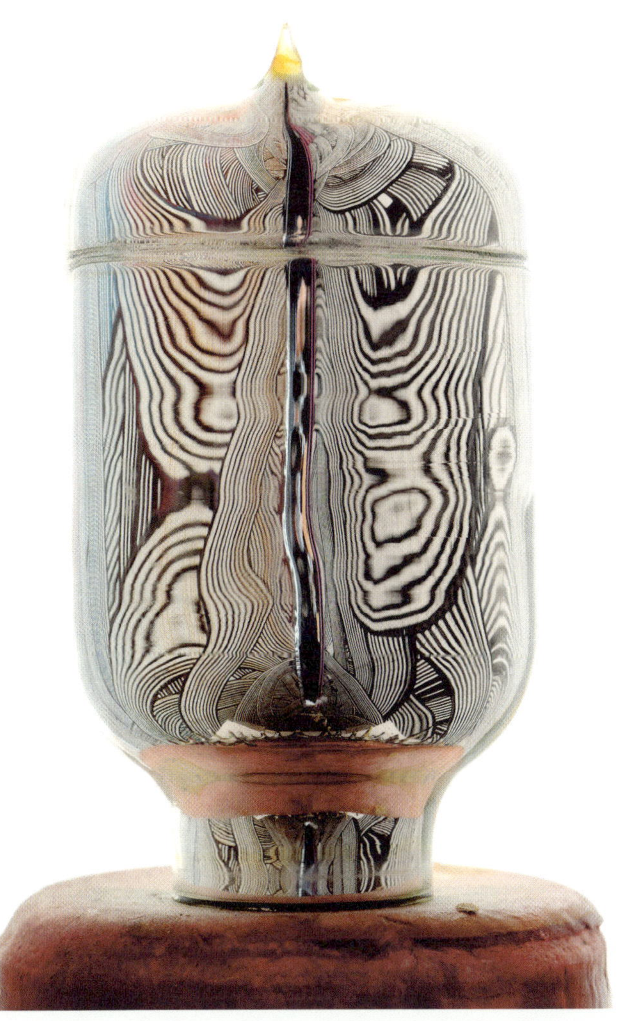
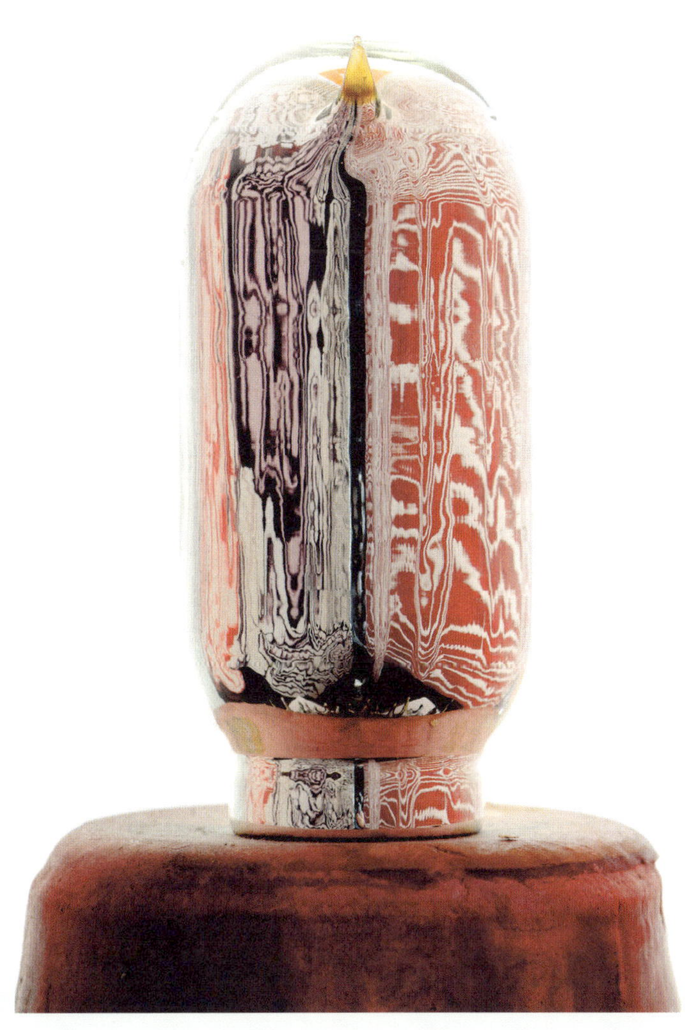

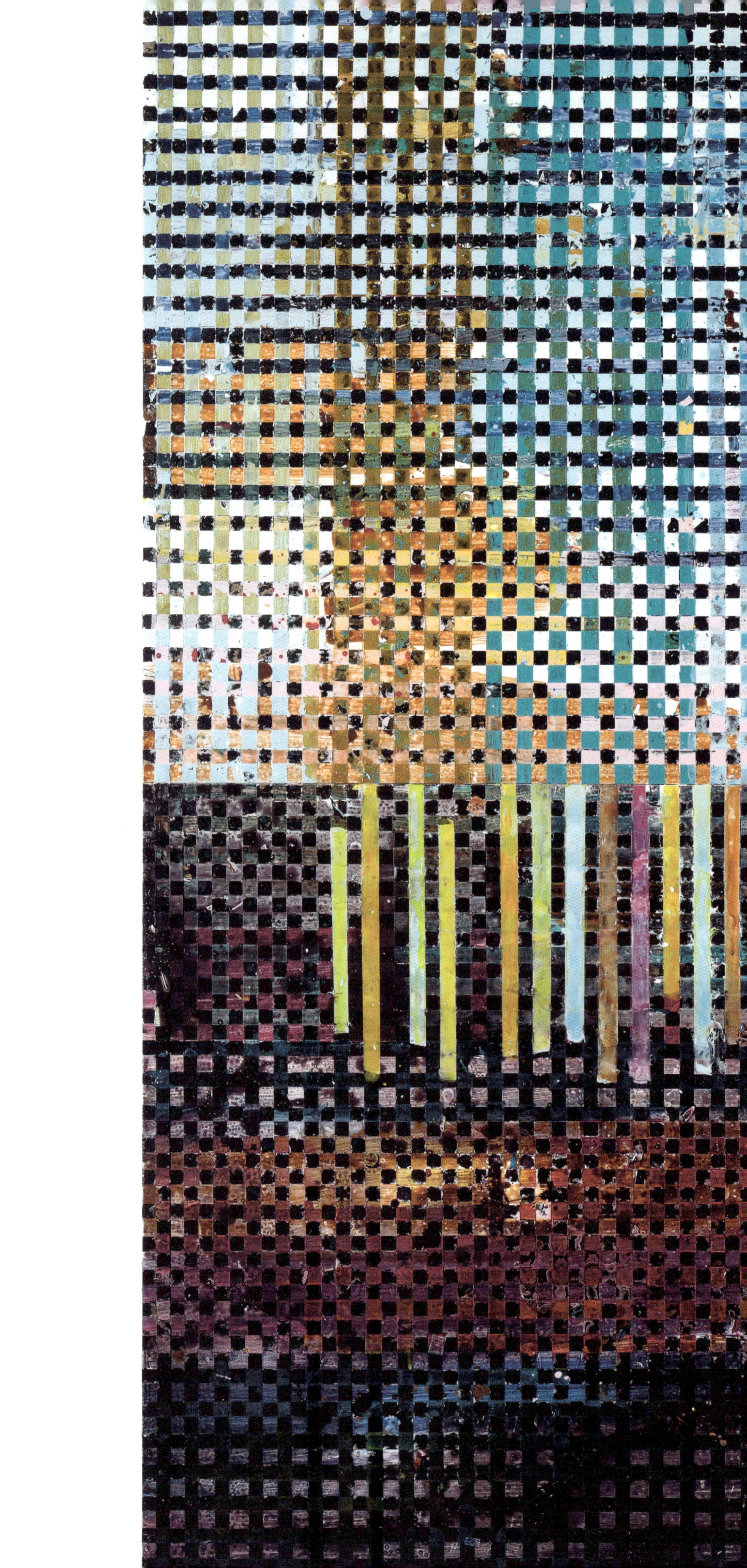

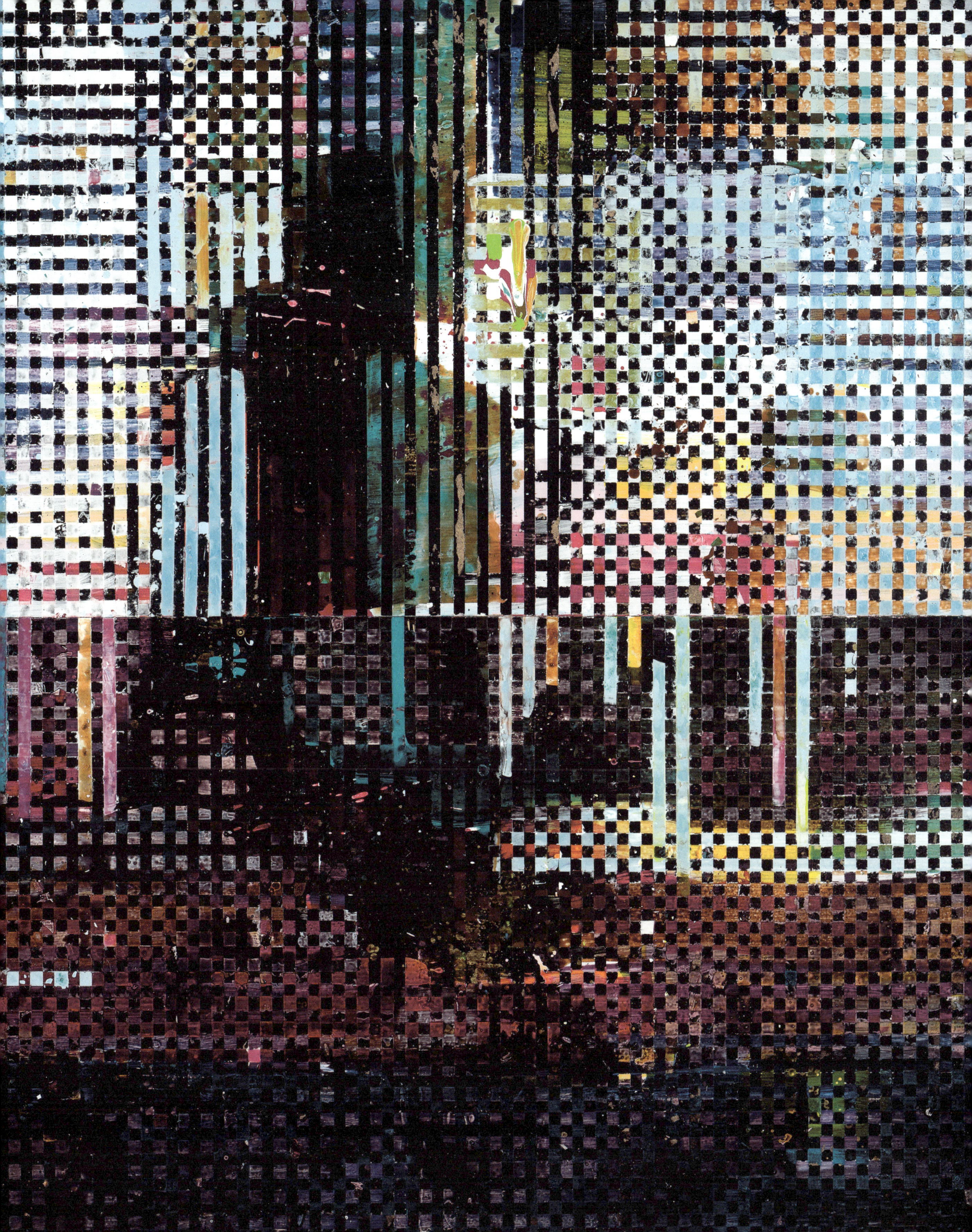

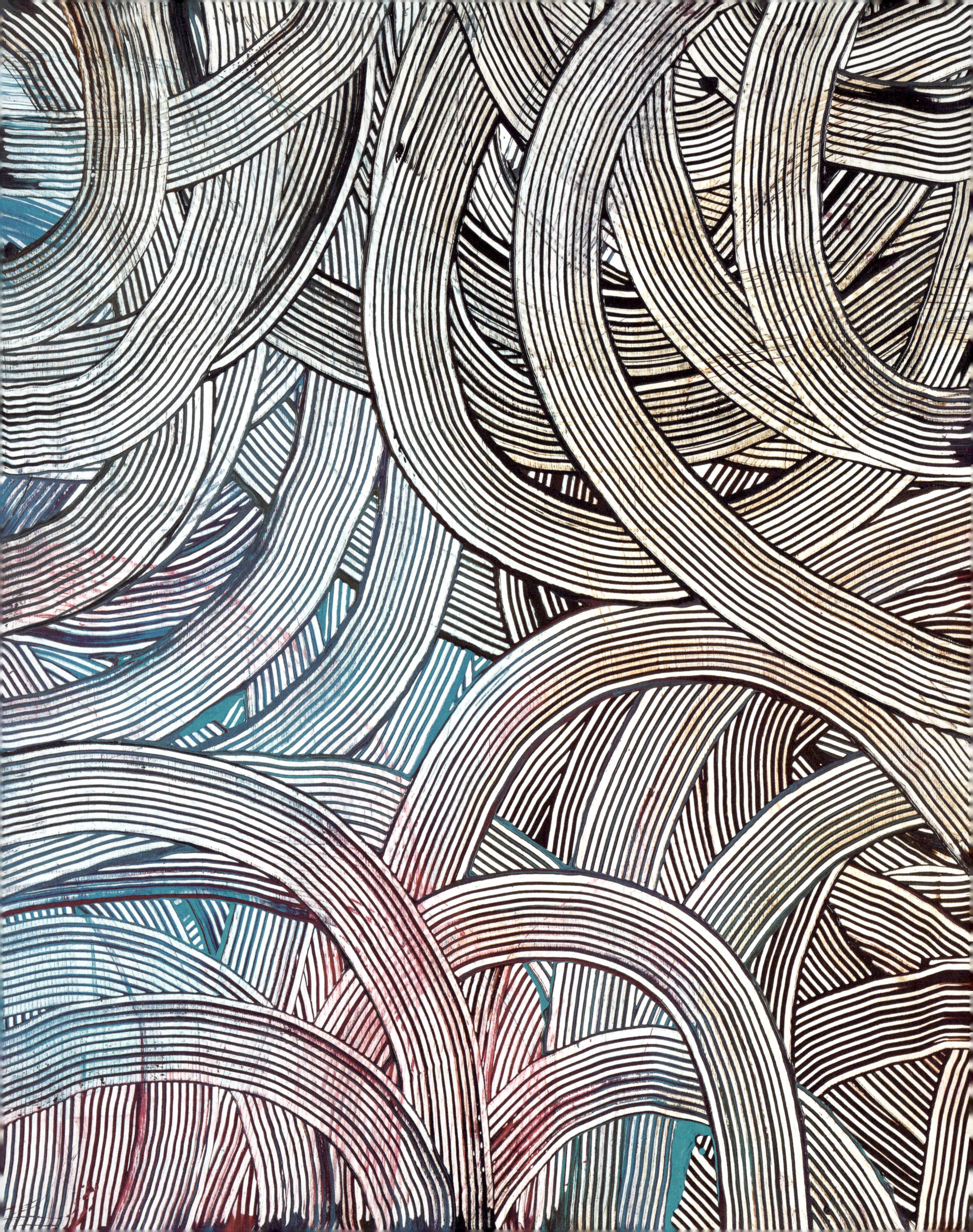

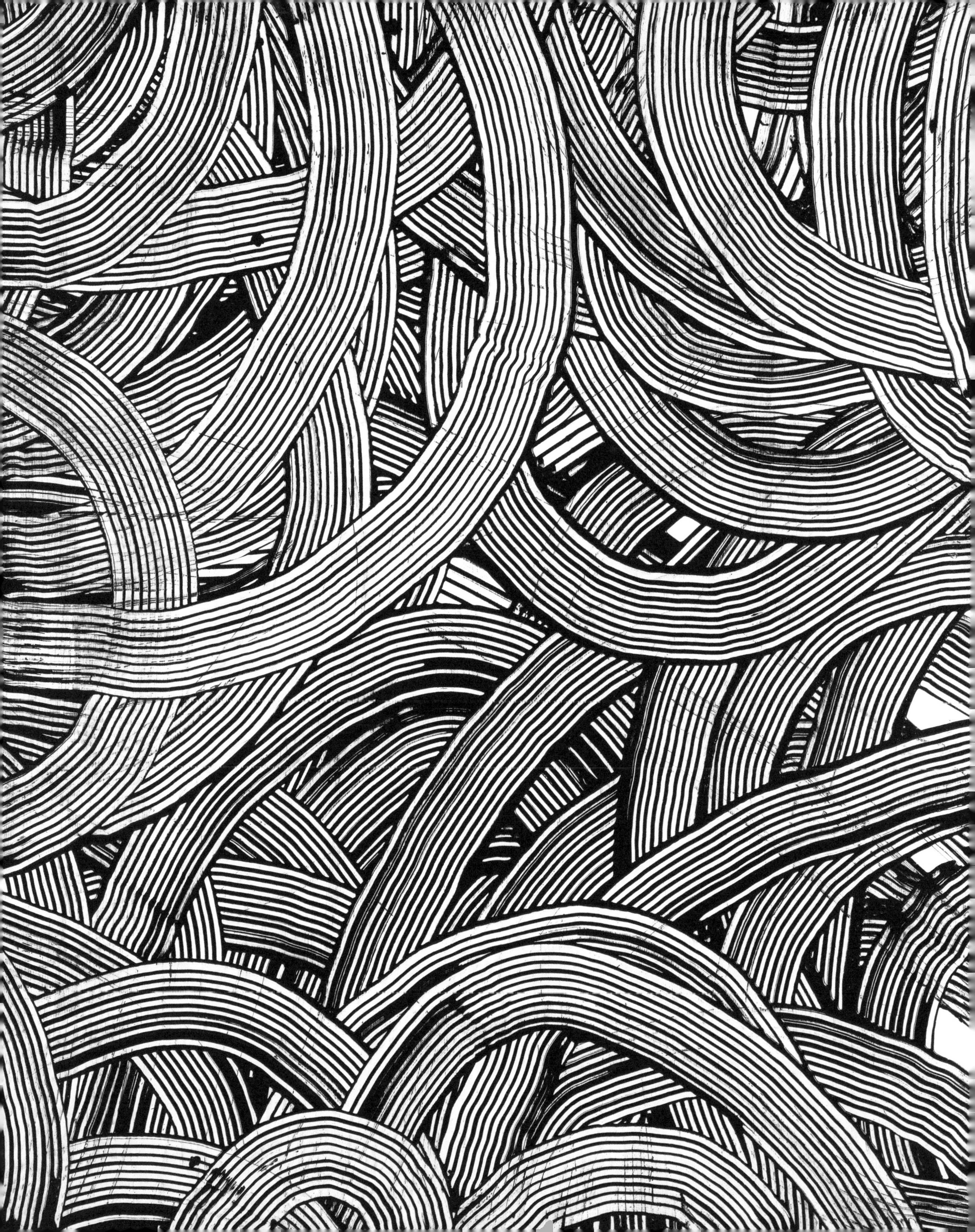

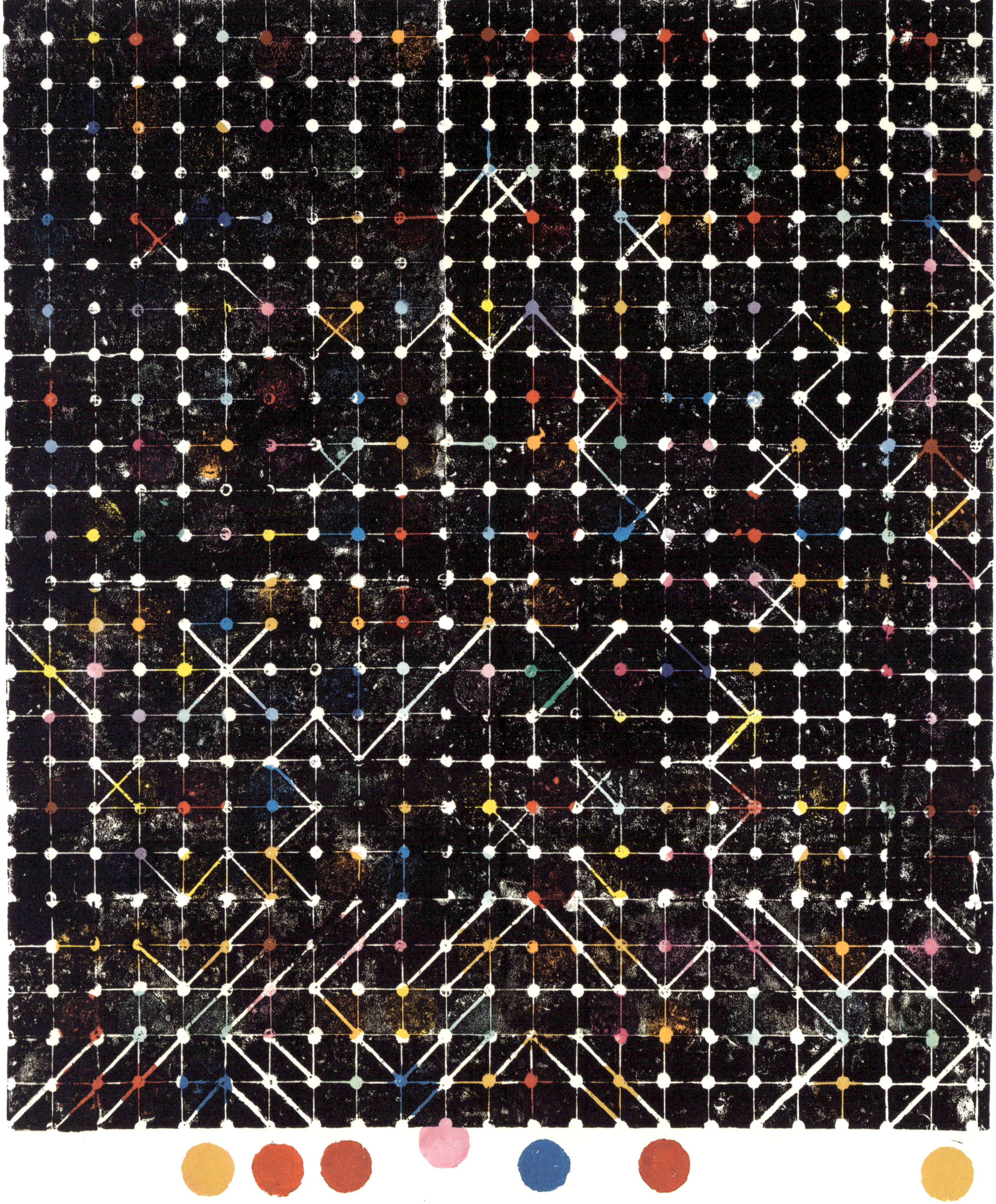

**Man kann natürlich vieles sehen,
ohne dass man es sieht.
Das Nicht-Sehen
ist in dem Bild schon enthalten
und man kann es herausholen.
Man darf es nur nicht kaputt machen.**

A.B.

**One can of course see a lot
without seeing it.
The not-seeing is inherent
in the image and can be extracted.
But you must be careful
not to destroy it.**

A.B.

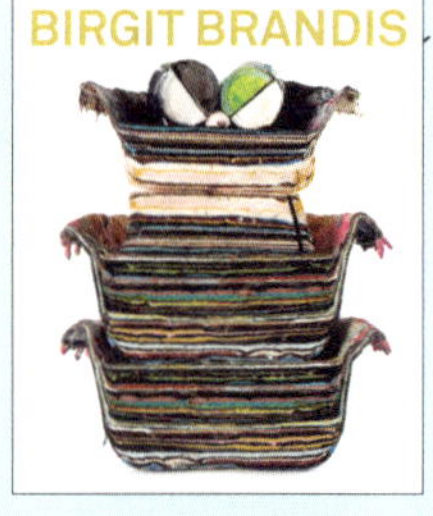

1
o.T. (Honk)
untitled (Honk), 2013
Acrylfarbe | acrylic paint
ca 35 × 20 × 20 cm

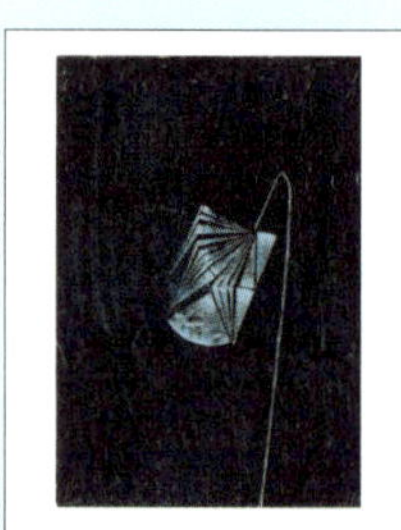

2
Blablu, 2015
Sgraffito Ölkreide auf Papier
oil pastel on paper
42 × 30 cm

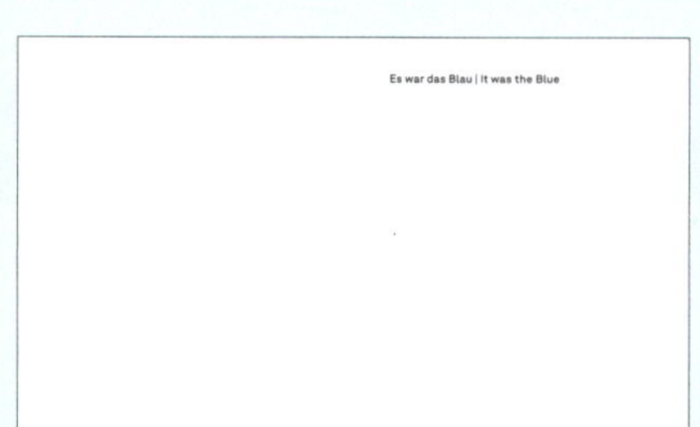

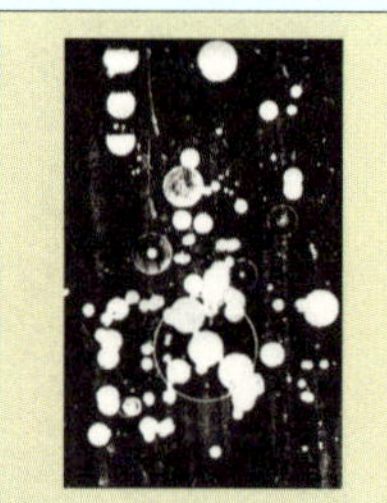

3
o.T. | untitled, 2015
Hochdruck auf Papier
relief print on paper
60 × 35 cm

4
o.T. | untitled, 2014
Fotografie | photography

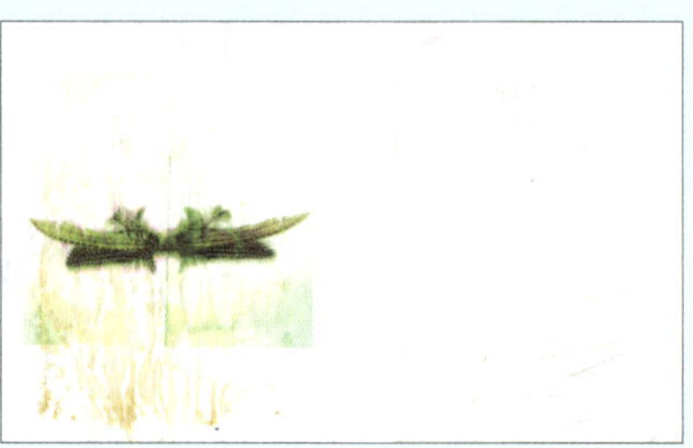

5
Begleiter
companion, 2007–2015
Inkjet und Acryl auf Papier
inkjet and acrylic on paper
29 × 19 cm

6
o.T. | untitled, 2014
Papier-Prägedruck
paper embossing
60 × 40 cm

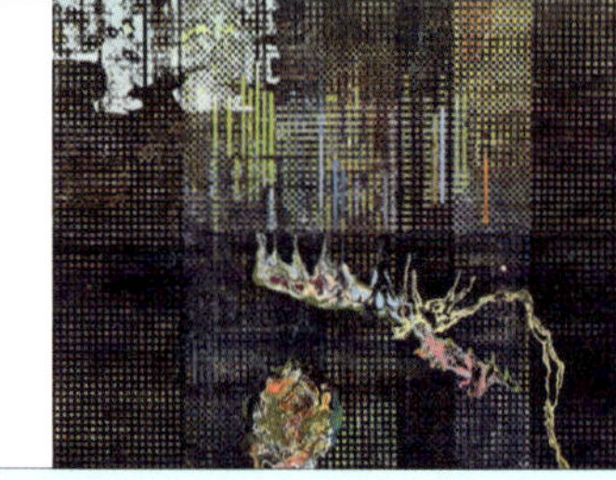

7
o.T. | untitled, 2014
Acryl und Öl auf HDF
acrylic/oil on hardboard
200 × 250 cm

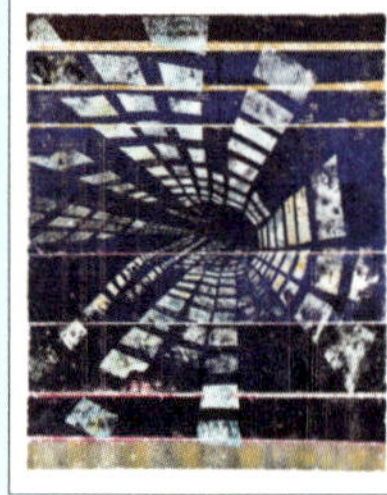

8
o.T. | untitled, 2014
Hochdruck auf Papier
relief print on paper
120 × 110 cm

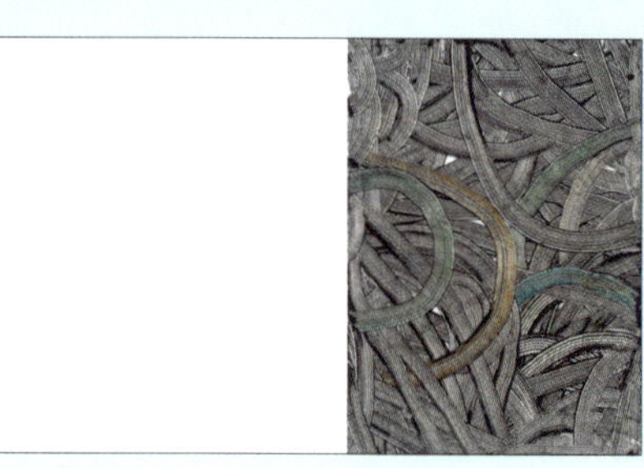

9
o.T. | untitled, 2015
Acryl auf HDF
acrylic on hardboard
180 × 130 cm

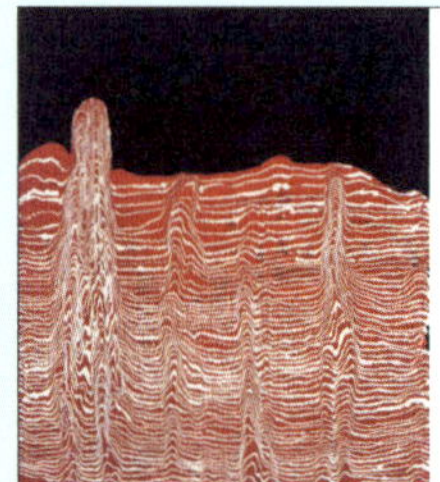

10
Li Si, 2015
Acryl auf HDF
acrylic on hardboard
120 × 100 cm

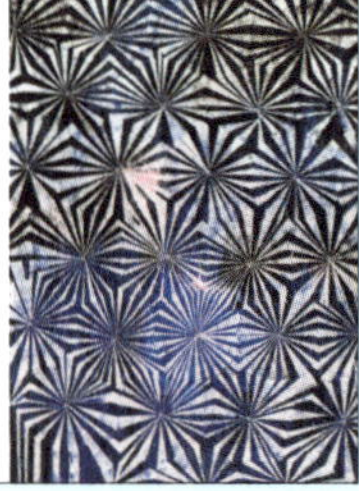

11
Riff 02, 2015
Sgraffito Ölkreide auf Papier
oil pastel on paper
42 × 30 cm

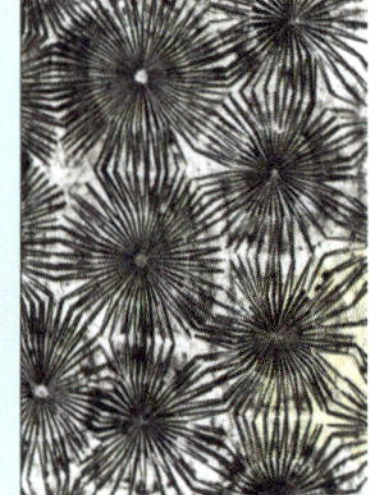

12
Riff 05, 2015
Sgraffito Ölkreide auf
Papier | oil pastel on paper
42 × 30 cm

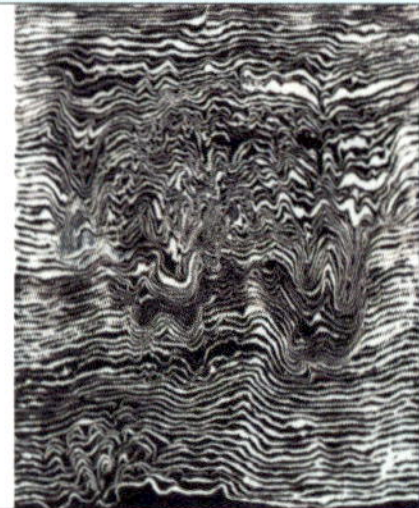

13
Isnal, 2015
Acryl auf HDF
acrylic on hardboard
120 × 100 cm

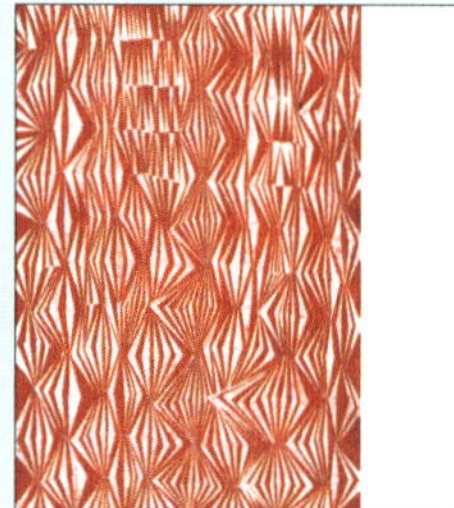

14
Riff 01, 2015
Sgraffito Ölkreide auf Papier
oil pastel on paper
42 × 30 cm

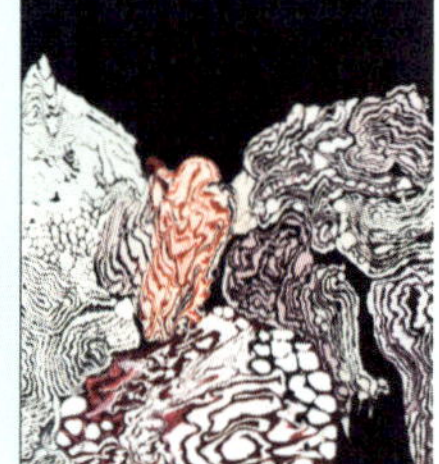

15
Strata, 2015
Acryl auf HDF
acrylic on hardboard
120 × 100 cm

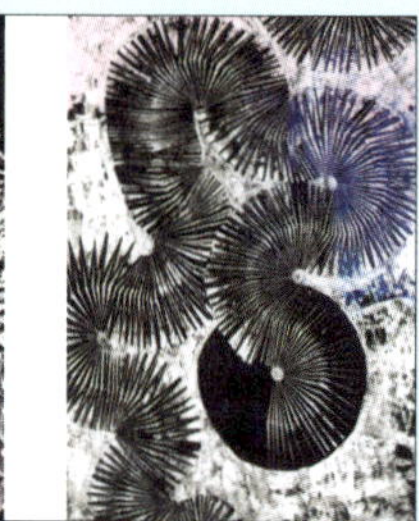

16
Wurmloch | Wormhole, 2015
Sgraffito Ölkreide auf Papier
oil pastel on paper
42 × 30 cm

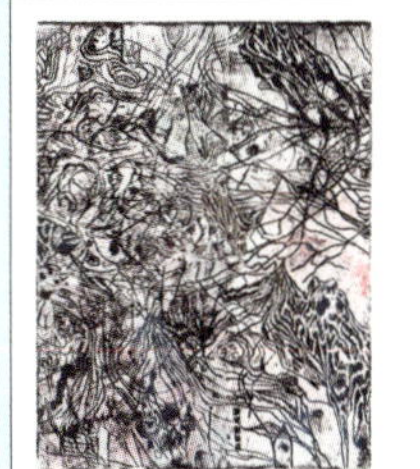

17
Historie | history, 2012
Hochdruck auf Papier
relief print on paper
110 × 90 cm

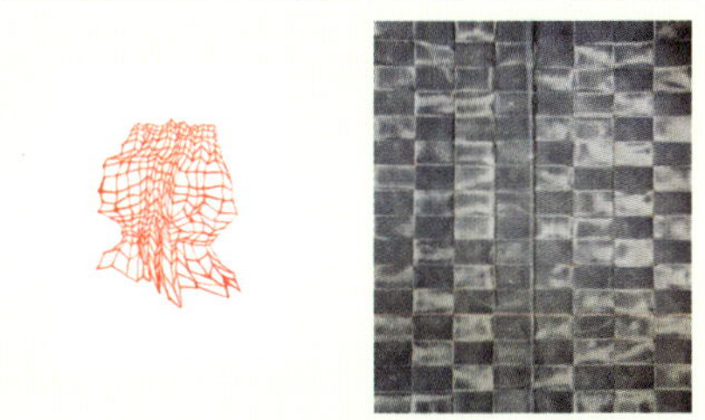

18
Krümmung | flection, 2015
Tusche auf Papier
ink on paper
29 × 19 cm

19
Abrieb | abrasion, 2015
Schmirgelpapier
sandpaper
29 × 20 cm

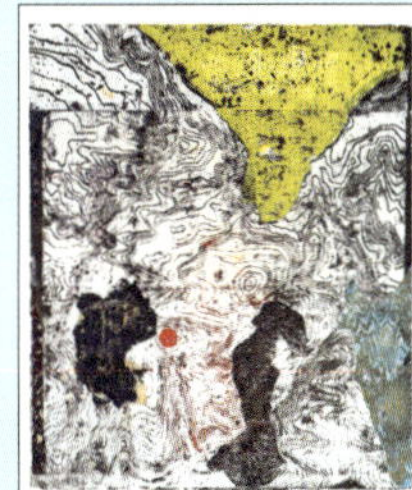

20
Hier eine Welt, hier eine andere here one world, here another, 2014
Hochdruck auf Papier
relief print on paper
130 × 110 cm

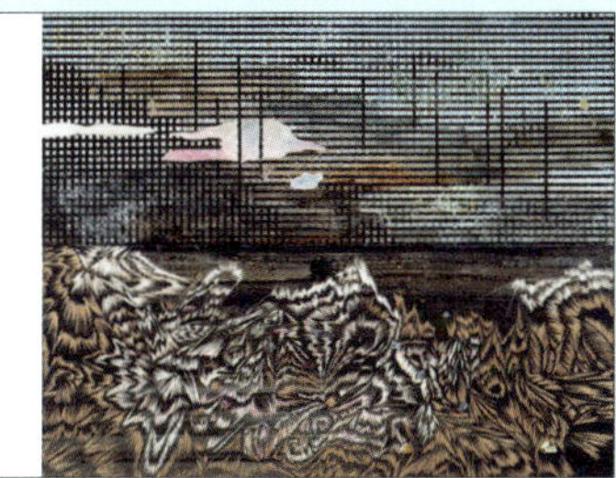

21
o.T. | untitled, 2015
Aryl und Öl auf HDF
acrylic and oil on hardboard
200 × 250 cm

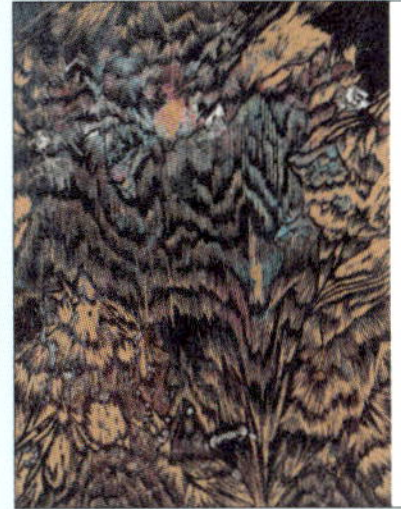

22
sub sur I, 2012
Acryl auf HDF
acrylic on hardboard
170 × 120 cm

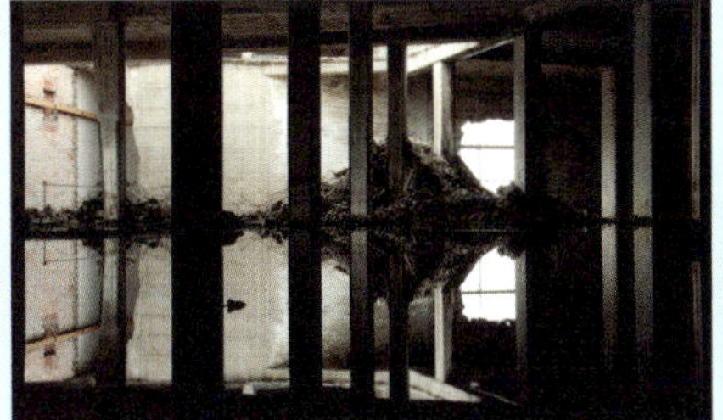

23
o.T. | untitled, 2007
Fotografie | photography

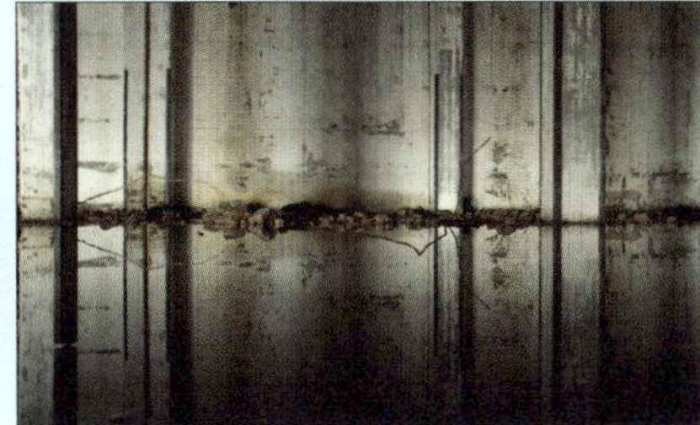

24
o.T. | untitled, 2007
Fotografie | photography

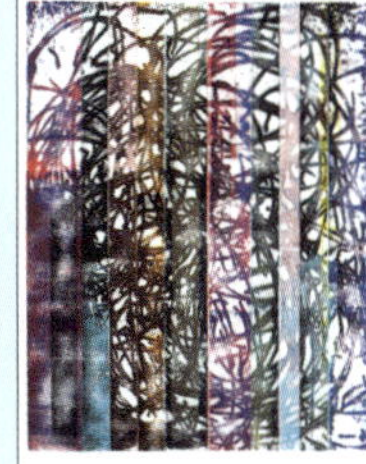

25
o.T. | untitled, 2012
Frottage auf Papier
frottage on paper
160 × 130 cm

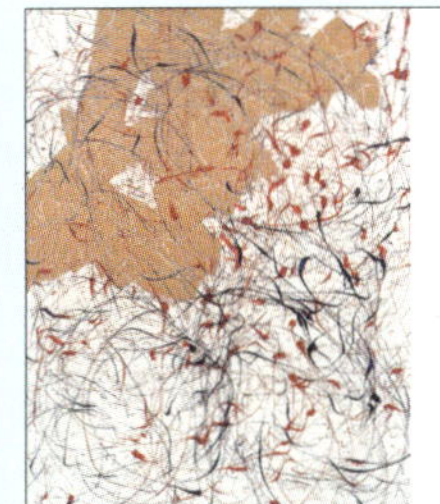

26
o.T. | untitled, 2014
Acryl auf HDF
acrylic on hardboard
160 × 120 cm

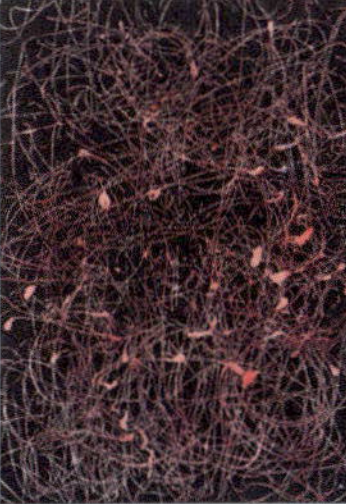

27
Nachlese afterthought, 2015
Acryl auf MDF
acrylic on hardboard
175 × 125 cm

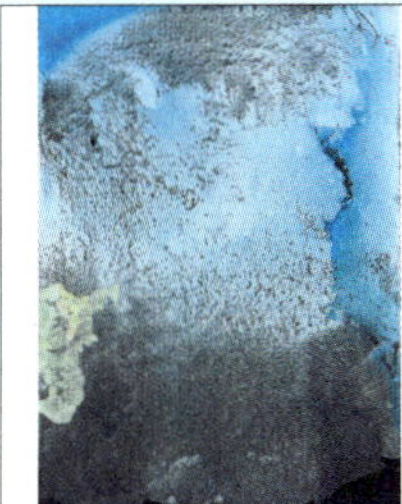
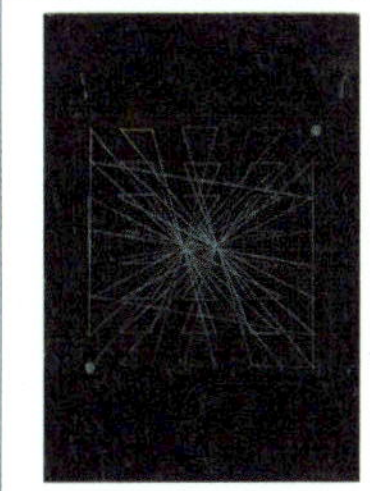

28–29
Es war das Blau I/II it was the Blue I/II, 2015
Acryl/Öl auf HDF
acrylic/oil on hardboard
jeweils | each 180 × 130 cm

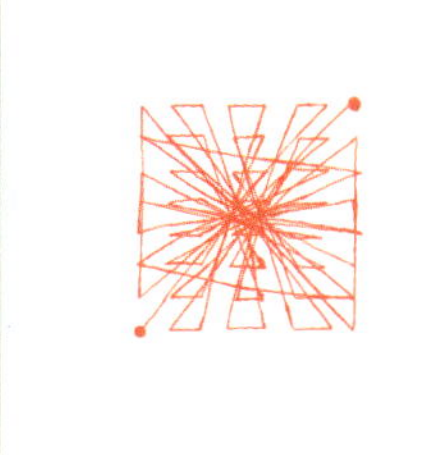

30
Albrecht I, 2015
Sgraffito Ölkreide auf Papier | oil pastel on paper
42 × 30 cm

31
Albrecht II, 2015
Tusche auf Papier
ink on paper
20 × 20 cm

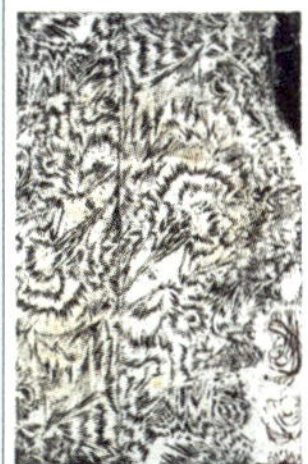

32
o.T. | untitled, 2012
Holzschnitt auf Papier
relief print on paper
200 × 130 cm

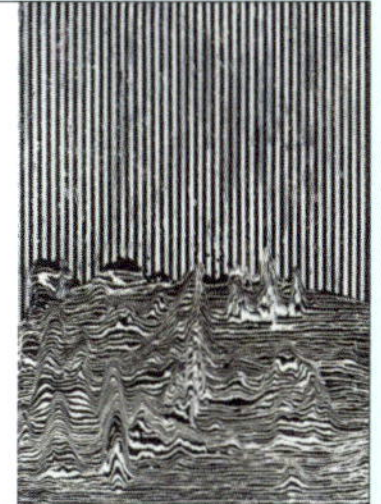

33
Mit, 2015
Acrylfarbe auf HDF
acrylic on hardboard
180 × 130 cm

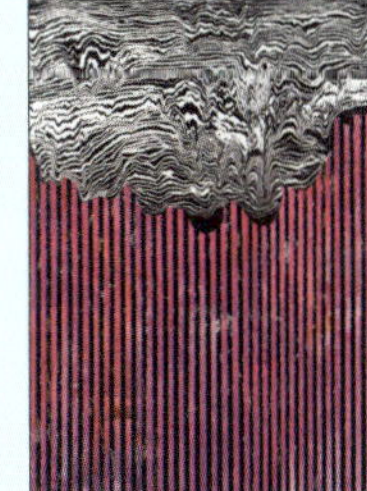

34
Tit, 2015
Acrylfarbe auf HDF
acrylic on hardboard
180 × 130 cm

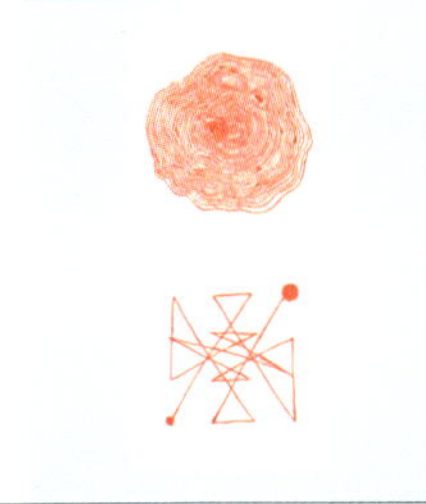

35–36
o.T. | untitled, 2015
Melencolia, 2015
Tusche auf Papier
ink on paper
jeweils | each 20 × 20cm

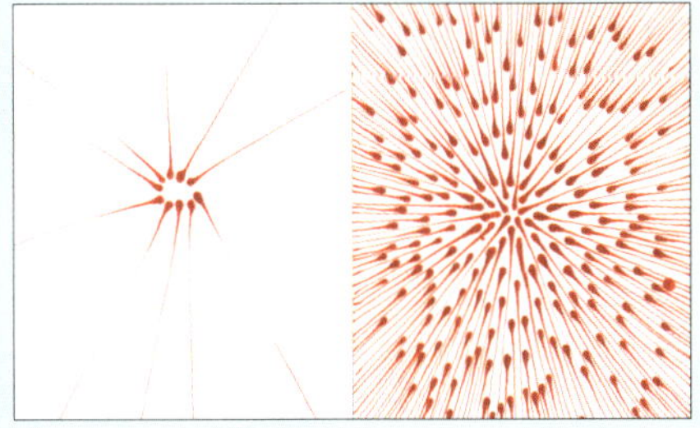

37–43
Sukkulenten-Spiele succulent games, 2015
Tusche auf Papier
ink on paper
jeweils | each 29 × 19 cm

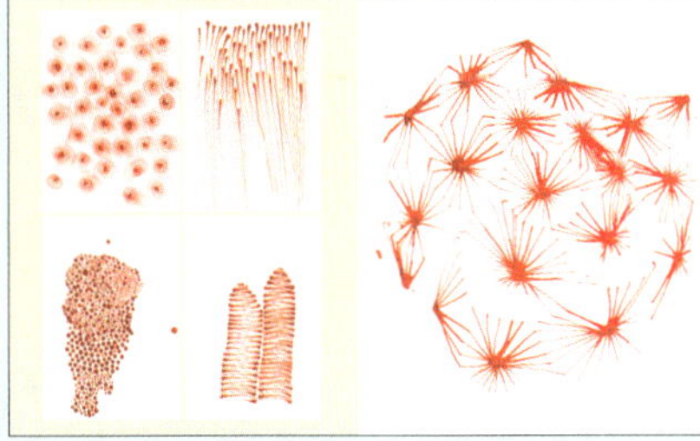

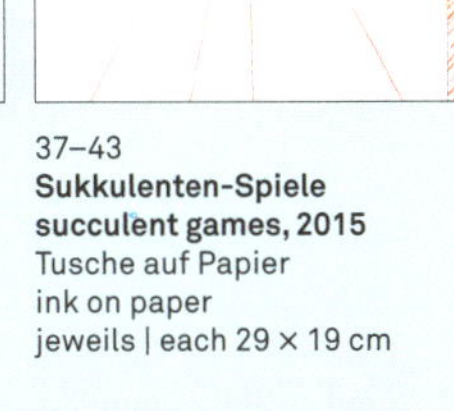

44
Atelieransicht | studioview

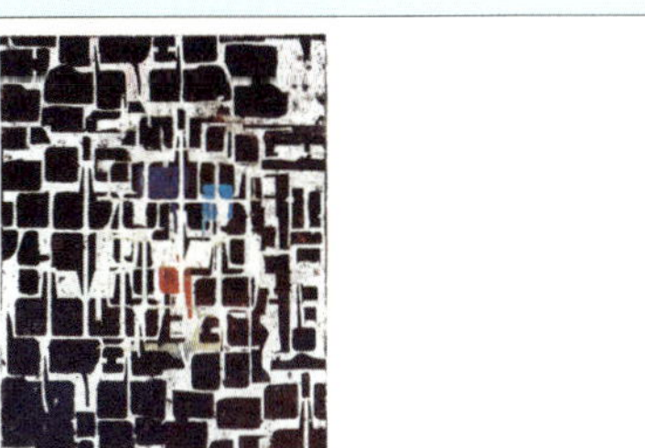

45
o.T. (blabla) untitled (blabla), 2014
Hochdruck auf Papier
reliefprint on paper
130 × 110 cm

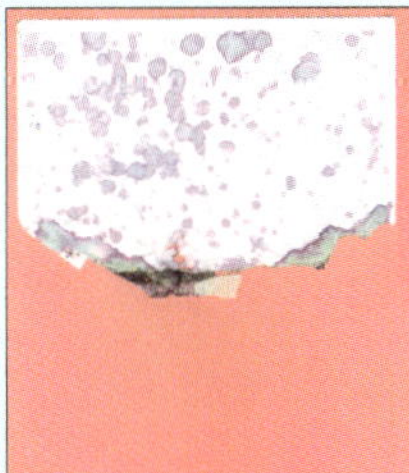

46
o.T. | untitled, 2015
Inkjet und Wasserfarbe auf Papier | inkjet and watercolor on paper
29 × 19 cm

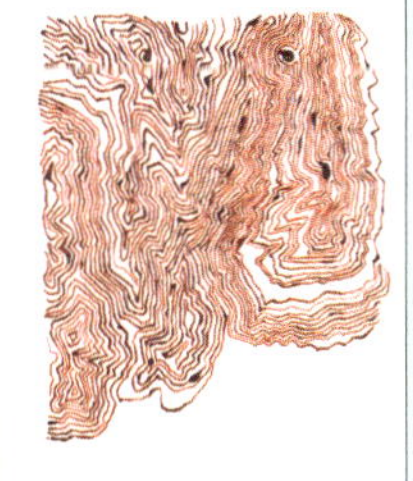

47
o.T. | untitled , 2015
Tusche auf Papier
ink on paper
29 × 19 cm

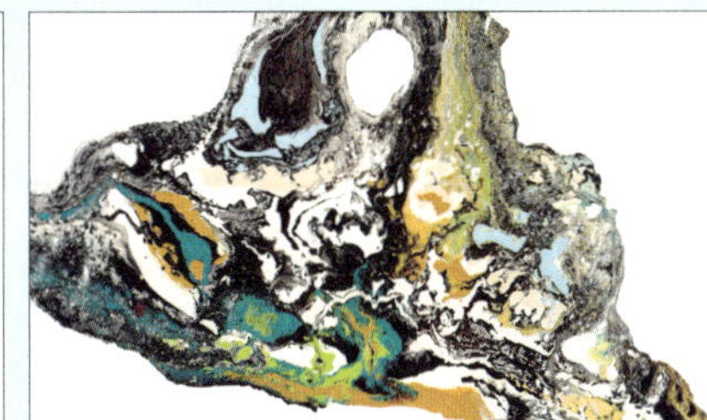

48
roll up the island and take it with you, 2015
Acrylfarbe, Dimensionen variabel | acrylic paint, dimensions variable

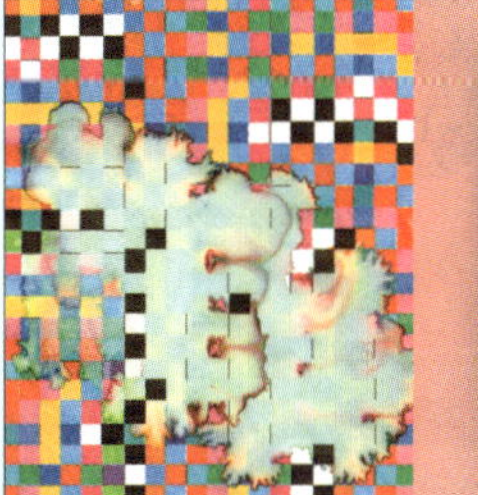

49
o.T. | untitled, 2015
Inkjet und Wasserfarbe auf Papier | inkjet and watercolor on paper
29 × 19 cm

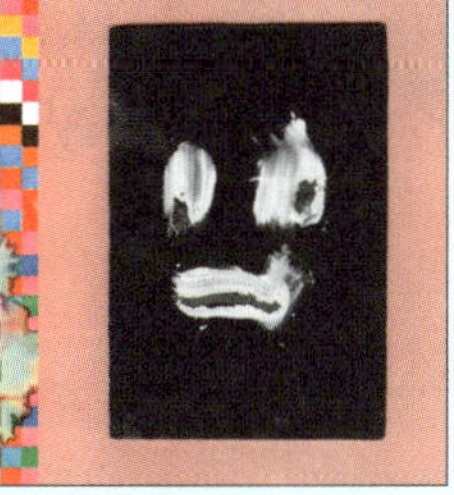

50
o.T. | untitled, 2013
Acryl auf Styrodur
acrylic on styrofoam
29 × 19 cm

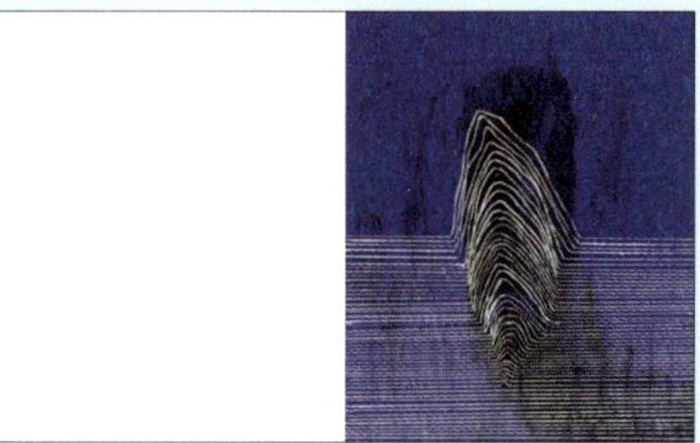

51
Klandestin
clandestine, 2015
Sgraffito Ölkreide auf Papier
oil pastel on paper
42 × 30 cm

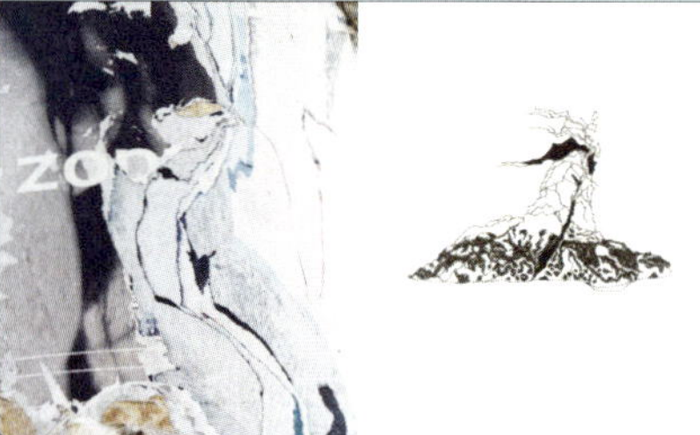

52
Zop und Falte
zop and fold, 2015
Fotografie | photography

53
Roc, 2013
Tintenstift auf Papier
ink pen on paper
29 × 19 cm

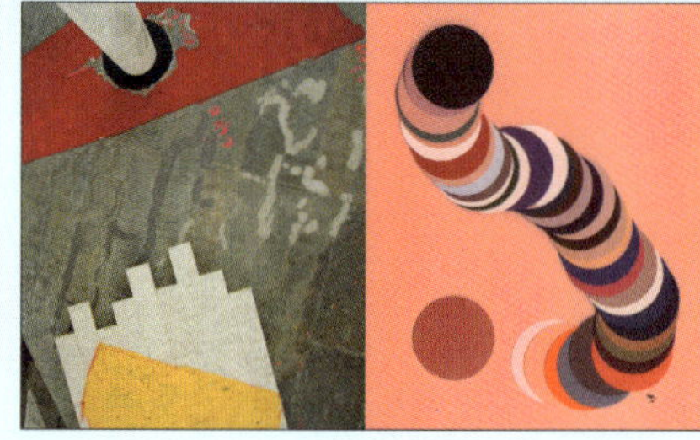

54
o.T. | untitled , 2012
Fotografie | photography

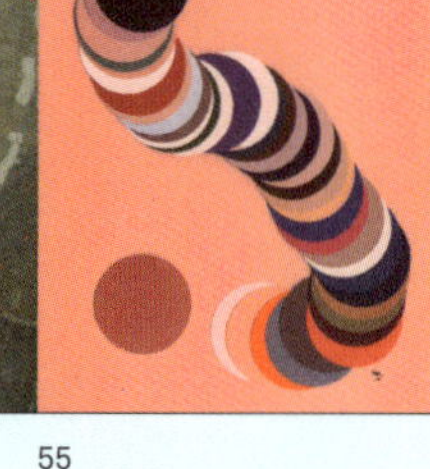

55
o.T. | untitled, 2015
UV-Druck auf Papier
UV inkjet-print on paper
70 × 50 cm

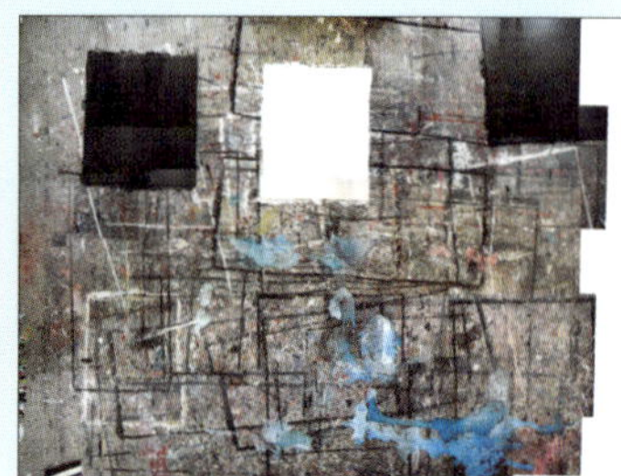

56
Zeitläufte I
time concerning I, 2015
Fotografie | photography

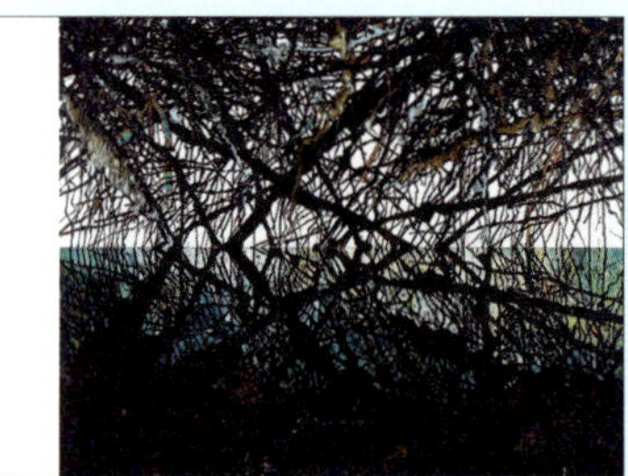

57
o.T. | untitled, 2015
Acryl und Öl auf HDF
acrylic and oil on hardboard
200 × 250 cm

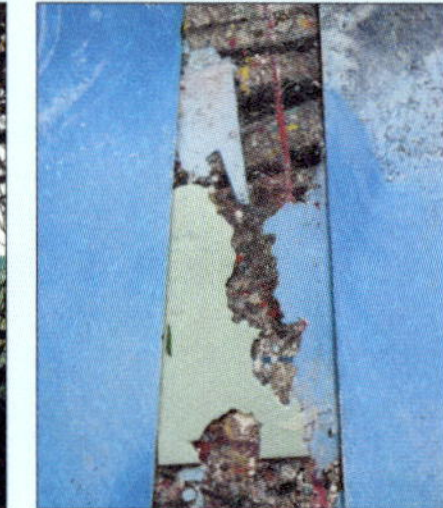

58
Stillleben
still life, 2015
Fotografie | photography

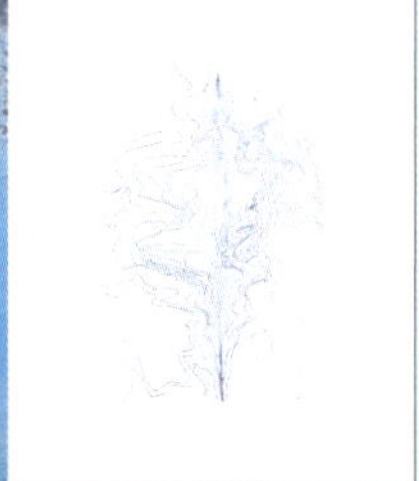

59
o.T. | untitled, 2015
Buntstift auf Papier
pencil crayon on paper
29 × 19 cm

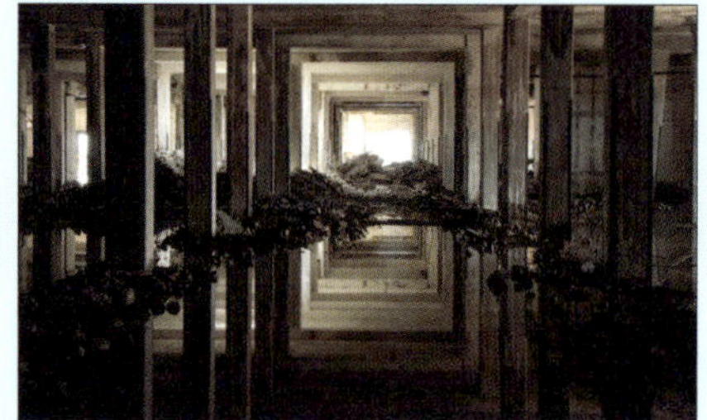

60
o.T. | untitled, 2007
Fotografie | photography

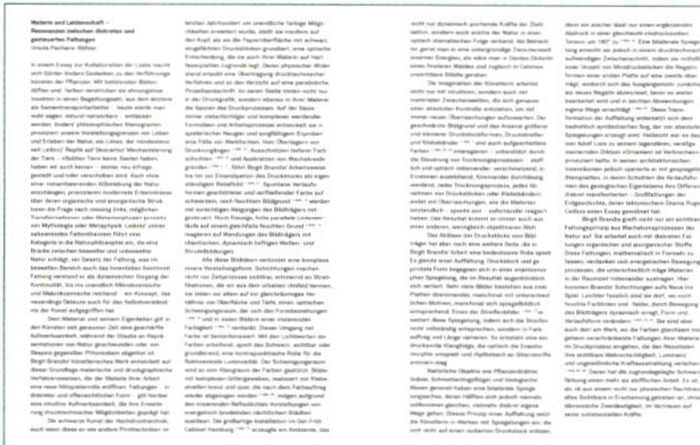

Materie und Leidenschaft –
Resonanzen zwischen diskreten
und gesteuerten Faltungen
Ursula Panhans-Bühler

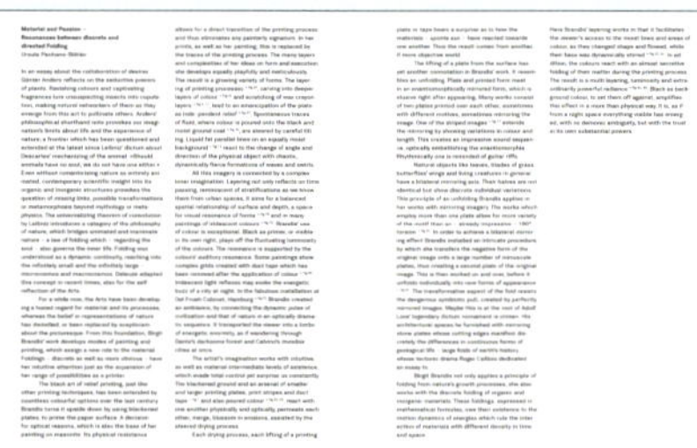

Material and Passion –
Resonances between discrete
and directed Folding
Ursula Panhans-Bühler

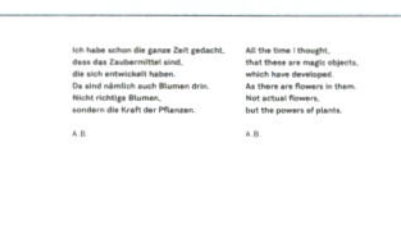

Die Bilderfinderin
(oder)
Von der Lust am Bilder erfinden
(oder)
Die Seismographin
Dirk Dobke

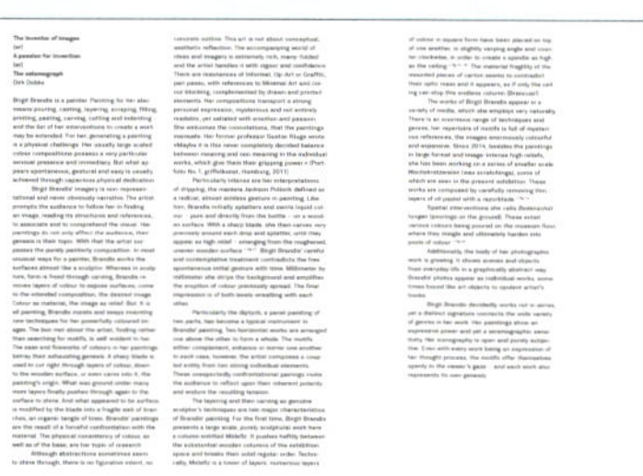

The inventor of images
(or)
A passion for invention
(or)
The seismograph
Dirk Dobke

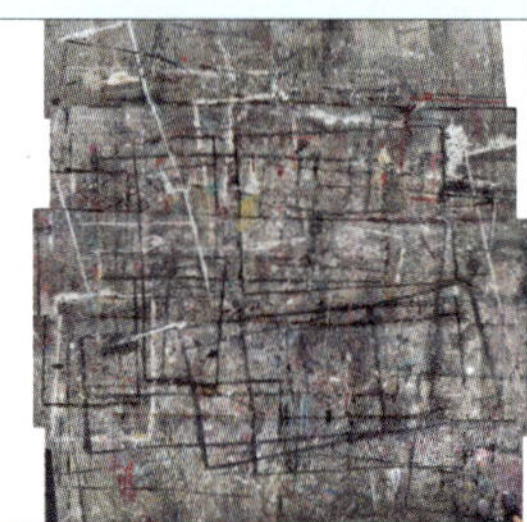

61
Zeitläufte II
time concerning II, 2015
Fotografie | photography

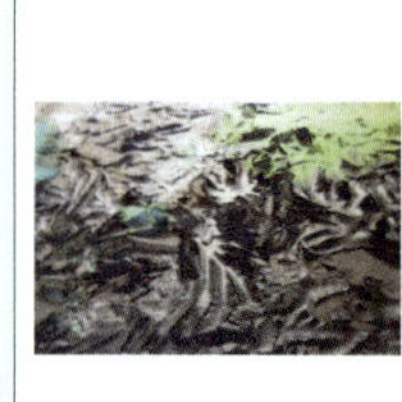

62
Skam, 2007–2014
Fotografie | photography

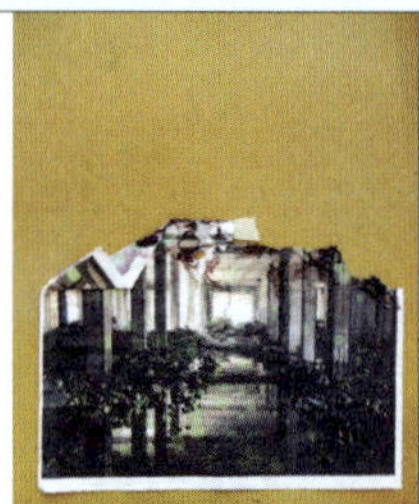

63
Begleiter II
companion II, 2007–2015
Inkjet und Acryl auf Papier
inkjet and acrylic on paper
19 × 29 cm

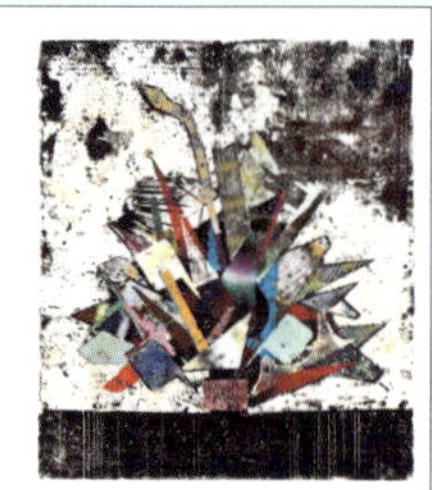

64
Bund, 2014
Hochdruck auf Papier
reliefprint on paper
120 × 110 cm

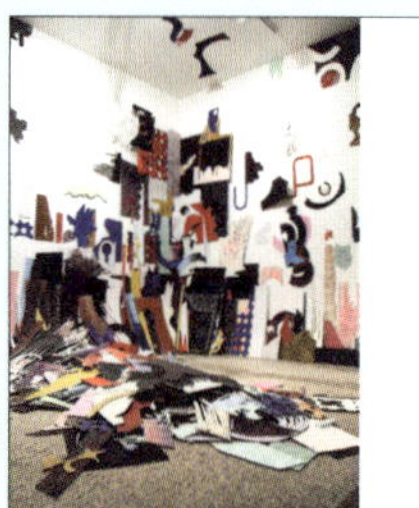

65
Installationsansicht
installation view
o.T. | untitled, 2013
Feinkunst Krüger Hamburg

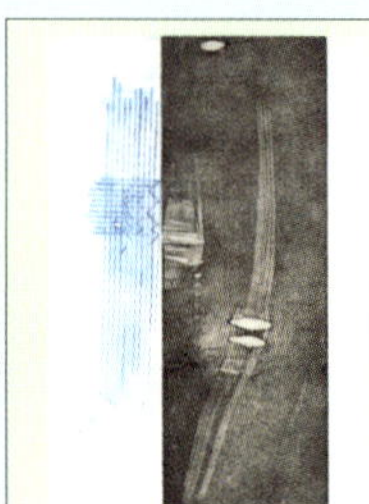

66
Laufmasche | run, 2014
Radierung | etching
70 × 50 cm

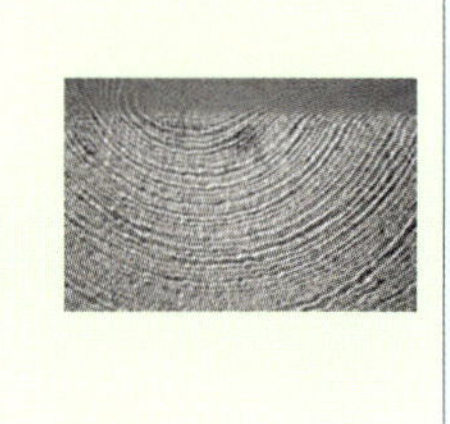

67
Ringe | rings, 2015
Fotografie | photography

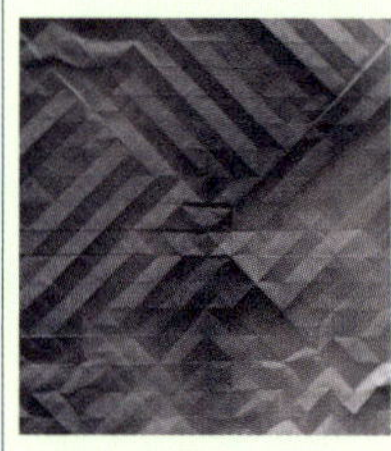

68
Nachtfalter, 2015
Papierfaltung
folded paper
20 × 20 cm

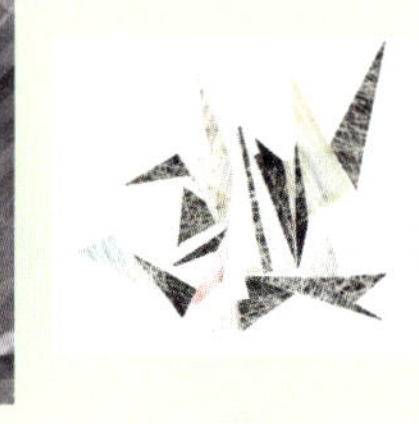

69
Falter, 2014
Radierung und Hochdruck
dry point and relief print
20 × 35 cm

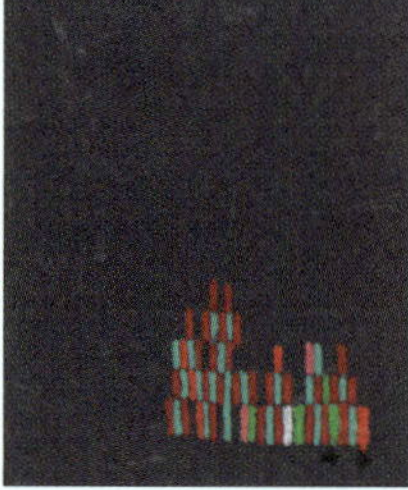

70
o.T. | untitled, 2014
Ölkreide auf Schmirgel-
papier | oilpastel on
sandpaper
29 × 20 cm

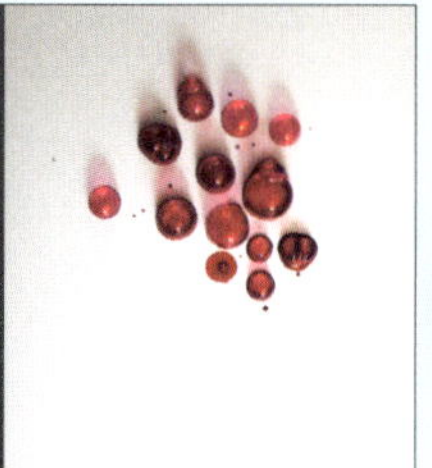

71
o.T. | untitled, 2015
Fotografie | photography

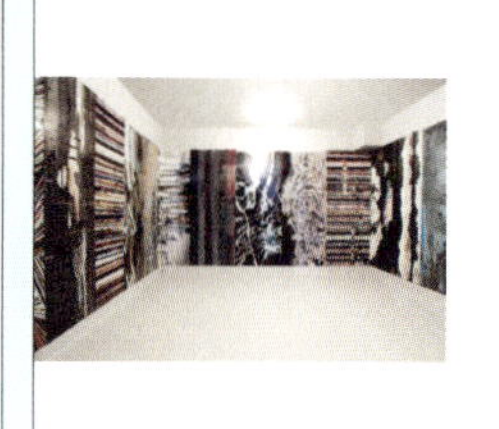

72
Installationsansicht
installation view, 2014
Oel Früh Cabinet Hamburg

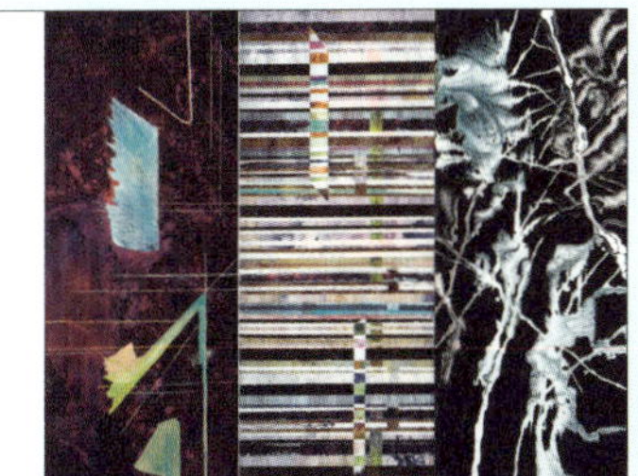

73
o.T. | untitled, 2014
Acryl auf HDF
acrylic on hardboard
200 cm × 560 cm

74–75
Malefiz, 2015
Wellpappe und Sprayfarbe
crinkled cardboard and
spraypaint
ca 400 × 65 × 65 cm

76
o.T. | untitled, 2015
Buntstift auf Papier
pencil crayon on paper
38 × 28 cm

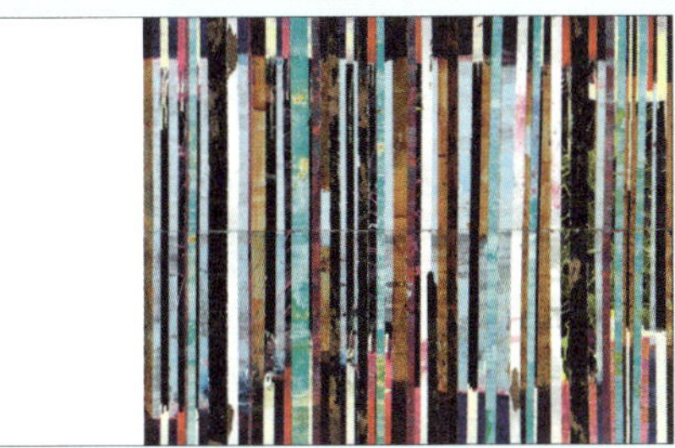

77
o.T. (ausananaus)
untitled (onoffoffon), 2015
Acryl auf HDF
acrylic on hardboard
200 × 250 cm

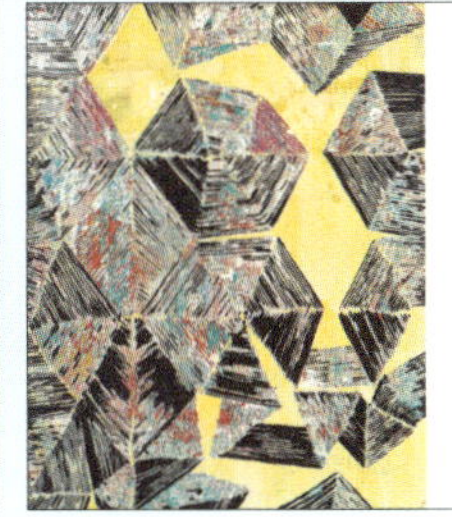

78
sub sur II, 2015
Acryl auf MDF
acrylic on hardboard
125 × 100 cm

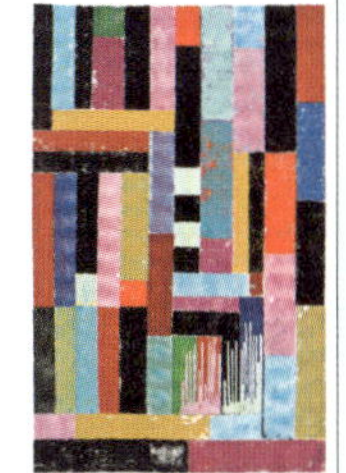

79
Aus einem Winkel
from an angle, 2015
Hochdruck auf Papier
reliefprint on paper
200 × 130 cm

80
everywhere I go it rains on me, 2015
Facebook Hamburg
Acryl auf Wand | acrylic on wall
ca 300 × 900 cm

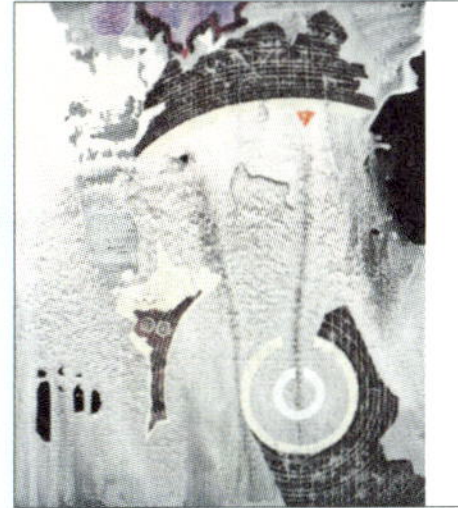

81
nach oben offen
open at the top, 2012
Acryl und Öl auf HDF
acrylic and oil on hardboard
120 × 100 cm

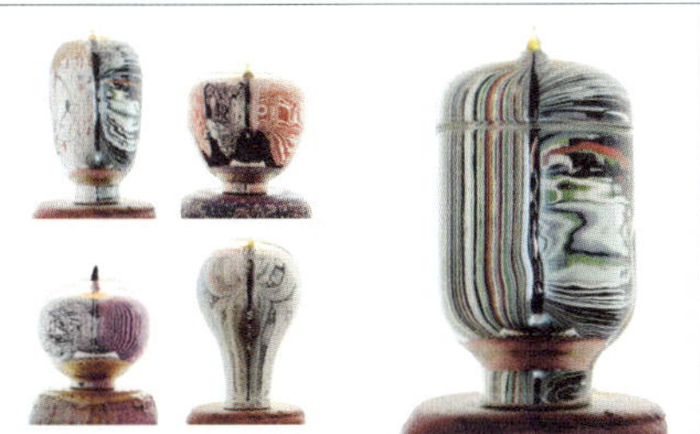

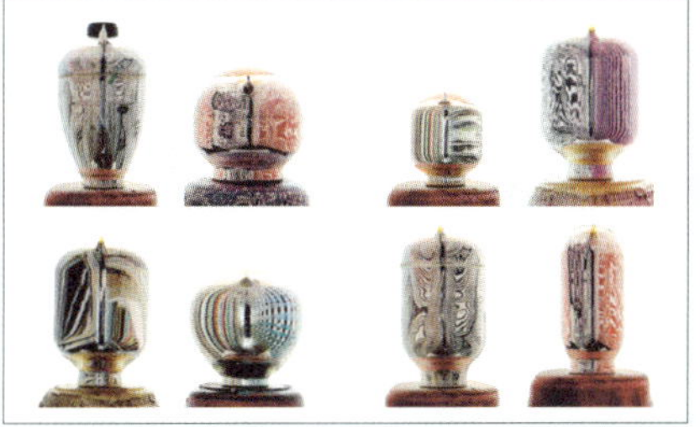

82–94
Nasicorn I–XIII, 2015
Fotografie in Zusammenarbeit
mit Michael Pfisterer
photographies in cooperation
with M. Pfisterer

95
o.T. | untitled, 2015
Acryl auf HDF
acrylic on hardboard
160 × 200 cm

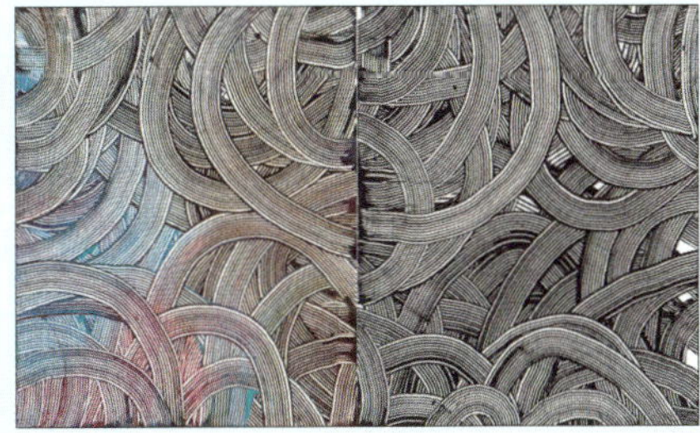

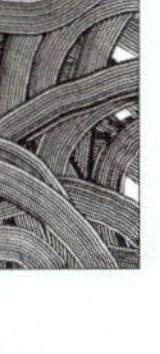

96
o.T. | untitled, 2015
Acryl auf HDF
acrylic on hardboard
120 × 100 cm

97
o.T. | untitled, 2015
Acryl auf HDF
acrylic on hardboard
120 × 100 cm

98
4G, 2014
Hochdruck auf Papier
reliefprint on paper
150 × 120 cm

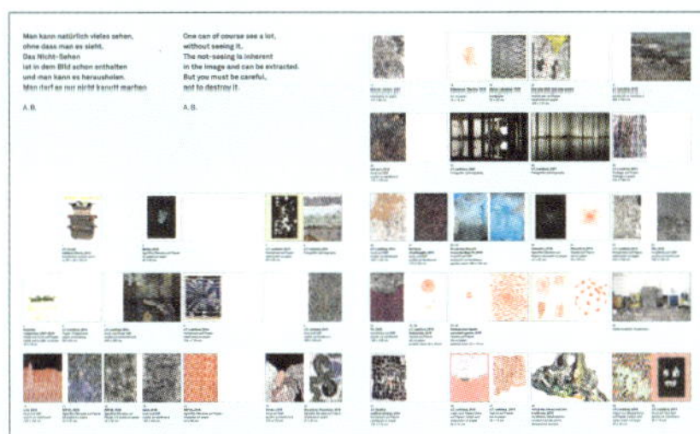

Index

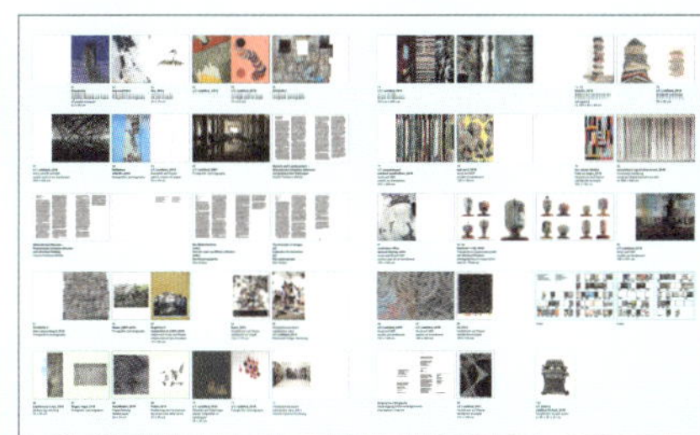

Index

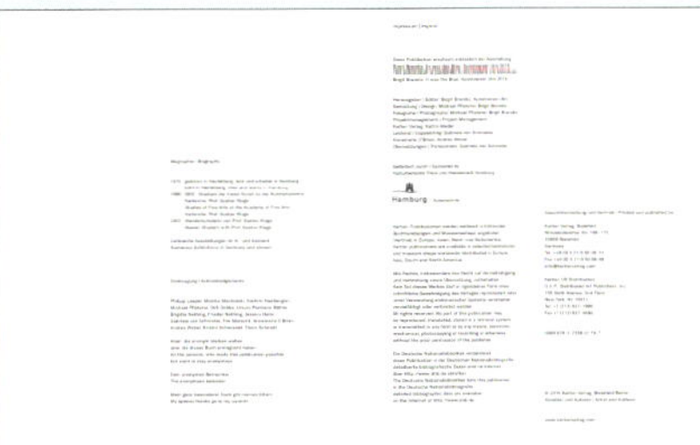

Biographie | Biography
Danksagung | Acknowledgements
Impressum | Imprint

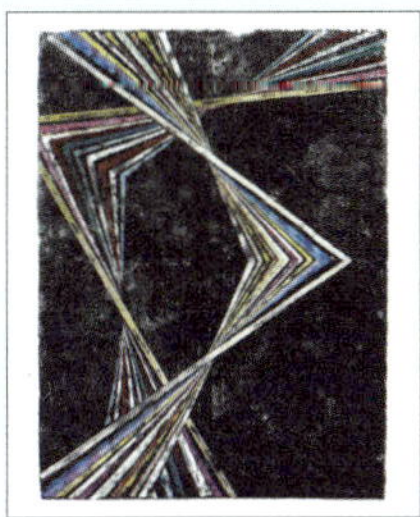

99
o.T. | untitled, 2011
Hochdruck auf Papier
reliefprint on paper
170 × 130 cm

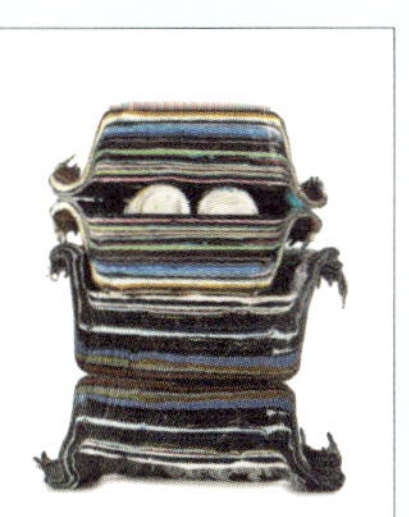

100
o.T. (Hirbel)
untitled (Hirbel), 2015
Acrylfarbe | acrylic paint
ca 35 × 20 × 20 cm

Biographie | Biography

1976 geboren in Heidelberg, lebt und arbeitet in Hamburg
born in Heidelberg, lives and works in Hamburg

1996–2002 Studium der freien Kunst an der Kunstakademie Karlsruhe, Prof. Gustav Kluge
Studies of Fine Arts at the Academy of Fine Arts Karlsruhe, Prof. Gustav Kluge

2003 Meisterschülerin von Prof. Gustav Kluge
Master Student with Prof. Gustav Kluge

Zahlreiche Ausstellungen im In- und Ausland
Numerous Exhibitions in Germany and abroad

Danksagung | Acknowledgements

Philipp Loeper, Monika Machnicki, Kathrin Haaßengier, Michael Pfisterer, Ursula Panhans-Bühler, Dirk Dobke, Brigitte Nething, Frieder Nething, Jessica Halm, Gabriele von Schroeter, Tim Albrecht, Annemarie O'Brien, Andrea Weber, Kristin Schmiedel, Christopher Winter, Thora Schmidt, Antje Sauer, Frank Breker

Allen, die dieses Buch ermöglicht haben, aber anonym bleiben wollen
All the persons, who made this publication possible, but want to stay anonymous

Dem anonymen Betrachter
The anonymous beholder

Dieses Buch ist meinen Eltern gewidmet.
This book is dedicated to my parents.

Diese Publikation erscheint anlässlich der Ausstellung:
Birgit Brandis, Es war das Blau, Kunstverein Ulm 2015
This publication is published to accompany the exhibition:
Birgit Brandis, It was the Blue, Kunstverein Ulm 2015

Herausgeber | Editor: Birgit Brandis, Kunstverein Ulm
Gestaltung | Design: Michael Pfisterer, Birgit Brandis
Fotografie | Photography: Michael Pfisterer, Birgit Brandis
Autoren | Authors: Dr. Dirk Dobke, Prof. Dr. Ursula Panhans-Bühler
Projektmanagement | Project Management:
Kerber Verlag, Katrin Meder
Lektorat | Copyediting: Gabriele von Schroeter,
Annemarie O'Brien, Andrea Weber
Übersetzungen | Translations: Gabriele von Schroeter

Gefördert durch | Sponsored by
Kulturbehörde Freie und Hansestadt Hamburg

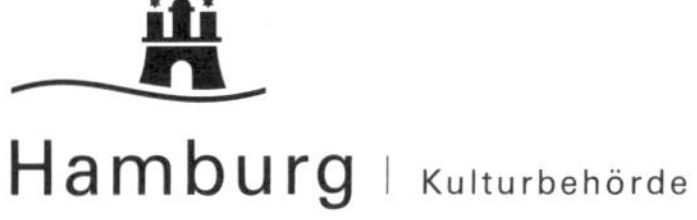

Kerber-Publikationen werden weltweit in führenden Buchhandlungen und Museumsshops angeboten (Vertrieb in Europa, Asien, Nord- und Südamerika).
Kerber publications are available in selected bookstores and museum shops worldwide (distributed in Europe, Asia, South and North America).

Die Deutsche Nationalbibliothek verzeichnet diese Publikation in der Deutschen Nationalbibliografie; detaillierte bibliografische Daten sind im Internet über http://www.dnb.de abrufbar.
The Deutsche Nationalbibliothek lists this publication in the Deutsche Nationalbibliografie; detailed bibliographic data are available on the Internet at http://www.dnb.de.

Gesamtherstellung und Vertrieb | Printed and published by:

Kerber Verlag, Bielefeld
Windelsbleicher Str. 166–170
33659 Bielefeld
Germany
Tel. +49 (0) 5 21/9 50 08-10
Fax +49 (0) 5 21/9 50 08-88
info@kerberverlag.com

Kerber, US Distribution
D.A.P., Distributed Art Publishers, Inc.
155 Sixth Avenue, 2nd Floor
New York, NY 10013
Tel. +1 (212) 627-1999
Fax +1 (212) 627-9484

ISBN 978-3-7356-0179-7

www.kerberverlag.com

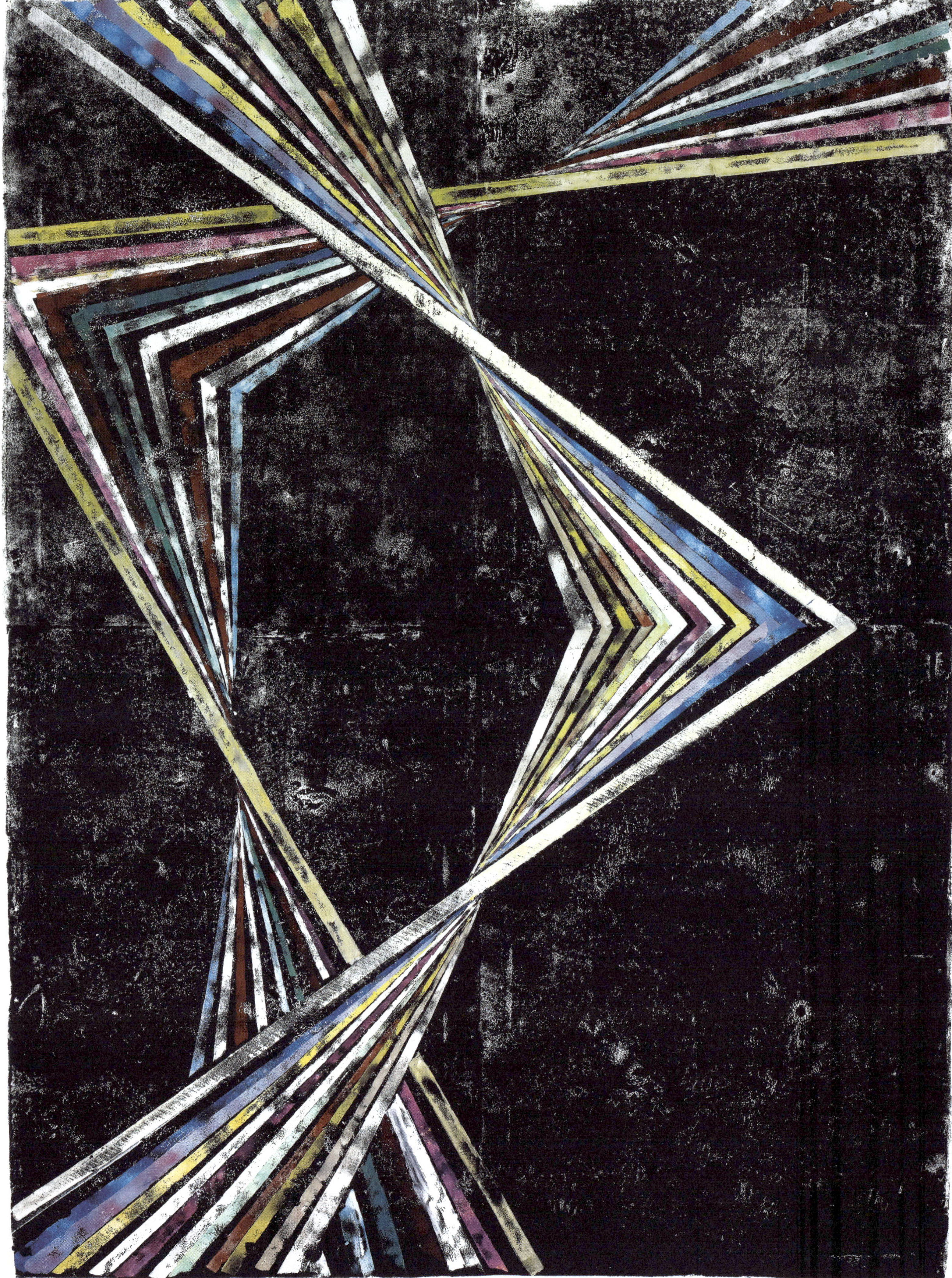